STATE ARCHIVES OF ASSYRIA STUDIES

VOLUME II

i

ii

iii

iv

FRONTISPIECE. The four inscribed faces of a clay die (YBC 7058) apparently cast to determine when the *masennu* Yaḫalu should become eponym in the 9th century BC. See p. 8.
Photographs courtesy the Yale Babylonian Collection.

STATE ARCHIVES OF ASSYRIA STUDIES

Originally published by the Neo-Assyrian Text Corpus Project
of the Academy of Finland
in co-operation with
the Finnish Oriental Society

Reprinted by Eisenbrauns

VOLUME II

Alan Millard

THE EPONYMS OF THE ASSYRIAN EMPIRE
910–612 BC

State Archives of Assyria Studies is a series of monographic studies relating to and supplementing the text editions published in the SAA series. Manuscripts are accepted in English, French, and German. The responsibility for the contents of the volumes rests entirely with the authors.

Reprinted 2014 by permission of the Neo-Assyrian Text Corpus Project
Printed in the United States of America

www.eisenbrauns.com

ISBN 978-1-57506-330-0

Set in Times
Typography and layout by Teemu Lipasti
The Assyrian Royal Seal emblem drawn by Dominique Collon from original Seventh Century B.C. impressions (BM 84672 and 84677) in the British Museum
Ventura Publisher format and custom fonts by Robert M. Whiting and Timo Kiippa
Electronic pasteup by Raija Mattila and Robert M. Whiting

The paper used in this publication meets the minimum requirements of the American National Standard for Information Sciences—Permanence of Paper for Printed Library Materials, ANSI Z39.48–1984. ∞™

THE EPONYMS OF THE ASSYRIAN EMPIRE 910–612 BC

By

ALAN MILLARD

with a Contribution by

ROBERT WHITING

Winona Lake, Indiana
EISENBRAUNS
2014

PREFACE

The Assyrian Eponym Lists are basic to ancient Near Eastern chronology, so the aim of this study is to provide as clear and complete a presentation of the texts relating to the first millennium BC as possible.

After many interruptions, the liberal offer from Simo Parpola to include the work under the aegis of the SAA project has stimulated and made possible its completion. His team, Robert Whiting, Raija Mattila and Laura Kataja have toiled to edit and set the text under his direction, incorporating references from SAA publications and some other sources into my earlier typescript, converting the ms to electronic format, and checking the entire catalogue against the SAA database with the assistance of Kalle Fabritius. Robert Whiting has generously added observations on the post-canonical eponyms from his own research and has prepared the Index of Excavation, Museum and Publication Numbers. I am deeply grateful to these scholars for their friendly and efficient co-operation.

Collecting and collating the material presented has only been possible through the kindness of many scholars who have made available texts known to them; my thanks are expressed to A. Y. Ahmed, J. Black, J. A. Brinkman, S. Dalley, K. Deller, I. L. Finkel, W. G. Lambert, E. Lipiński, the late B. H. Parker (Lady Mallowan), S. Parpola, J. N. Postgate, C. B. F. Walker, D. J. Wiseman. Various authorities have permitted me to quote texts in collections under their charge, B. K. Ismail (Baghdad), D. Homès-Fredericq (Brussels) and L. Jakob-Rost (Berlin), who kindly supplied photographs of the Eponym Lists from Assur and checked the proposed joins of Eponym List A7. The Trustees of the British Museum have permitted the publication of my copies of tablets in the Department of Western Asiatic Antiquities and I am indebted to successive Keepers of that department, the late R. D. Barnett, the late E. Sollberger, T. C. Mitchell and J. E. Curtis and their staff, for giving access to many tablets in their care. The Deutsche Orient-Gesellschaft, through J. Renger, freely gave permission for the reproduction of Otto Schroeder's copies of eponym lists from Assur and O. R. Gurney and the British Institute of Archaeology at Ankara have willingly allowed me to include the published copies of the lists from Sultantepe. The whole task could only be done with the generous support of colleagues that characterizes Assyriology.

The University of Liverpool granted one term's study leave to begin the project and has covered continuing expenses.

The encouragement of Kenneth Kitchen and Donald Wiseman and the constancy of my wife, Margaret, have been my indispensable support.

The University of Liverpool, March 1994 — Alan Millard

CONTENTS

PREFACE vii
ABBREVIATIONS xi
INTRODUCTION 1
THE TEXTS 4
The Purpose of the Eponym Chronicles 5
The Sources of the Eponym Lists and Chronicles 6
The Office of Eponym 7
The Order of the Eponyms 9
The Stelae from Assur 11
The Eponym Lists and Chronology 12
The Horizontal Rulings 12
The Eponym Lists and Regnal Years 13
THE EPONYM CANON 15
THE MANUSCRIPTS 17
TEXT SCORE 23
THE EPONYM LISTS IN ENGLISH 55
CATALOGUE OF EPONYM DATES 63
NOTES ON THE CATALOGUE 65
VARIOUS OBSERVATIONS 66
Unusual Month Names 66
Intercalary Months 66
Second Eponymates 67
ša arki Dates 67
Unusual Writings 68
Variant Titles 69
Errors 69
Incomplete and Uncertain Eponym Dates 70
Double Datings 70
THE POST-CANONICAL AND EXTRA-CANONICAL EPONYMS 72
Post-canonical Eponyms 72
Extra-canonical Eponyms 78
CATALOGUE OF EPONYM-DATED TEXTS 79
INDICES 127
NOTES ON THE INDICES 128
INDEX OF NAMES, TITLES AND OTHER WORDS 129
INDEX OF EXCAVATION, MUSEUM AND PUBLICATION NUMBERS 135
PLATES 155

ABBREVIATIONS

Bibliographical Abbreviations

AAA	Annals of Archaeology and Anthropology
AAT	J. A. Craig, *Astrological-astronomical Texts* (Leipzig 1899)
ABK	H. Hunger, *Babylonische und assyrische Kolophone* (AOAT 2, Neukirchen-Vluyn 1968)
ABL	R. F. Harper, *Assyrian and Babylonian Letters* (London and Chicago 1892-1914)
ADD	C. H. W. Johns, *Assyrian Deeds and Documents* (Cambridge 1898-1923)
AfO	Archiv für Orientforschung
AfO Beiheft 6	see TH
AGS	J. A. Knudtzon, *Assyrische Gebete an den Sonnengott* (Leipzig 1893)
AKA	E. A. W. Budge and L. W. King, *The Annals of the Kings of Assyria* (London 1902)
ALA	O. Pedersén, *Archives and Libraries in the City of Assur* I-II (Uppsala 1985-86)
AnSt	Anatolian Studies
AOAT	Alter Orient und Altes Testament
ARAB	D. D. Luckenbill, *Ancient Records of Assyria and Babylonia* I-II (Chicago 1926-27)
ArEp	F. M. Fales, *Aramaic Epigraphs on Clay Tablets of the Neo-Assyrian Period* (Rome 1986)
ARU	J. Kohler and A. Ungnad, *Assyrische Rechtsurkunden* (Leipzig 1913)
AS	Assyriological Studies
AS 5	A. C. Piepkorn, *Historical Prism Inscriptions of Ashurbanipal* (AS 5, Chicago 1933)
Assur	Assur, Monographic Journals of the Near East
Aynard, Le Prisme	J.-M. Aynard, *Le Prisme du Louvre AO 19.939* (Paris 1957)
Balawat Gates	A. Billerbeck and F. Delitzsch, Beiträge zur Assyriologie 6,1 (1908) 133-44
BaM	Baghdader Mitteilungen
BBR	H. Zimmern, *Beiträge zur Kenntnis der babylonischen Religion* I (Leipzig 1896), II (Leipzig 1901)
BiOr	Bibliotheca Orientalis

Böhl, Chrestomathy	F. M. T. Böhl, *Akkadian Chrestomathy* (Leiden 1947)
CAD	The Assyrian Dictionary of the Oriental Institute of the University of Chicago (Chicago 1956-)
Carchemish II	C. L. Woolley, *Carchemish, Part II. The Town Defences* (London 1921)
CAH	Cambridge Ancient History
Cat. Supp.	L. W. King, *Catalogue of the Cuneiform Tablets in the Kouyunjik Collection, Supplement* (London 1914)
CCEN	F. M. Fales, *Censimenti e catasti di epoca neo-assira* (Rome 1973)
CIS	Corpus Inscriptionum Semiticarum
CT	Cuneiform Texts from Babylonian Tablets in the British Museum
CTDS	S. Parpola, *Cuneiform Texts from Dur Sharrukin* (unpublished)
CTN	Cuneiform Texts from Nimrud
CTNMC	Th. Jacobsen, *Cuneiform Texts in the National Museum, Copenhagen* (Leiden 1939)
Deller, Volterra FS	*Studi in Onore di Edoardo Volterra* VI (Milan 1971) 639-653
Dietrich, AOAT 7	*Die Aramäer Südbabyloniens in der Sargonidenzeit* (AOAT 7, Neukirchen-Vluyn 1970)
van Driel, Cult	G. van Driel, *The Cult of Aššur* (Assen 1969)
EAK	W. Schramm, *Einleitung in die assyrischen Königsinschriften* II (Leiden 1973)
EPHE	J.-M. Durand, *Documents cunéiformes de la IVe Section de l'École pratique des Hautes Études. Tome I. Catalogue et copies cunéiformes* (Hautes Études Orientales 18, Geneva – Paris 1982)
FuB	Forschungen und Berichte
Garelli FS	D. Charpin and F. Joannès (eds.), *Marchands, diplomates et empereurs: Études sur la civilisation mésopotamienne offerts à Paul Garelli* (Éditions Recherche sur les Civilisations, Paris 1991)
Genge, Stelen	H. Genge, *Stelen neuassyrischen Könige* (Thesis, Freiburg im Breisgau 1965)
Gezer	R. A. S. Macalister, *The Excavations of Gezer* I (London 1912) 23-29
GPA	J. N. Postgate, *The Governor's Palace Archive* (CTN 2, London 1973)
Hilprecht FS	*Hilprecht Anniversary Volume* (Leipzig 1909)
ICC	A. H. Layard, *Inscriptions in the Cuneiform Character from Assyrian Monuments* (London 1851)
IWA	Th. Bauer, *Das Inschriftenwerk Assurbanipals* (Leipzig 1933)
JAOS	Journal of the American Oriental Society
JCS	Journal of Cuneiform Studies
JNES	Journal of Near Eastern Studies
JSS	Journal of Semitic Studies
KAH I	L. Messerschmidt, *Keilschrifttexte aus Assur historischen Inhalts* I (WVDOG 16, Leipzig 1911)

KAH II	O. Schroeder, *Keilschrifttexte aus Assur historischen Inhalts* II (WVDOG 37, Leipzig 1922)
KAJ	E. Ebeling, *Keilschrifttexte aus Assur juridischen Inhalts* (WVDOG 50, Leipzig 1927)
KAR	E. Ebeling, *Keilschrifttexte aus Assur religiösen Inhalts* I (WVDOG 28, Leipzig 1919), II (WVDOG 34, Leipzig 1923)
KAV	O. Schroeder, *Keilschrifttexte aus Assur verschiedenen Inhalts* (WVDOG 35, Leipzig 1920)
King, Cat.	see Cat. Supp.
LAS	S. Parpola, *Letters from Assyrian Scholars to the Kings Esarhaddon and Assurbanipal* I (AOAT 5/1, Neukirchen-Vluyn 1970)
LKA	E. Ebeling and F. Köcher, *Literarische Keilschrifttexte aus Assur* (Berlin 1953)
LTBA	L. Matouš, *Die lexicalischen Tafelserien der Babylonier und Assyrer in den Berliner Museen* I (Berlin 1933)
MARI	Mari, Annales de Recherches Interdisciplinaires
MDOG	Mitteilungen der Deutschen Orient-Gesellschaft
Menzel, AT	B. Menzel, *Assyrische Tempel* (Studia Pohl, Series Maior 10, Rome 1981)
MVAG	Mitteilungen der Vorderasiatisch-Ägyptischen Gesellschaft
NABU	Nouvelles Assyriologiques Brèves et Utilitaires
NALK	T. Kwasman, *Neo-Assyrian Legal Documents in the Kouyunjik Collection of the British Museum* (Studia Pohl, Series Maior 14, Rome 1988)
NARGD	J. N. Postgate, *Neo-Assyrian Royal Grants and Decrees* (Studia Pohl, Series Maior 1, Rome 1969)
NTT	D. J. Wiseman and J. A. Black, *The Nabû Temple Texts* (CTN 4, London forthcoming)
NWL	J. V. Kinnier Wilson, *The Nimrud Wine Lists* (CTN 1, London 1972)
OLZ	Orientalistische Literaturzeitung
Or.	Orientalia, Nova Series
OrSu	Orientalia Suecana
PEA	R. Campbell Thompson, *The Prisms of Esarhaddon and Ashurbanipal found at Nineveh* (London 1931)
PRT	E. Klauber, *Politisch-Religiöse Texte aus der Sargonidenzeit* (Leipzig 1913)
PSBA	Proceedings of the Society for Biblical Archaeology
III R	H. C. Rawlinson and G. Smith, *The Cuneiform Inscriptions of Western Asia* III (London 1870)
RA	Revue d'Assyriologie
RCAE	L. Waterman, *Royal Correspondence of the Assyrian Empire* I-IV (Ann Arbor 1930-36)
RIMS	Royal Inscriptions of Mesopotamia Supplements
RIMS 1	V. Donbaz and A. K. Grayson, *Royal Inscriptions on Clay Cones from Ashur now in Istanbul* (RIMS 1, Toronto 1984)
RIMAP	Royal Inscriptions of Mesopotamia, Assyrian Periods
RIMAP 2	A. K. Grayson, *Assyrian Rulers of the Early First Millennium BC I (1114-859 BC)* (RIMAP 2, Toronto 1991)

RlA	Reallexikon der Assyriologie
RMA	R. Campbell Thompson, *The Reports of the Magicians and Astrologers of Nineveh and Babylon* I-II (London 1900)
RT	Recueil de Travaux
SAA	State Archives of Assyria
SAAB	State Archives of Assyria Bulletin
Sendschirli V	H. Ehelolf in W. Andrae and F. von Luschan, *Die Kleinfunde von Sendschirli* (Berlin 1943) 136-37, Taf. 73
Smith, Canon	G. Smith, *The Assyrian Eponym Canon* (London 1875)
St.	W. Andrae, *Die Stelenreihen in Assur* (WVDOG 24, Leipzig 1913)
Streck, Asb	M. Streck, *Assurbanipal und die letzten assyrischen Könige* I-III (Vorderasiatische Bibliothek 7, Leipzig 1916)
STT	O. R. Gurney and J. J. Finkelstein, *The Sultantepe Tablets* I (London 1957); O. R. Gurney and P. Hulin, *The Sultantepe Tablets* II (London 1964)
Tax.	J. N. Postgate, *Taxation and Conscription in the Assyrian Empire* (Studia Pohl, Series Maior 3, Rome 1974)
TCL	Textes cunéiformes du Louvre
TFS	S. M. Dalley and J. N. Postgate, *The Tablets from Fort Shalmaneser* (CTN 3, London 1984)
TH	J. Friedrich, G. R. Meyer, A. Ungnad, E. F. Weidner, *Die Inschriften von Tell Halaf* (AfO Beiheft 6, Berlin 1940)
XXV Or. Cong.	*Proceedings of the Twenty-fifth International Congress of Orientalists, Moscow, 1960* I (Moscow 1962)
Unger, IAMN	E. Unger, *Sargon II. von Assyrien der Sohn Tiglatpileser's III.* (Istanbul Asarıatika Müzlerineşriyati 9, Istanbul 1933)
VS	Vorderasiatische Schriftdenkmäler der Königlichen Museen zu Berlin
WdO	Die Welt des Orients
Winnett FS	J. W. Wevers and D. B. Redford (eds.), *Studies on the Ancient Palestinian World presented to Professor F. V. Winnett* (Toronto 1972)
WVDOG	Wissenschaftliche Veröffentlichungen der Deutschen Orient-Gesellschaft
ZA	Zeitschrift für Assyriologie
ZK	Zeitschrift für Keilschriftforschung

Museum and Excavation Signatures

A	The Oriental Institute, Chicago; also texts from Assur in the Archaeological Museum, Istanbul
AO	Musée du Louvre, Paris
Amherst	text in the collection Lord Amherst of Hackney; now dispersed
Ash	The Ashmolean Museum, Oxford
Assur	texts excavated by the Deutsche Orient-Gesellschaft at Assur; some courtesy Liane Jakob-Rost and K. Deller or O. Pedersén

'Assur'	texts excavated at Assur by the Department of Antiquities of Iraq, courtesy A. Y. Ahmed and D. J. Wiseman
Bi	texts excavated at Tell Billa by the Baghdad School of the American Schools of Oriental Research and the University of Pennsylvania
BM	The British Museum, London
BT	texts excavated at Balawat by the British School of Archaeology in Iraq; some by courtesy of the late B. H. Parker (Lady Mallowan) and J. N. Postgate
Bu	texts acquired by E. A. W. Budge for the British Museum
C	Borowski Collection, Lands of the Bible Museum, Jerusalem, courtesy W. G. Lambert
DK	texts excavated by the Department of Antiquities of Iraq at Dur Kurigalzu, courtesy J. A. Brinkman
DS	texts excavated at Khorsabad by the Oriental Institute, Chicago, courtesy S. Parpola and J. A. Brinkman
DT	'Daily Telegraph' Collection from Nineveh, The British Museum
Göteborg Univ.	Klassiska Institutionen collection, courtesy C. B. F. Walker
IM	Iraq Museum, Baghdad
K	texts from Kouyunjik (Nineveh) in the British Museum
Kh	texts from Khorsabad
Ki	texts from L. W. King's excavations at Nineveh, now in the British Museum
LB	de Liagre Böhl Collection, Leiden
MAH	Musée d'Art et d'Histoire, Geneva
NIII	text found at Khorsabad now in the Musée du Louvre, Paris
ND	texts excavated at Nimrud by the British School of Archaeology in Iraq; some courtesy J. N. Postgate; tablets found by the Department of Antiquities of Iraq at Nimrud bear the same signature
O	Musées Royaux d'Art et d'Histoire (Cinquantenaire), Brussels; some courtesy E. Lipiński
P	tablet formerly in the collection of F. E. Peiser, now in the Böhl Collection
Rassam	texts formerly in the collection of H. Rassam, now in the British Museum
Rm	texts acquired by H. Rassam for the British Museum
S	tablets excavated at Sinjirli by the Deutsche Orient-Gesellschaft
Sm	tablets acquired by G. Smith for the British Museum
SU	tablets excavated at Sultantepe by the British Institute of Archaeology at Ankara
Th	texts from R. Campbell Thompson's excavations at Nineveh, now in the British Museum
TR	texts excavated at Tell al-Rimah by the British School of Archaeology in Iraq
UM	The University Museum, University of Pennsylvania, Philadelphia
VA, VAT	texts in the Vorderasiatische Abteilung, Staatliche Museen, Berlin; some courtesy K. Deller

VA Ass	texts from Assur in the Vorderasiatische Abteilung, Staatliche Museen, Berlin
82-5-22,121	etc. are collection numbers (year, month, day of accession, item no.) of tablets in the Department of Western Asiatic Antiquities of the British Museum

Abbreviations and English Equivalents of Royal Names

Ad	Aššur-dān	
Adn	Adad-nērārī	
Asb	Aššur-bāni-apli	Aššurbanipal
Asn	Aššur-nāṣir-apli	Aššurnaṣirpal
Ašn	Aššur-nērārī	
Esar	Aššur-aḫu-iddina	Esarhaddon
Senn	Sîn-aḫḫē-erība	Sennacherib
Sg	Šarru-kēn	Sargon
Shalm, Š	Šulmānu-ašarēd	Shalmaneser
Ssi	Sîn-šarru-iškun	
Š-A	Šamšī-Adad	
Tn	Tukultī-Ninurta	
T-P	Tukultī-apil-Ešarra	Tiglath-pileser

Other Abbreviations and Symbols

e.	edge
exp.	expedition
GN	geographical name
ms	manuscript
nergal$_3$	IGI.DU
nergal$_4$	MAŠ.MAŠ
nergal$_5$	ŠEŠ.GAL
obv.	obverse
PC	post-canonical
PN	personal name
r., rev.	reverse
s.	(left) side
un.	unnumbered
+	join
(+)	indirect join

Except as noted above, index numbers of transcribed signs follow the conventions of R. Borger, *Assyrisch-babylonische Zeichenliste* (AOAT 33, Neukirchen-Vluyn 1978).

For the abbreviations used for the post-canonicial and extra-canonical eponyms, see p. 128.

INTRODUCTION

Three methods for distinguishing one year from another were used in the ancient Near East. From the start of the Early Dynastic Period in Egypt, *c.* 3000 BC, and from about 2400 BC in Babylonia come examples of years named after an important event.[1] This system, or a variation, continued until the end of the Old Kingdom in Egypt, *c.* 2150 BC, and until the end of the First Dynasty of Babylon in the east *c.* 1595 BC, then it gave way to a simple numbering of the years of each king's reign and, in Egypt, to other, cyclical, reckonings. When a king died, the remaining months of the current year were usually termed the 'accession year' of the next ruler, his first year commencing with the next new calendrical year. The third way of dating was by eponyms. Each year was named after a high officer of state, termed *līmu* (or *limmu*) in Akkadian. How and when this method began is uncertain, for although dating by officials is found in some Sumerian texts of the mid-third millennium BC, it is otherwise confined to Assyria from the nineteenth to the seventh centuries BC. From Assyria this system of naming years is believed to have passed to Greece in the archonship and to Rome in the consular dating.

Applications of all these systems are known from ancient Mesopotamia in dating records of royal campaigns, prestigious building projects, or diplomatic exchanges, but most widely on legal, administrative and business documents that required a date by their very nature. However, neither ancient secretaries nor modern scholars could set documents dated by year names or by eponyms in order without knowledge of the names in correct sequence. Accordingly, the scribes drew up lists and some of them, reaching into the third millennium BC, have survived, though incompletely.[2] With year-names distinction of one from another was relatively easy, while under the eponym system an official might hold the office more than once, or there might be two eponyms bearing the same name, so the men's titles could be added to distinguish between them.

Early in the history of Assyriology, Henry Rawlinson noticed lists of officials among the thousands of tablets and fragments recovered from Nineveh by Layard. After initially setting them aside as uninteresting, Rawlinson

---

1 For the Egyptian material see P. Kaplony, *Die Inschriften der Ägyptischen Frühzeit* (Wiesbaden 1963); for the Babylonian see the collection made by A. Ungnad, RlA 2 (1938) 133-95; more recent lists for the line of Gudea at Lagash and for the Third Dynasty of Ur are given in M. Sigrist and T. Gomi, *The Comprehensive Catalog of Published Ur III Tablets*, (Bethesda, MD 1991) 317-29, and for the Dynasty of Akkad in H. Hirsch, AfO 20 (1963) 1-77 (augmented by yet more recent publications such as M. E. Cohen, JCS 34 [1976] 227-32); A. Archi in A. Archi (ed.), *Eblaite Personal Names and Semitic Name-Giving*, Archivi reali di Ebla, Studi 1 (Rome 1988) 205-206 mentions year names from Ebla, probably from the Early Dynastic III period, which also give the year number, like year names of that time from Lagash and other Babylonian cities.

2 The basic collection of year name lists from Babylonia is given in RlA 2, 131-96.

realized their importance as lists of the eponym officials in order and issued his first description of them in 1862.[3] He announced more examples during the next five years, publishing some in collaboration with E. Norris in *Cuneiform Inscriptions of Western Asia* II, in 1866. Various scholars immediately investigated and discussed these texts, especially because of their relevance for biblical chronology.

Early in the decipherment of cuneiform inscriptions, scholars were able to identify some Assyrian and Babylonian kings with those named in Hebrew and Greek texts. They constructed tentative chronological schemes using those sources and the rapidly increasing information from Mesopotamia. Especially valuable were the names and lengths of reign of rulers of Babylon which Ptolemy recorded in the second century AD. Some of them are associated with lunar eclipses, the most useful being years one and two of 'Mardokempados' of Babylon, which can be set in 721 and 720 BC through Ptolemy's chronology. After a twelve-year rule that king gave place to 'Arkeanos' ('Αρκεανος) who reigned for five years, commencing in 709/8 BC. He can be identified with the Assyrian king Sargon,[4] and Assyrian tablets from his reign sometimes bear a double date (see below, pp. 70-71): 'Eponymate of X, year Y of Sargon king of Assyria, year Z king of Babylon.' These dates agree with the length of reign given by Ptolemy, just as the names of the kings before and after Sargon agree sufficiently with Akkadian sources (Mardokempados is Merodach-baladan).[5] The note of a solar eclipse in the eponymate of Bur-Saggilê during the reign of Aššur-dān III, fixed astronomically at 15th/16th June, 763 BC (Julian date), locks the chronology of these independent sources into place.[6]

In 1875, George Smith issued *The Assyrian Eponym Canon*, a monograph containing translations of all the known lists of eponyms and the references to them in date-lines on Assyrian texts of all sorts. Important manuscripts came to light after Smith's publication, both from Nineveh and from Assur, provoking more discussion. Friedrich Delitzsch gave copies of the major texts in his *Assyrische Lesestücke*,[7] and translations of the major texts appeared in several works.[8] No standard, collected edition was published until 1938, when Arthur Ungnad's compilation 'Eponymen' appeared in the *Reallexikon der Assyriologie*, edited by E. Ebeling and B. Meissner.[9] Smith had given the texts in English only, Ungnad set them out in transliteration, putting the lists of names side by side in synoptic form. Following Smith's lead, Ungnad listed texts dated by eponyms, for their date-lines could help to restore broken names and titles in the Lists; Smith gave every text known to him, Ungnad only a selection. The article by Ungnad, with some corrections from Ernst Weidner,[10] has remained the basic edition of the Eponym lists.

---

3 'Assyrian history,' *The Athenaeum* 1805 (31 May, 1862) 724-25.

4 Note the spelling of his name in the Septuagint at Isiah 20:1, similarly without the initial sibilant: Arna (Αρνα).

5 See G. Smith, *The Assyrian Eponym Canon*, ch. V; A. Ungnad, 'Eponymen,' RlA 2, 414.

6 The discovery of this vital datum was announced by H. C. Rawlinson in *The Athenaeum* 2064 (18 May, 1867) 660-61.

7 2nd edition, Leipzig (1878) 87-94.

8 Notably E. Schrader, *Keilinschriften und das Alte Testament* (Giessen 1872) 308-31, 3rd ed. (1883) 470-89, *Keilinschriftliche Bibliothek* I (Berlin 1889) 208-15, III 2 142-47; H. Winckler, *Keilinschriftliches Textbuch zum Alten Testament*, 2nd ed. (Leipzig 1903) 73-82; R. W. Rogers, *Cuneiform Parallels to the Old Testament* (New York 1912) 219-38; the most widely used is in D. D. Luckenbill ARAB II §§ 1197-98; the most recent is in J.-J. Glassner, *Chroniques mésopotamiens* (Paris 1993) 161-70 (Eponym Chronicles only).

9 Vol. 2, 412-57.

10 AfO 13 (1939-41) 308-18.

The present work gives all the texts from Nineveh in cuneiform copy, with reproductions of copies of texts from Assur made by Otto Schroeder and published in 1920, and O. R. Gurney's copies of two lists found at Sultantepe (ancient Ḫuzirina) in 1952 and published first in 1953, finally in 1957 and 1964. Helpful as Ungnad's synoptic layout is, a year by year arrangement has been preferred, gathering into one entry the information given for a single year by every List.

The date-lines from Assyrian texts have long been recognized as an important supplement to the Eponym Lists, so, following Smith's example, a catalogue of as many examples as could be collected is added. Comparison of the writings of the same dates underlines the variety permitted within the cuneiform writing system and sometimes helps in the understanding of historical spellings.

THE TEXTS

The last three hundred years of Assyria's existence are well documented so far as the eponyms are concerned. Numerous tablets and inscriptions bear dates by the system, and nineteen manuscripts list the officials in order for some part of the period, although none now extend beyond 649 BC. The lists were found in the ruins of Nineveh (Kuyunjik), at Assur, and at Sultantepe near Harran. Apparently all were copied in the seventh century BC (the fact that A8, from Sultantepe, ends with 750 BC does not prove it was copied half a century before the tablets found with it). Each list started with the eponymate of a king, several beginning with Adad-nērārī II (910 BC), for reasons unknown. One list, A7 from Assur, did begin much earlier, but the continuity is broken, so that 910 stands as the most convenient starting point.

Nine of the manuscripts give lists of names, ten give the names with historical notes. Accordingly, they are divided into two classes, A and B, and each copy is given a separate index number, a scheme Friedrich Delitzsch introduced in his presentation.

Class A 'Eponym Lists' — Beside simple lists of names in order, with 'king' after the royal names, one text from Assur (A7) also states the number of years from the eponymate of one king to his successor's. In the other text from Assur (A9) the titles of the eponyms are added. Insofar as the extra information is merely an extension of the eponyms' names, comparable with the title 'king', this list does not need to be classed separately.

The obvious needs of government and law account for the lists of this class which enable spans of years to be calculated precisely. Some of the Ninevite texts are well written, others (A3, A5) show by their format and less-even script that they may have been made for individual use, or for a single set of calculations. The Sultantepe copy A8 was evidently an exercise, for a series of entries is repeated, and the reverse is occupied by mathematical work. Although these lists survive from three sites only, others are likely to have existed wherever Assyrian administration operated.

Class B 'Eponym Chronicles' — The pattern of entry in all copies is: 'In the eponymate of : name : title : event.' The opening phrase, *ina līme*, points to the event as the significant part of the entry, hence the current name for these texts, 'Eponym Chronicles'. It is noteworthy that the date-lines of inscriptions and tablets may include the titles of the eponyms, but never contain the extra information given in the lists of this class. The 'event' is usually in the form 'to a place'. With this basic pattern there is an unsolved problem: the subject is not expressed in most cases. Where a specific city is named, this 'indicates the actual location of the king and his camp at the turn of the year', the time when, supposedly, a report on military activity was sent to the capital. The entries referring more generally to names of lands and peoples are held to represent years 'when the report was delayed or not dispatched'.[1] However, this does not explain adequately the purpose of those latter entries; they obviously denote a goal (*ana* place X) or a position (*ina* place X). The suggestion may be preferred that they describe the situation of the royal army. These entries are then seen to agree with the royal inscriptions which state that one king did not accompany his army on two campaigns, entrusting it to a high officer instead (830 'to Urartu', 829 'in Unqi', *cf.* the Black Obelisk of Shalmaneser III, 141-156[2]). Regrettably, the Eponym Chronicle does not survive for the years 698 and 695 BC when Sennacherib acted in the same way. Entries stating 'in the land', 'plague', or 'revolt' imply that the army was occupied at home.

In addition to military affairs, the events column reports movements of the god of Der (leaving his city in 831, returning in 814 and 785), the re-founding of the Nabû temple at Nineveh and the subsequent entry of the god (788, 787), the solar eclipse (763), the accessions of Tiglath-pileser III and Shalmaneser III (745, 727) and building activities of Sargon and Sennacherib (707-700). How these items qualified for entry is not clear. The later entries and the eclipse aside, it is hard for us to see any outstanding significance in the affairs of the god of Der, a border town constantly changing hands,[3] or of Nabû of Nineveh, that could single them out from all other religious occurrences. Moreover, the god of Der returned twice to his temple, according to these texts, but left only once!

On rare occasions two events were recorded for the same year, *e.g.* 788 'to Media; foundation of Nabû's temple at Nineveh laid,' 763 'rebellion in Assur; in Siwan there was an eclipse of the sun' (others are at 831, 814, 802, 787, 785, 765, 759, 754, 745, 743). In their entries for the last years of the eighth century, 714-700 BC, the extant texts become even more detailed.[4]

The Purpose of the Eponym Chronicles

This class of texts, while setting out the names in order, clearly had a very different purpose from class A, being centred on the event, rather than the eponym. The concept of recording at least one notable event for each year is ancient, being attested already at Mari during the eighteenth century BC, in the fragments published by M. Birot as 'Assyrian Chronicles'.[5] Those manuscripts cover the years before and during the reign of Šamšī-Adad I (*c.* 1813-1781 BC), who made himself king of Assur and then took control of Mari. They are clearly relics from the time of Assyrian rule, for the local kings of Mari used the Babylonian year-name system for dating their texts. The Mari pieces list the eponyms' names without titles, followed by a report

1 A. R. Millard and H. Tadmor, Iraq 35 (1973) 62.

2 A. H. Layard, ICC pls. 95, 96; O. Michel, WdO 2,3 (1956) 224-27; D. D. Luckenbill, ARAB I §§ 584, 585.

3 Cf. Iraq 26 (1964) 17.

4 As observed by J. A. Brinkman, NABU 1989, no. 3, p. 49.

5 M. Birot, 'Les chroniques "Assyriennes" de Mari,' MARI 4 (1985) 219-42; translation also in J.-J. Glassner, *Chroniques mésopotamiens* (Paris 1993) 157-60.

of one or more events, in most cases; a few names have no report beside them. Those with reports are phrased 'In eponym name, event', which can only mean 'In the eponymate of', as *ina līme* does in the later texts. Although no Eponym Chronicles survive between the time of those Mari texts and the Neo-Assyrian ones, the tradition continued. The entries in the Mari chronicles, so far as they can be understood, concern the affairs of various states and rulers associated with, or hostile to Assur. In editing these texts, M. Birot asserted the chronicler was setting out the tale of the rise to power of Šamšī-Adad and his family, a chequered history of defeats and successes, both reported openly.[6] Without more texts, that remains a possible explanation; the Eponym Chronicles may have begun in Šamšī-Adad's time, the heading of the Mari manuscript is damaged. In the Neo-Assyrian period the texts begin with the accession of Shalmaneser III, 858 BC. The single copy extant for the first years has a heading which, again, is broken (B5). If it was intended to celebrate the achievements of Shalmaneser and his successors, then it was equally honest, recording 'revolt' for each of the last four years of his reign (B4, B10), and in various years of later kings. Indeed, in some years the Eponym Chronicles note events which did not reflect well on the king, rather than successes claimed in the royal inscriptions (e.g. in the reign of Sargon, 712 BC has the entry 'in the land', yet in that year, his inscriptions announce, Ashdod and Melid fell to Assyria[7]). In this respect these chronicles deserve more attention than they have usually received, for they attest the existence in Assyria of that 'unbiased' attitude which the Babylonian Chronicles allegedly display, representing a style in recording history independent of the imperial image cultivated in the king's courts.[8] The purpose of both types of chronicle remains unknown.[9] While the possibility that they were intended as sources for creating omen apodoses cannot be discounted,[10] supplying 'good' or 'bad' information about the years of the kings, the entries in the Eponym Chronicles frequently give less specific information than the 'historical' references found in omen texts.

Sources of the Eponym Lists and Chronicles

None of the Eponym Lists names a source. A master copy was surely kept up-to-date in the capital by the annual addition of the eponym, then each scribal centre might keep its own list *á jour*. The Sultantepe copies show what deviations could arise in a provincial school (see The Manuscripts, A8, B10). From close correspondences between the Eponym Lists and the Assyrian King List, some have supposed the King List to be derived from the Eponym Lists. While they were connected, and an early section of the King List

---

6 Birot, *loc. cit.* 223.

7 See H. Tadmor, JCS 12 (1958) 95.

8 For discussion of the question of bias in the Babylonian Chronicles, see J. A. Brinkman in T. Abusch, J. Huehnergard, P. Steinkeller (eds.), *Lingering over Words. Studies in Ancient Near Eastern Literature in Honor of William L. Moran* (Atlanta 1990) 73-104.

9 For the Babylonian chronicles, see A. K. Grayson, *Assyrian and Babylonian Chronicles* (New York 1975) 10, 11 and the review in JAOS 100 (1980) 364-68.

10 I. Starr has shown that military events in Aššurbanipal's reign were incorporated into omen texts almost contemporaneously, AfO 32 (1985) 60-67.

apparently relied on lists of eponyms (see below, pp. 8-9), the King List had other sources, for it relates each king to his predecessor, which the Eponym Lists do not.

The Eponym Lists (Class A) give the names alone, only marking the kings by title until the time of Tiglath-pileser III, as set out above, the change bringing them a little closer to Class B, warning against rigid distinctions on formal grounds. The change may hint at a time of editorial activity in Nineveh or Kalaḫ — it is not found in the Assur list (A7) — about the time when the Khorsabad King List was copied (738 BC) and the Babylonian Chronicle commences.[11] In the following decades, too, occur the longer entries of some Eponym Chronicle texts from Nineveh, dealing with the reigns of Sargon and Sennacherib (B6, B7).

The Eponym Chronicles as a whole obviously drew upon fuller sources and, again, their nature cannot be discerned; were they the sources that fed the Class A lists and the King Lists? Whatever they were, they had wide authority, for the entry at 704 BC claims two cities were conquered in Babylonia, Larak and Sarrabanu, and those two only are included in the Babylonian Chronicle entry for that year (Bēl-ibni 3).[12] Note, also, that the Babylonian Chronicle reports 'plague was in Assyria' for 706 BC (ii 5′), whereas the Eponym Chronicle merely states that the king stayed in the land and various other events took place. Furthermore, the Eponym Chronicle's entry for 700 (B7), concerning materials for building a palace, in particular specifying the quarry whence the stone was obtained as Kapar-dagila, has clear affinities with the lengthy reports of Sennacherib's 'Annals'.[13] There seem to be hints here of fuller sources covering a variety of events, good and bad, that were available to scribes for their different purposes.

The Office of Eponym

Eponym dates appear as a regular feature in the earliest Assyrian texts, but the duties of the office are obscure (see below). In the Middle Assyrian period, the titles of the eponyms sometimes follow their names in date-lines, showing that it was the leading men of the state who held the office, the *turtānu*, *rab šāqê*, *masennu*,[14] *šakin māti* and governors of various cities.[15] The king held the office at some point of his reign, although at present the evidence for the Middle Assyrian period is too scanty to indicate which year was given to him. The first king known to have been eponym is Enlil-nērārī (*c.* 1327-1318 BC).[16] Kings appear regularly at the commencement of their

---

11 See Grayson, *op. cit.* 10ff.

12 *Ibid.* 77, *cf. ibid.* 11, n.23.

13 Edition E vi 45-75, I i 33-ii 13, D. D. Luckenbill, *The Annals of Sennacherib* (Chicago 1924) 107-8, 120-2.

14 The reading (*amēl*)*masennu* for (LÚ)IGI.DUB is preferred over (*amēl*)*abarakku* for the Neo-Assyrian period. There is no doubt, both from syllabic writings and Aramaic correspondences, that *masennu* was the correct reading in the seventh century. Since a syllabic writing of *masennu* appears already in the Nuzi texts and, apart from literary sources, there are no syllabic writings of *abarakku* after the Old Babylonian period (see CAD *s.v. abarakku* and *mašennu*), it is extrapolated that *masennu* was correct for the ninth and eighth centuries and probably for the Middle Assyrian period as well. [RMW]

15 See C. Saporetti, *Gli eponimi medio-assiri*, Bibliotheca Mesopotamica 9 (Malibu 1979) 20f.

16 *Ibid.* 18, 56; for the possibility that Erība-Adad, named as eponym in one text, was a royal eponym, see *ibid.* 13.

reigns in the badly damaged list (A7) covering the period from Tiglath-pileser I to Aššur-dān II (*c.* 1186-932 BC). The practice continued into the time of the Assyrian Empire, when centuries of tradition may have overlain the original concept. A pattern of succession can be traced through the century from Shalmaneser III (see Table 1). A new king acted as eponym in his second year of reign (see p. 13), then followed four ministers of state: the *turtānu*, or commander-in-chief, the *rab šāqê*, 'chief cupbearer', *nāgir ekalli*, 'palace herald', and the *masennu*, the chamberlain. Governors of major cities came after them, some taking precedence over others as the empire grew. The sequence was not rigid, except for the *turtānu* following the king. A chance discovery seems to reveal the reason for that: lots were cast to determine the order. The Yale Babylonian Collection owns a clay cube, 2.8 × 2.7 cm, inscribed for the *masennu* Yaḫalu who served as eponym three times, in 833, 824 and 821 BC. The text reads:

i	*aš-šur bēlu rab[û]*	ii	*šá* ^{md}*šùl-*	iii	$^{m\bar{a}t}$*me-eḫ-ra-ni*	iv	*ebūr* $^{m\bar{a}t}$*aš-šur*
	^{d}*adad bēlu rabû*		*ma-nu-ašarēd*		$^{m\bar{a}t}$*ú-q[i]*		*līšir* ^{lid}*lidmiq*
	pu-ú-ru		*šar*$_4$ $^{m\bar{a}t}$*aš-šur*		$^{\check{s}ad}$*e-ri-ni[m]*		*ina pāni aš-šur*
	šá ^{m}*ia-ḫa-li*		$^{am\bar{e}l}$*šá-kìn*		*ráb ka-a-ri*		^{d}*adad*
	[m]asenni rabî		$^{\bar{a}l}$*kip-šu-ni*		*ina li-mì-šú*		*pu-ur-šu*
			$^{m\bar{a}t}$*qu-me-[n]i*		*pu-ri-šú*		*li-l[i]-a*[17]

O Aššur, great lord! O Adad, great lord! (This is) the lot of Yaḫalu, the great chamberlain of Shalmaneser, king of Assyria, the governor of Kipshuni, of Qumeni, Mehrani, Uqi, the Cedar Mountain, customs officer. In his eponymate, his lot, may the crops of Assyria grow well and soundly. Before Aššur and Adad may his lot come up (*or* fall out).[18]

We assume such dice were prepared for the next two or three men in line for the office, shaken together in a jug and one thrown out, perhaps by a priest. The choice was probably made a year in advance, perhaps at the New Year ceremonies. The result of the draw may have settled the order for more than one year, according to the sequence of the lots. Occasionally the system was disrupted by civil war or an eponym-designate's death. If the scribe dating a document did not know the name of the current eponym, he might use the form 'eponymate after PN,' (see below, pp. 67-68). The death of an eponym prior to assuming office is one explanation for the name Balaṭu, entered in list A3 for 786 BC, which is not found in any other manuscript.[19] Other possibilities are, on one hand, that the text is corrupt, or, on the other, that it is the only correct record.

The office of eponym already existed at the beginning of Assyrian history as known today. When the Assyrian King List was compiled, lists of eponyms supplied some of its information, for a group of six kings near its beginning (nos. 27-32) were given without lengths of reigns because, a note advises,

---

17 Hallo, *Biblical Archaeologist* 46 p. 20 reads *liddā*.

18 F. J. Stephens, YOS 9 (1937), Pls. XXVII, XLV, no. 73 (YBC 7058); E. F. Weidner, AfO 13 (1939) 30; E. Michel, WdO 1,4 (1949) 261-64; M. T. Larsen, *The Old Assyrian City-State and its Colonies* (Copenhagen 1976) 211-12; W. W. Hallo, *Biblical Archaeologist* 46 (1983) 19-27; for photographs of the piece, see the frontispiece.

19 E. Forrer, MVAG 20 (1915) 3.

Table 1 Regnal years in which the kings and court officials held the eponymate

	Š III	Š III(2)	Š-A V	Adn III	Š IV	Ad III	Ašn V	T-P III	Š V	Sg
šarru	2	32	2	2	2	2	2	2	2	3
turtānu	3,6	33	10	3	3	3	3	3		
rab šāqê	4	34	8	5	4		5	5		
nāgir ekalli	5,9	36	4	4	5		4	4		
masennu	26	35	3	6	6		6	6		4
šakin māti				7	7		7	7		5

The *turtānu* always followed the royal eponym except in the reign of Šamši-Adad V when, probably because of internal dissension, he does not appear until the tenth year. The variations between the next three officers may result from the fall of the dice, but it is notable that the sequence *masennu* — *šakin māti* is invariable from Adad-nērārī III to Sargon.

they were kings 'whose eponymies are destroyed'.[20] The successors of those kings in the List were those in whose reigns Assyrian merchants trading in Anatolian towns wrote numerous documents dated by eponyms.[21] Tablets from the eighteenth century BC, found at Mari and other sites, show the dating method in use wherever kings of Assyria held sway, notably under Šamšī-Adad I.[22]

The origin of the office is unknown; a cultic role, 'care for the sanctuary and the cult' at Assur 'seems to have been the basis for the *limmu* institution,' perhaps even among tribesmen before they settled there, A. Poebel surmised.[23] If an etymological connection with the base *lwy* is accepted, then the word itself would denote 'turn (of office),' as A. Ungnad proposed.[24] An alternative explanation of the word associates it with *līmu*, 'thousand,' and Ugaritic and Hebrew *l'm* seeing a semantic shift between 'group of people,' 'thousand,' and 'leader of a thousand,' comparable with the range of *'lp* in West Semitic.[25]

The Order of the Eponyms

In describing the provincial organisation of the Assyrian Empire, Emil Forrer showed from the titles that many of the eponyms held office in a recognized sequence.[26] The fact that there are variations can be attributed to the method

20 I. J. Gelb, JNES 13 (1954) 209-30, line 26/25; A. K. Grayson, 'Königslisten.' RlA 6, 105; P. Garelli in J.-M. Durand, J.-R. Kupper (eds.), *Miscellanea babylonica: Mélanges offerts à Maurice Birot* (Paris 1985) 91-95.

21 See M. T. Larsen, *The Old Assyrian City-State and its Colonies*, Mesopotamia 4 (Copenhagen 1976) 80-84, 192-223, 375-82.

22 For a catalogue and discussion, see K. R. Veenhof, 'Eponyms of the "Later Old Assyrian Period" and Mari Chronology,' MARI 4 (1985) 191-218; for a reconstruction of the eponymates of the reign of Šamšī-Adad I, see R. M. Whiting, 'Tell Leilan / Šubat Enlil: Chronological Problems and Perspectives,' in S. Eichler, M. Wäfler and D. Warburton (eds.), *Tall al-Ḥamīdīya* 2, Orbis biblicus et orientalis: Series archaeologica 6 (Freiburg 1990) 167-218.

23 JNES 1 (1942) 280.

24 RlA 2, 412.

25 See P. Fronzaroli, *Archivio Glottologico Italiano* 45 (1960) 42-44.

26 E. Forrer, *Die Provinzeinteilung des assyrischen Reiches* (Leipzig 1920).

Table 2 Regnal years in which provincial governors held the eponymate

Place	Asn II	Š III	Š-A V	Adn III	Š IV	Ašn V	T-P III	Sg
Aḫizuḫina		20/18*		10	14		14	11/14*
		22/20*						
Amedi				12	19		19	16/19*
Arbail				24	22			19/22*
Arrapḫa		30/27*	13	9	12	10	10	7/10*
Guzana	[18?]			18	18		18	15/18*
Ḫabruri		24/22*	11	15	16		16	13/16*
Ḫalziadbar								23/26*
Isana			7?	21	23			21/24*
Kalḫi	11	8/7*		14	11	11	11	8/11*
	20	29/26*						
Kilizi		27/24*		23	21		21	18/21*
Kurbail				27	24			22/25*
Mazamua		31/28*	14	28	13		12	9/12*
Nairi		21/19*						
Naṣibina		7/6*	9	11	9	9	9	6/9*
		28/25*		29				
Nemed-Ištar		17/15*						
Ninua		25/23*		22	20		20	17/20*
Raqmat	12	23/21*	12	16	10			
Raṣappa				8	8	8	8	3
Si'me							13	10/13*
Šibḫiniš				20	26			
Talmusi				25	27			25/28*
Tamnuna				26	25			24/27*
Til Barsip								20/23*
Tille				19	15		15	12/15*
Tušḫan	17	10/8*		17	17		17	14/17*

1. Very few titles are known for the eponyms of Aššurnaṣirpal II. The eponym for year 18 (866 BC) was Šamaš-nūri. The fact that governors of Guzana held the eponymate in the 18th years of later kings makes it very tempting to suppose that Šamaš-nūri, governor of Guzana, commemorated by the Tell Fekheriyeh statue, was the eponym for 866.[27]

2. The seats of eponyms of Shalmaneser III are listed with the regnal years followed by the theoretical year (asterisked) in which they would have fallen had a new *turtānu* not been inserted for year 6, a new *nāgir ekalli* for year 9 and a new *masennu* for year 26.

3. The eponymates of Aššur-dān III and his *turtānu* (771, 770 BC) merely interrupt the sequence which began with the eponymate of Shalmaneser IV, and so are not counted here.

4. There was no interruption to the sequence at the death of Sargon in 705 BC, Sennacherib not taking the eponymate until 687, when he was followed by Bēl-ēmuranni, the *turtānu*, but not by the other high officers who had previously succeeded the king. The reason for Sennacherib's delay in taking the office is not explained; the death of his father in battle, a matter which obviously troubled him,[28] may have been the cause, and the reason for his taking the office later might have been to celebrate his triumph over Babylon in 689.

5. The seats of eponyms of Sargon II are listed with the regnal years followed by the theoretical year (asterisked) in which they would have fallen had the *turtānu*, *nāgir ekalli* and *rab šāqê* held office at the start of the reign. Their absence from the list may be due to the apparently abnormal circumstances in which Sargon came to the throne.

6. The latter part of the List, from 696 BC, includes many places which were not previously part of the empire, showing the sequence was no longer followed.

[27] See A. Abou-Assaf, P. Bordreuil, A. R. Millard, *La Statue de Tell Fekherye et son inscription bilingue assyro-araméenne* (Paris 1982) 103-105.

[28] See H. Tadmor, B. Landsberger, S. Parpola, SAAB 3 (1989) 3-51.

Table 3 The basic sequence of eponym holders for the ninth and eighth centuries BC

The king	Ḫabruri
turtānu	Tille
rab šāqê	Tušḫan
nāgir ekalli	Guzana
masennu	Amedi
šakin māti	Ninua
Raṣappa	Isana
Naṣibina	Kilizi
Arrapḫa	Arbail
Kalḫi	Tamnuna
Raqmat	Talmusi
Māzamua	Kurbail
Aḫizuḫina	Šibḫiniš

of selecting the eponym for a particular year and to changes among the highest officials of the court which could lead to the new man exercising a prerogative to the position in spite of the sequence. Thus the herald, Abī-ina-ekalli-lilbur, was eponym in 854, then, after three years, Bēl-būnāya, the herald, held the position, interrupting the pattern, taking it again in 823, in his proper turn, after Shalmaneser III had started the second round of eponymates in his reign. As the chart (Table 2) displays, certain groupings can be observed among the provincial governors serving as eponyms. Raṣappa, Naṣibina and Arrapḫa filled the eighth, ninth and tenth, eleventh or twelfth years from Adad-nērārī III to Tiglath-pileser III, and the twenty-fifth, twenty-sixth and twenty-seventh years of Shalmaneser III, Naṣibina and Arrapḫa occur in years six and seven of Sargon. Māzamua follows Arrapḫa in three reigns. Ḫabruri, Tušḫan, Guzana and Amedi form clusters in the reigns of Shalmaneser IV, Tiglath-pileser III and Sargon, the first three standing in succession under Adad-nērārī III. Nineveh and Kilizi marked the twenty-third and twenty-fourth years of Shalmaneser III, the twentieth and twenty-first of Tiglath-pileser III, and occupy similar positions in the reigns of Adad-nērārī III, Shalmaneser IV and the continuation of Sargon, accompanied by Arbail and Isana.

The Stelae from Assur

The German excavations at Assur found clusters of stone stelae in the southern part of the city, by the wall of Shalmaneser III. They lay in four groups at different levels, with stone bases for some in a group of their own.[29] Altogether, ninety-eight stones were recovered bearing inscriptions. Most are squared blocks, of greater width than thickness, with rounded tops, the inscriptions being engraved in a rectangular recess near the top of the stele. Three are re-used pillars and there is one statue. Some are so badly preserved that the inscriptions are illegible or obliterated. (There were thirty-nine uninscribed stelae or fragments of stelae and some stone sockets for the

---

29 W. Andrae, *Die Stelenreihen in Assur*, WVDOG 24 (Leipzig 1913).

stelae.) Each monument represents an individual, an Assyrian king or person of high rank, ranging in date from the reign of Erība-Adad I (*c.* 1390-1364 BC) to that of Aššurbanipal (668-627 BC). Apart from three royal ladies (Semiramis, a queen of Sennacherib and a queen of Aššurbanipal), all the stelae carry the names and titles of men who served as eponyms, but they do not mention that office. The excavator, W. Andrae, supposed that the stelae had originally been set in chronological order, creating a calendar for reckoning the years. Had that been so, there should be about 700 stelae, and, while it is possible that the majority were smashed in antiquity, or await recovery, the absence of any mention of their holding the eponymate in the men's titles, and the presence of stelae for three women, speak against it. It is clear that some stelae were already buried when others were deposited, some actually lying under the wall of Shalmaneser III, although all the royal stelae were kept together.[30] There was no time when all were visible at this site. It is likely, therefore, as Miglus has argued, that the place was a depository for monuments removed from a shrine or other building from time to time and placed respectfully in this position. Since, apart from Aššurbanipal's lady, the latest stelae belong to the mid-eighth century BC, that could have happened during the renovations carried out in Assur by the Sargonid kings during the last century of Assyria's life. The stones would have stood in a shrine as substitutes for the persons named, possibly commemorating them after their lifetimes, as well as during them, as did stelae of similar shape in the west.[31]

The names and titles add to the information about the eponyms given by the Lists and so the texts of the stelae for the Neo-Assyrian period are included in the Catalogue of Eponym Dates.[32]

The Eponym Lists and Chronology

From the first, the value of the Eponym Lists for historical research has been obvious, although the fragmentary state of the texts and a few small uncertainties have resulted in considerable debate over details. One significant matter arises from the layout of the texts.

The Horizontal Rulings

Apart from showing the end of a text, some scribes divided the entries by horizontal rulings at selected points. Texts A5, A6, B5, B7, B9 are not ruled in this way; all other copies usually have a ruling before the eponymate of a

---

30 See the study by P. A. Miglus, ZA 74 (1984) 133-40.

31 J. V. Canby had made this case in Iraq 38 (1976) 113-28, although Miglus had rejected it on the grounds that the stelae were neither posthumous nor beside burials and there is little evidence for western influences in Assur. The information about religious stelae at Mari in the Old Babylonian period (J.-M. Durand, J.-R. Kupper [eds.], *Miscellanea babylonica: Mélanges offerts à Maurice Birot* [Paris 1985] 79-84) suggests that related practices existed nearer to Assur and could have reached the city in the time of Šamšī-Adad I, for whose reign the Mari texts supply the oldest Eponym Lists.

32 Abbreviated as St. For the Middle Assyrian stelae see C. Saporetti, *Gli eponimi medio-assiri*, Bibliotheca Mesopotamica 9 (Malibu 1979) and *Some Considerations on the Stelae of Assur*, Assur 1,2 (1974).

king. A8 adds a ruling after each royal name except one (at 772), A3 adds this once (after 781) and B10 once (after 827). Thus each section presents a list starting with a king, a sequence which A7 and B10 close with the number of years contained.

From 746 onwards the manuscripts vary.[33] The sections of A1, B1, B2 contain eponyms from one king's accession, which is specified, to the next. A2, A3, A7 continue to divide by royal eponymates, except for A2 at 706, where the accession of Sennacherib follows, and A7 at 669, where the accession of Aššurbanipal followed, but is not mentioned. A4 has rulings after 745, noting Tiglath-pileser, and after 705, noting Sennacherib, that is, marking the first year of each reign by ruling off the previous one and heading the new one. (The text of B1 is unique in dividing 763, the year of the solar eclipse, from 764; in ruling off 734, the copyist may be accused of an error, for the same eponym, Bēl-dān, should have had a ruling after his previous term, 744, not here.) The rulings in A7 offer a further explanation, for each section concludes with a sum of years in it, that is, the years from the eponymate of one king to the year prior to the eponymate of the next.

The Eponym Lists and Regnal Years

The number of years contained within each of the sections commencing with a royal eponym in A1, B1, B2 should give the length of each reign. That this is the case was proved when the Assyrian King List was restored completely for the period.[34] There the length of each reign is stated and the figures agree with the years allotted by the Eponym Lists as described above in every case. Although the King Lists and the Eponym Lists may be generically related, that still serves to confirm the figures as handed down from one generation of scribes to another, and so indicates the reliability of these sources for the Neo-Assyrian period, when correctly understood. In presenting information from the Khorsabad copy of the Assyrian King List, Arno Poebel discussed the divisions of the Eponym Lists in detail.[35] He reinforced the understanding, already argued by George Smith, that a king held office as eponym in the second full year of his reign, until Shalmaneser V and his successors broke the pattern. This position gains support if the suggestions about the selection of eponyms (p. 8) are correct. Thus the specific record for Tiglath-pileser III supplies the model for the previous reigns as far back as Adad-nērārī II, 910 BC: 745 accession noted, 744 last eponym of the predecessor's reign, 743 eponymate of Tiglath-pileser III. No alternative interpretation seems to be so well founded. Nevertheless, although occasional claims for a royal eponymate in a king's first year lack supporting evidence at present, the possibility of undetectable changes in the pattern cannot be excluded completely.

---

33 S. Zawadzki, SAAB 7 (1993), has argued that placing the line before the year of accession for Tiglath-pileser III, Shalmaneser V, Sargon II and Sennacherib, or after the accession year (only in A4, after 745 and 705) were innovations introduced to stress the rule of Tiglath-pileser III in the first place. The variations between the lists and the poor state of preservation of several leave the significance of the differences in ruling practice open to discussion.

34 I. J. Gelb, *loc. cit.*

35 A. Poebel, JNES 2 (1943) 71-78, 88, 89.

The alteration in the method of reckoning used by some texts from Tiglath-pileser III onwards (A1, B1, B2), counting the king's accession year as his first, was employed also in the date-lines of some documents of Sennacherib's reign (see below, p. 71).

When a reign reached thirty years, the king was eligible to become eponym for a second time, with the officers of state following in order as if the reign had begun again. Thus Shalmaneser III held the office for 857 and for 827, the king explaining *ina* 31 *palê-ia šá-nu-te-šú pu-ú-r*[*u*] *ina pān aš-šur* ^d^*adad ak-ru-ru* 'In my thirty-first regnal year, I cast the lot for the second time before Aššur and Adad.' The practice is likely to have applied earlier, in the reign of Tiglath-pileser II. A reference in a royal letter to what may be the eponymate of Aššurbanipal could indicate that, although he had not been eponym at the start of his rule, he likewise might have held the office late in his reign (*ina lim-me* ^md^*aššur-bāni-apli abi-ka* ABL 469 r.1).[36] Thirty years evidently marked a cycle, which we may, speculatively, consider a generation, requiring some renewal or reaffirmation of the old king's authority. Egypt presents a striking parallel with the *ḥeb-sed* festival which was celebrated, theoretically, on the thirtieth anniversary of a king's accession.[37]

---

[36] It is equally likely, however, that *ina* IGI.ME in this letter is to be interpreted as *ina pānī* 'in the presence' of Aššurbanipal, rather than *ina lim-me* 'in the *līmu*' of Aššurbanipal. Although this writing of *ina pānī* is without parallels, the normal form being IGI rather than IGI.ME, an eponymate of Aššurbanipal is otherwise unattested. [RMW]

[37] See D. J. Wiseman, CAH² II 477; E. Hornung, E. Staehelin, *Studien zum Sedfest*, Aegyptiaca helvetica 1 (1974).

THE EPONYM CANON

THE MANUSCRIPTS

The original content of each text has been calculated wherever possible, although closing dates remain uncertain when the final entries are missing, for there can be no assurance that a tablet was filled.

A1 from Kuyunjik K 4329 (+) 4329a (+) 4329b
Smith Canon I Ungnad C^{a}1
Text: II R 68 no. 1 (K4329); II R 69 no. 4 (K4329a); III R 1 (whole text)
Copy: Plates 1-2
Six column tablet, ruled and written with care. 17.1 × 10.4 cm, bears Aššurbanipal palace mark.
Commenced 910 BC, ended 659 BC.
Scribal errors: 885 entry omitted; 874 ^{md}*šamaš-ub-la* against A2 [ ]-*ú-pa-ḫír*; 814 ^{m}*bēl-ba-laṭ* for ^{m}*bēl-lu-ba-laṭ* as A8 and St.

A2 from Kuyunjik K 4388
Smith Canon II Ungnad C^{a}2
Text: II R 68 no. 2
Copy: Plate 3
Six column tablet, ruled. 10.5 × 10 cm.
Commenced 910 BC, ended 690-670 BC.
Scribal errors: 840 ^{md}*bēl-abūya* for ^{md}*šamaš-abūya*; 738 ^{md}*adad-ukīn*$_{2}^{in}$ for ^{md}*adad-bēlu-ukīn*$_2$; 736 ^{md}*ninurta*$_2$*-aya* for ^{md}*ninurta*$_2$*-ila-aya*.

A3 from Kuyunjik K 4389
Smith Canon III Ungnad C^{a}3
Text: II R 69 nos. 3, 5
Copy: Plate 4
Roughly written tablet, 7.85 × 7.75 cm. The scribe began by ruling two columns on the obverse, then found his material was too extensive for four columns, so squeezed three on to the reverse. Apparently he made the vertical wedges of the masculine determinative for all the entries on the reverse before inscribing any names, in order to ensure that he could include all the names. When he entered the names he failed to align them exactly with the determinatives.[1]
Commenced *c*. 810 BC, ends 649 BC.
Scribal errors: 687 ^{m}*aš-šur-aḫḫē*-[ ] for ^{md}*sîn-aḫḫē-erība*; 678 ^{md}*nabû* left unerased before the correct name, ^{md}*nergal-šarru*$_2$*-uṣur*$_2$.

A4 from Kuyunjik K 4390
Smith Canon IV Ungnad C^{a}4

[1] *Cf.* C. H. W. Johns, PSBA 25 (1903) 83.

Text: II R 69 no. 4
Copy: Plate 5
Flake from the obverse of a three column tablet, containing parts of columns ii, iii. 6.1 × 5.8 cm.
Present coverage 753-744, 718-702 BC.
Scribal errors: 748 ^{md}*aš-šur-bēlu-ukīn*$_2$ for ^{md}*adad-bēlu-ukīn*$_2$; 706 [*m*]*u-tak-lak-aš-šur* for ^{m}*mu-tak-kil-aš-šur.*
Where other texts have 'Royal name, king', A4 has 'Royal name, king of Assyria'.

A5 from Kuyunjik 82-5-22,121
Ungnad C^{a}5
Text: C. H. W. Johns, PSBA 18 (1896) 206; ADD 1098
Copy: Plate 5
Upper half of a small four column tablet, without rulings, surfaces badly worn. The tablet has the appearance of a Neo-Assyrian letter. Traces in column iv may be part of a colophon. 4.5 × 4.6 cm.
Commences 743 BC, end uncertain; present coverage 743-737, 722-713, 691-682 BC.
Unexplained variant at 718: ^{m}*aš-šur-mātu-ú-paḫ-ḫir*$^{?}$ for ^{m}*zēru-ibni.*

A6 from Kuyunjik Rm 580
Ungnad C^{a}6
Text mentioned by F. Delitzsch, ZK 2 (1885) 175, n. 1 and C. Bezold, PSBA 11 (1889) 287; copy by J. A. Brinkman, NABU 1989, no. 3, p. 51
Copy: Plate 6
Upper right portion of a six column tablet, parts of columns ii, iii, iv remain, columns v, vi were probably blank. 5.8 × 5.5 cm. Each column had about 57 lines, so the list began with 911 BC. Present coverage 855-840, 798-782, 710-697 BC.
Scribal errors: 852 entry omitted.

A7 from Assur VAT 11254+11257+11276, 11258+11259B, 11260, 11255, 11256
Ungnad C^c
Text: KAV 21-24
Copy: Plate 7 (Copy by O. Schroeder. Schroeder copied the fragments separately, but the order of the eponyms shows that they can be arranged to form parts of a single tablet. L. Jakob-Rost kindly checked the arrangement proposed here but had reservations about the placing of the lower left piece.)
Ten column tablet, badly broken, columns i, ii lost. Approximately 16.5 × 12.5 cm.
The list began about 1200 BC, and ended with the post-canonical eponym Aššur-gimillī-tirri, according to the colophon.[2] Present coverage, excluding the Middle Assyrian section (see above, pp. 7-8), col. vi 872-860, 858-849, 846-836, col. vii 801-775, col. viii 751-719, col. ix 691-659.

[2] S. Zawadzki (SAAB 7 [1993]) has argued that the colophon refers only to the entries from Sennacherib's eponymate (687 BC) to the end of the text, reconcstructing the number of years as 52, placing Aššur-gimillī-tirri in 636 BC. This has to remain a speculation; it would be unusual for a colophon to relate to the final part of the text only.

Scribal errors: 861 ^{md}*ninurta*$_{2}$*-a*$^{?}$ [ ] for A1 ^{m}*aššur-ila-aya* (but *cf.* A8); 842 ^{m}*tak-lak-ana-aš-šur* for ^{m}*tak-lak-ana-šarri*; 783 ^{md}*marduk*$_{3}$*-nāṣir*$_{2}$ for ^{md}*ninurta-nāṣir*$_{2}$; 777 ^{md}*šamaš-išdēya-ukīn*$_{2}$ for ^{md}*nabû-išdēya-ukīn*$_{2}$; 738 ^{md}*adad-bē*[*l*]*u*-KUR for ^{md}*adad-bēlu-ka''in*$_{2}$.

The total number of years is given for each reign.

A8 from Sultantepe SU 52/150

Text: STT I pl. LXIV, 47, obverse only

Copy: Plate 8 (copy by O. R. Gurney)

Four column exercise tablet (the reverse bears mathematical calculations); col. iv.9 to end repeats entries of ii.47 to iii.40 (*i.e.* 809-764 BC). Commenced 910 BC, ends 750 BC.

Scribal errors: 864 ^{m}*aš-šur-bēlu-uṣur*$_{2}$ for ^{m}*šamaš-bēlu-uṣur*$_{2}$; 861 ^{md}*ninurta*$_{3}$*-ila-aya* for ^{m}*aš-šur-ila-aya* (but *cf.* A7); 835 ^{m}*šēp-*^{d}[*šam*]*aš* for ^{m}*šēp-šarri*; 825 ^{m}*aššur-būna-aya* for ^{m}*aššur-būna-aya-uṣur*$_{2}$; 823 ^{marah}*ulūl-aya* for ^{m}*bēl-būna-aya*; 785 ^{md}*nergal-ú-bal-ú-liṭ* for ^{md}*adad-ú-bal-liṭ*; 784 ^{md}*nergal-šarru*$_{2}$*-uṣur*$_{2}$ for ^{md}*marduk-šarru*$_{2}$*-uṣur*$_{2}$; 780 ^{md}*šam-si-uṣur*$_{2}$ for ^{md}*šam-si-ilu*; 771 ^{m}*aš-šur-*ŠID[ ] for ^{m}*aš-šur-dān*^{an}; 761 ^{md}*ninurta*$_{2}$*-mu*[*kīn*$_{2}$*-a*]*ḫi* for ^{md}*nabû-mukīn*$_{2}$*-aḫi*; 757 entry omitted.

A9 from Assur VAT 8249
Ungnad C^{d}

Text: KAV 20

Copy: Plates 9-10 (copy by O. Schroeder)

Five-sided prism, pierced vertically, listing eponyms by name, faces i, iii, and office, faces ii, iv, while on face v the office follows the name, indented, on the next line. 7.9 cm high, 3.8 cm wide.

Commences 719 BC, ends 662 BC; entries for 698, 697 BC lost.

Scribal errors: 693, 688 ^{m}*iddin-aḫḫē* is titled governor of Ṣimirra, whereas the documents seem to style him governor of Dur-Šarruken for 693. There is variation in the titles for 677 and 676, here both are *sukkallu dannu*, but *sukkallu rabû* and *sukkallu šanû* in the documents.

B1 from Kuyunjik K 51
Smith Canon V Ungnad C^{b}1

Text: II R 52 no. 1

Copy: Plates 11-12

Bottom and lower right portion of a carefully ruled and written tablet, baked in antiquity. 15.2 × 15.25 cm.

Covers 817-727 BC.

Scribal errors: the ruling after the entry for 734 BC is probably erroneous.

B2 from Kuyunjik K 3403 + 81-2-4,187 + 95-4-6,4
Ungnad C^{b}2

Text: C. Bezold, PSBA 11 (1889) 286, pls. I, II (K 3403 + 81-2-4,187 only[3])

Copy: Plates 13-14

3 The fragment 95-4-6,4, the upper right corner of the reverse, belonged to C. J. Rich, see L. W. King, ZA 10 (1895) 97, and was copied by Bellino. Smith and Ungnad wrongly treated it as the reverse of B8, see E. F. Weidner, AfO 13 (1939-41) 310.

Lower two-thirds of a carefully ruled and written tablet, almost an exact duplicate of B1.
Covers 810-746 BC.

B3 from Kuyunjik K 3202
Smith Canon VIII Ungnad C^{b}3
Text: incorporated in F. Delitzsch, *Assyrische Lesestücke*, 2nd ed., 94; copy by J. A. Brinkman, NABU 1989, no. 3, p. 51
Copy: Plate 15
Flake from one face. 4.3 × 4.7 cm.
Covers 732-722 BC.

B4 from Kuyunjik Rm 2,97
Ungnad C^{b}4
Text: C. Bezold, PSBA 11 (1889) 287, pl. III
Copy: Plates 15-16
Part of the right side of a carefully ruled and written tablet, baked in antiquity, possibly part of B1 (Bezold and Ungnad). 7.9 × 9.2 cm.
Covers 841-815, 721-706 BC.
The entry for 820 has an extra, illegible, word.

B5 from Kuyunjik 82-5-22,526
Ungnad C^{b}5
Text: C. Bezold, PSBA 11 (1889) 287, pl. III
Copy: Plate 16
Flake from the upper part of one face of a tablet, the first line is a heading. 8.6 × 5.9 cm.
Commences 858 BC, ends 847 BC.

B6 from Kuyunjik K 4446
Smith Canon VI Ungnad C^{b}6
Text: II R 69 no. 6
Copy: Plate 17
Lower left corner of a tablet, badly abraded, with small, slightly uneven writing, the longer entries cross vertical rulings. 6.7 × 7.5 cm.
Present coverage 818-803, 708-703 BC, implying that there were two main columns on each face.

B7 from Kuyunjik K 10017
Ungnad C^{b}7
Copy: Plate 18
Translated by Smith, Canon, 55; transliteration by Ungnad, 435.
Fragment from left side of a tablet, one face only, probably part of B6. 4.0 × 5.6 cm.
Covers 701-699 BC.

B8 from Kuyunjik K 14183
Smith Canon VII Ungnad C^{b}8
Text: Copy by J. A. Brinkman, NABU 1989, no. 3, p. 51[4]
Copy: Plate 18

4 As J. A. Brinkman has observed (*loc. cit.*, p. 49), this flake could be from a list of type A.

Translated by Smith, Canon 43, 47f.
Flake, probably from the obverse of a tablet. 2.6 × 2.75 cm.
Covers 828-821 BC.

B9 from Kuyunjik — K 14304
Ungnad $C^{b}10$
Copy: Plate 18
Flake from one face, no rulings. 3.1 × 4.3 cm. Ungnad gave readings from this text for 787, 786, 785 BC, but they do not correspond with the signs visible now. While the fragment may cover 786-776 BC, the traces are too uncertain to permit identification, so the text has not been included in this edition.

B10 from Sultantepe — SU 52/18 + 18A + 21 + 333 + 337
Text: STT I pls. LXII, LXIII, 46 + STT II pl. CCLI, 348
Copy: Plates 19-20 (copy by O. R. Gurney; the fragment STT 348 has been included in the copy given here, although made at a slightly different scale)
Badly damaged tablet with horizontal rulings only. 16.2 × 9.5 cm.
Covers 840-765 BC. This tablet is remarkable for its variant readings and orthographic peculiarities, some perhaps being colloquialisms.[5] Where other texts have terminal *a*-Cv, B10 has āC: 780, 770 *tur-ta-an* for *tur-ta-nu*, 791 [ ]-*iqīš-a-an* for ^{m}*bēl-iqīš-a-ni/-an-ni,* 779 [*r*]*ém-a-an* for ^{md}*marduk-rém-a-ni,* 799 [ ]-*a-an* for ^{md}*marduk-išme-a-ni/-išme-ni*; 794, however, has [ ]-*ḫa*-[*n*]*a* for *tuš-ḫa-an.* Other variants include: *si-ḫi* for *si-ḫu* (823-820); [-*ḫ*]*a-li* for *ia-ḫa-lu* (821); [*bē*]*l*$^{?}$-*ka-ṣa-bat* for ^{m}*bēl-qātē-ṣabat* (810); [ ]-*ri-qa* for *ḫa-ta-ri-ka* (765). Where other texts have *ana* place, B10 has *ina* place at 835, 803, 800-795, 790-787, 785, 783-778, 774-769, 767-765. For 802 B10 has *ina tâ*[*mti*] as against *ana muḫḫi tâmti.* At 835 and 765 it has the determinative *āl* instead of *māt.* Scribal errors are: 797 [*ki*]*li-zi* for ^{āl}*kal-ḫi*; 788 *uš-še ša*$^{!}$ *bīt* ^{d}*nabû a-na* ^{āl}*ninua* for *uššu ša bīt* ^{d}*nabû ša ninua*; 787 ^{āl}*še-bi-su* for ^{āl}*arba-ilu*; 784 ^{m}*adad*$_{2}$-*mu-šá-mer*$^{!}$ for ^{md}*marduk-šarru*$_{2}$-*uṣur*$_{2}$; 770 *ina mar-ra-ti* for *ana* ^{āl}*ma-ra-ad.* Other variants are: 820 *si-ḫi* against B4 [ ]-*x-ri-iṣ*; 818 [ ]*x si*$^{?}$-*mat* against B4 [ ]-*šum-me*; 778 [*nāg*]*ir* for *nāgir ekalli*; 775 GIŠ.A for ^{šad}*e-re-ni*; 773 city name uncertain, but not *raq-mat.* At 831 BC the notice about the god of Der is omitted, while the note for 814 is set a year earlier.

Ungnad listed DT 142 as $C^{b}9$, but this fragment is vitrified and illegible, so cannot be included here, although it appears to have been a tablet of this type.

---

5 For this feature of the Sultantepe texts see W. G. Lambert, RA 53 (1959) 124f.

TEXT SCORE

910	**Adad-nērārī**	
	A1^{i1} [ ]	A8^{i1} ^{m}*adad-nērārī* [ ]
909	**Še'i-Aššur**	
	A1^{i2} [*š*]*e-'i-*[ ]	A8^{i2} ^{m}*še-'i-*[ ]
908	**Aššur-da''inanni**	
	A1^{i3} [ ]*aš+šur-da''in*^{i}[^{n}*-n*]*i*	A8^{i3} ^{m}*aš+šur-da''in*^{in}*-a*[*n-*]
907	**Aššur-dēnī-amur**	
	A1^{i4} ^{m}*aš+šur-de-n*[*i- -mu*]*r*	A8^{i4} ^{m}*aš+šur-de-ni-a-m*[*ur*]
906	**Barmu**	
	A1^{i5} ^{m}*bar-*[*m*]*u*	A8^{i5} ^{m}*ba-*⸢*ar*⸣*-m*[*u*]
905	**Abī-[...]**	
	A1^{i6} ^{m}*abī-*^{d}*x*[*-m*]*e*?	A8^{i6} ^{m}[ ]*x*
904	**Aššur-taklāk**	
	A1^{i7} ^{m}*aš+šur-t*[*àk-l*]*ak*	A8^{i7} [*-tà*]*k*?-[ ]
903	**Q[urdi-ili]ma?**	
	A1^{i8} ^{m}⸢*qur*⸣-[ ]*-ma*?	A8^{i8} [ ]*-ni*
902	**...inanni**	
	A1^{i9} [ ]	A8^{i9} [*-i*]*n-an-ni*
901	**Dūr-māti-Aššur**	
	A1^{i10} [ ]	A8^{i10} [ ]*-šur*
900	**Illeqāyu**	
	A1^{i11} [*-ay*]*u*	A8^{i11} [*-ay*]*u*
899	**Ninuāyu**	
	A1^{i12} [*-ay*]*u*	A8^{i12} [*-ay*]*u*
898	**Likberu**	
	A1^{i13} [*-r*]*u*	A8^{i13} [ ]

905,903: The restorations are uncertain; note the variant for 903.
901-897: Restorations are provided by the 'Annals' of Adad-nērārī II found at Assur, KAH II 84; RIMAP 2 A.O.99.2.

897 **Adad-aḫu-iddin**
A1^{i14} [-iddi]n$_2$ A8^{i14} [ ]$^{⌈d⌉}$[ ] x [ ]

896 **Adad-dān**
A1^{i15} [^{a}]^{n} A8^{i15} ^{md}adad-dān^{a}[^{n}]

895 **Ina-iliya-allak**
A8^{i16} ^{m}a-na-ili-ia-a[l]$^{?}$-lak

894 **Šamaš-abūa**
A8^{i17} ^{md}šamaš-abu-u-a

893 **Šamaš-bēlu-uṣur**$^{?}$
A2$^{i1'}$ [ ]-šarr[u-] A8^{i18} ^{md}šamaš-bēlu-uṣur$_2$

892 **Nergal-zar[...]me**$^{?}$
A2$^{i2'}$ [ ]$^{⌈d?⌉}$ninurta$_2$$^{?}$-ZAR-[-m]e$^{?}$ A8^{i19} ^{md}nergal$_4$-SUK-MI$^{?}$[ ]

891 **Ṭāb-eṭēr-Aššur**
A2$^{i3'}$ [ṭā]b-eṭēr-[-š]ur A8^{i20} ^{m}ṭāb-eṭēr-[ ]

890 **Aššur-lā-kēnu-ubāša**
A2$^{i4'}$ [ ]-šur-la-kēnu$_2$^{n}[^{u} -š]a A8^{i21} aš+šur-la-kēnu$_2$-ú-ba-š[a]
Ruling follows in A2, A8.

889 **Tukultī-Ninurta, king**
A2$^{i5'}$ ^{m}t[ukul-t]i-^{d}ninurta$_2$ ša[rru] A8^{i22} ^{m}tukul-ti-^{d}ninurta$_2$ šarru$_2$
Ruling follows in A8.

888 **Taklāk-ana-bēlīya**
A2$^{i6'}$ ^{m}tàk-lak-ana-bēlī-ia A8^{i23} ^{m}tà[k-]-a-na-bēlī-ia

887 **Abu-ilāya**
A2$^{i7'}$ ^{m}abu-ila-aya A8^{i24} ^{m}ab[u-il]a-aya

886 **Ilu-milkī**
A2$^{i8'}$ ^{m}ilu-mil-ki A8^{i25} ^{m}ilu-[m]il-ku

885 **Na'id-ilu**
A8^{i26} ^{m}na'id-ilu

884 **Yarî**
A2$^{i9'}$ ^{m}ia-ri-i A8^{i27} ^{m}ia-ár-i

893: Whereas the only complete text, A8, from Sultantepe, has Šamaš-bēlu-uṣur, and the incomplete ms A2 has [ ]-*šarr*[*u*], the 'Annals' text is dated by Ilu-napištī-uṣur. O. R. Gurney has explained the first name as an error for the name in the Annals and the *šarru* similarly (AnSt 3 [1953] 17). Retention of the last part of another name, with Ungnad, would give twenty-two eponyms for the reign against the twenty-one of the King List.

892: A8 has ^{d}MAŠ.MAŠ, A2 only]xMAŠ, but the spacing suggests it only read ^{d}MAŠ.

885: The insertion of Na'id-ilu, required by A8, the Sultantepe ms, is confirmed by the 'Annals' of Tukultī-Ninurta from Assur, resulting in seven eponyms for this reign, in agreement with the King List; W. Schramm, BiOr 27 (1970) 147-60; RIMAP 2 A.O.100.5.

883 Aššur-šēzibanni
A2$^{i10'}$ ^{m}*aš+šur-še-zib-a-ni*   A8^{i28} [ ]-⌈*šur*⌉-*še-zib-an-ni*
Ruling follows in A2, A8.

882 Aššur-nāṣir-apli, king
A1$^{i16'}$ [-*šar*]*ru*$_2$ A8^{i29} [ ]-*apli šarru*$_2$
A2$^{i11'}$ ^{m}*aš+šur-nāṣir*^{ir}-*apli*$_2$ *šarru*
Ruling follows in A8.

881 Aššur-iddin
A1$^{i17'}$ [ ]-*iddin*$_2$ A8^{i30} [ ]-*iddin*$_2$
A2$^{i12'}$ ^{m}*aš+šur-iddin*$_2$

880 Miqti-adur
A1$^{i18'}$ [ ]-*dúr*
A2$^{i13'}$ ^{m}*mi-iq-ti-a-dúr*

879 Ša-ilima-damqa
A1$^{i19'}$ [-*da*]*mqa*
A2$^{i14'}$ [-*il*]*i-ma-dam-qa*

878 Dagan-bēlu-nāṣir
A1$^{i20'}$ [ ]^{d}[-*nā*]*ṣir*$_2$^{ir}
A2$^{i15'}$ [*d*]*a-gan-bēlu-nāṣir*$_2$^{ir}

877 Ninurta-pīya-uṣur
A1$^{i21'}$ [ ]^{d}*ninurta*$_2$-*pī*-[*i*]*a-uṣur*$_2$
A2$^{i16'}$ [ ]*ninurta*$_2$-*pī-ia-uṣur*$_2$

876 Ninurta-bēlu-uṣur
A1$^{i22'}$ [ ]^{d}*ninurta*$_2$-*bēlu-uṣur*$_2$
A2$^{i17'}$ [ ]*ninurta*$_2$-*bēlu-uṣur*$_2$

875 Iššiak-Aššur-lilbur
A1$^{i23'}$ [*iš*]*šiak-aš+šur-lil-bur*
A2$^{i18'}$ [ ]*šur-lil-bur*

874 Šamaš-upaḫḫir
A1$^{i24'}$ [^{m}]^{d}*šamaš-ub-la*
A2$^{i19'}$ [ ]-*ú-pa-ḫír*

873 Nergal-āpil-kūmūa
A1$^{i25'}$ ^{md}*nergal*$_4$-*bēlu*$^{!}$-*ku-mu-a*   A8$^{i31'}$ [ ]-⌈*a*⌉
A2$^{i20'}$ [-*p*]*il-ku-mu-u-a*

872 Qurdi-Aššur
A1$^{i26'}$ [*q*]*ur-di-aš+šur*   A8$^{i32'}$ [ ]-*šur*
A2$^{i21'}$ [ ]-*aš+šur*   A7^{vi1} ^{m}*q*[*ur*$^{?}$-]

871 Aššur-lēʾi

A1$^{i27'}$ [ ]+*šur-lēʾi*	A8$^{i33'}$ [*-lēʾ*]*i*
A2$^{i22'}$ [ ]*-lēʾi*	A7^{vi2} ^{m}*aš+š*[*ur-*]

870 Aššur-natkil

A1$^{i28'}$ [*a*]*š+šur-na-at-kil*	A8$^{i34'}$ ^{m}[ ]
A2$^{i23'}$ [ ]*-kil*	A7^{vi3} ^{m}*aš+šu*[*r-*]

869 Bēl-mudammiq

A1$^{i29'}$ [ ]*bēl-mu-dammiq*	A8$^{i35'}$ ^{m}[ ]
A2$^{i24'}$ [*-i*]*q*	A7^{vi4} ^{m}*bēl-mu-*[ ]

868 Dayān-Ninurta

A1$^{i30'}$ ^{m}[*da*]*yān-*^{d}*ninurta*$_2$	A8$^{i36'}$ ^{m}*day*[*ān-*]
	A7^{vi5} ^{m}*dayān-*^{d}*ninurta*$_2$

867 Ištar-emūqāya

A1$^{i31'}$ ^{m}*ištar-emū*[*q-ay*]*a*	A8$^{i37'}$ ^{md}*iš*[*tar-*]
	A7^{vi6} ^{m}*ištar-e-muq-qa-aya*

866 Šamaš-nūrī

A1$^{i32'}$ ^{md}*šamaš-nu-ri*	A8$^{i38'}$ ^{md}*šamaš-*[ ]
	A7^{vi7} ^{md}*šamaš-nu-ri*

865 Mannu-dān-ana-ili

A1$^{i33'}$ ^{m}*man-nu-dān*^{an}*-ana-ili*	A8$^{i39'}$ ^{m}*man-nu-dān*^{a}[^{n}]*-ili*
	A7^{vi8} ^{m}*man-nu-dān*^{an}*-ana-*[ ]

864 Šamaš-bēlu-uṣur

A1$^{i34'}$ ^{md}*šamaš-bēlu-uṣur*$_2$	A8$^{i40'}$ ^{m}*aš+šur-bēlu-uṣur*$_2$
	A7^{vi9} ^{md}*šamaš-bēlu-*[ ]

863 Ninurta-ilāya

A1$^{i35'}$ ^{md}*ninurta*$_2$*-ila-aya*	A8$^{i41'}$ ^{md}*ninurta*$_2$*-ila-aya*
	A7^{vi10} ^{md}*ninurta*$_2$*-ila-*[ ]

862 Ninurta-ēṭiranni

A1^{ii1} ^{md}*ninurta*$_2$*-ēṭir*^{ir}*-an-ni*	A8$^{i42'}$ ^{md}*ninurta*$_2$*-ēṭir*^{ir}*-an-ni*
	A7^{vi11} ^{md}*ninurta*$_2$*-ēṭir*[ ]

861 Aššur/Nergal-ilāya

A1^{ii2} ^{m}*aš+šur-ila-aya*	A8$^{i43'}$ ^{md}*nergal*$_4$*-ila-aya*
	A7^{vi12} ^{md}*ninurta*$_2$*-il*[*a-*]

860 Nergal-nīrka-daʾʾin

A1^{ii3} ^{md}*nergal*$_4$*-nīr*$_2$*-ka-daʾʾin*^{in}	A7^{vi13} [ ]⌜d⌝[ ]

859 Ṭāb-bēlu

A1^{ii4} ^{m}*ṭāb-bēlu*	A7^{vi14} [ ]

858 Šarru-balti-nišī

A1^{ii5} ^{m}*šarru-balti-nišī* A7^{vi15} ^{m}*šarru-balti-*[ ]^{MEŠ} ^{16} 24 *šanāti*

B5^{1} [ ] *ša* ^{md}*šùl-ma-nu-ašarēd*$_3$ *mār* ^{m}*aš+šur-nāṣir*^{ir}*-apli š*[*àr*]
^{2} [*l*]*i-me* : ^{m}*šarru-balti-nišī* : : *a-*[ ]

Ruling follows in A1, A7, B5^{1}.

857 Šulmānu-ašarēd, king

A1^{ii6} ^{md}*šùl-ma-nu-ašarēd*$_3$ *šarru*$_2$ A7^{vi17} ^{md}*šùl-ma-nu-ašarēd*$_3$ *šarru*$_2$

B5^{3} [ ] : ^{md}*šùl-ma-nu-ašarēd*$_3$: *šàr* ^{māt}*aš+šur*^{KI} : *a-*[ ]

856 Aššur-bēlu-ka››in

A1^{ii7} ^{m}*aš+šur-bēlu-ka››in*$_2$^{ni} A7^{vi18} ^{m}*aš+šur-bēlu-ka››in*$_2$

B5^{4} [ ] : ^{m}*aš+šur-bēlu-ka››in*$_2$^{in} : ^{amēl}*tur-ta-nu* : ⸢*a*⸣-[ ]

855 Aššur-būnāya-uṣur

A1^{ii8} ^{m}*aš+šur-būna-aya-uṣur*$_2$ A7^{vi19} ^{m}*aš+šur-būna-aya-uṣur*$_2$

A6^{i1} ^{m}*aš+šur-būna-aya-uṣur*$_2$ A8^{ii1} ^{m}*aš+š*[*ur-*]

B5^{5} [ ] : ^{m}*aš+šur-būna-aya-uṣur* : ^{amēl}*rab šāqê* : ⸢*a*⸣-[ ]

854 Abī-ina-ekalli-lilbur

A1^{ii9} ^{m}*abī-ina-ekalli-lil-bur* A7^{vi20} ^{m}*abī-ina-ekalli-lil-bur*

A6^{i2} ^{m}*abī-ina-ekalli-lil-bur* A8^{ii2} ^{m}*abī-in*[*a-*]

B5^{6} [ ] : ^{m}*abī-ina-ekalli-lil-bur* : ^{amēl}*nāgir ekalli* : [ ]

853 Dayān-Aššur

A1^{ii10} ^{m}*dayān-aš+šur* A7^{vi21} ^{m}*dayān-aš+šur*

A6^{i3} ^{m}*dayān-aš+šur* A8^{ii3} ^{m}*day*[*ān-*]

B5^{7} [ ] : ^{m}*dayān-aš+šur* : ^{amēl}*tur-ta-nu* : [ ]

852 Šamaš-abūa

A1^{ii11} ^{md}*šamaš-a*[*bu*]*-u-a* A7^{vi22} ^{md}*šamaš-abu-u-a*

A2$^{ii1'}$ ^{m}[ ] A8^{ii4} ^{md}*šam*[*aš-*]

A6 omitted

B5^{8} [ ] : ^{md}*šamaš-abu-u-a* : ^{amēl}*šá-kìn* ^{āl}*na-ṣibi-na* : [ ]

851 Šamaš-bēlu-uṣur

A1^{ii12} ^{md}*šamaš-b*[*ēlu*]*-uṣur*$_2$ A7^{vi23} ⸢^{md}⸣*šamaš-bēlu-uṣur*$_2$

A2$^{ii2'}$ ^{md}*šamaš-*[ ] A8^{ii5} ^{md}*šamaš-*[ ]

A6^{i4} ^{md}*šamaš-bēlu-uṣur*$_2$

B5^{9} [ ] : ^{md}*šamaš-bēlu-uṣur*$_2$: *ša* ^{āl}*kal-ḫa* : [ ]

850 Bel-būnāya

A1^{ii13} ^{md}*bēl-bū*[*na-ay*]*a* A7^{vi24} [ ]*-bu-na-aya*

A2$^{ii3'}$ ^{m}*bēl-būna-*[ ] A8^{ii} ^{m}*bēl-*[ ]

A6^{i5} ^{m}*bēl-būna-aya*

B5^{10} [ ] : ^{m}*bēl-būna-aya* : ^{amēl}*nāgir ekalli* : [ ]

849 Ḫadi-lipūšu

A1^{ii14} ^{m}*ḫa-di-i-[ ]*	A7^{vi25} *[-d]i-li-pu-šú*
A2$^{ii4'}$ ^{m}*ḫa-di-li-pu-[ ]*	A8^{ii7} ^{m}*ḫa-d[i-]*
A6^{i6} ^{m}*ḫa-di-li-pu-šu*	

B5^{11} [ ] : ^{m}*ḫa-di-li-pu-šú : ša* ^{āl}[ ]-⸢*ṣa*?-*pa*?⸣ [ ]

848 Nergal-ālik-pāni

A1^{ii15} ^{md}*nergal*$_{4}$*-ālik-pāni*	A7^{vi26} [ ]
A2$^{ii5'}$ ^{md}*nergal*$_{4}$*-ālik-pāni*	A8^{ii8} [ ]
A6^{i7} ^{md}*nergal*$_{4}$*-ālik-pāni*	

B5^{12} [ ] : ^{md}*nergal*$_{4}$*-ālik-pāni : ša* [ ]

847 Bur-Rammān

A1^{ii16} *[-m]a-na*	A7^{vi27} [ ]
A2$^{ii6'}$ ^{m}*bur-*^{d}*ra-man*	A8^{ii9} [ ]
A6^{i8} ^{m}*bir-*^{d}*ra-man*	

B5^{13} [ ] : ^{m}*b[i]r-*^{d}*[ ]-ma-n[a]*

846 Ninurta-mukīn-nišī

A1^{ii17} [ ]	A7^{vi28} *[-mu]kīn*$_{2}$*[-]*
A2$^{ii7'}$ ^{md}*ninurta*$_{2}$*-mukīn*$_{2}$*-nišī*	A8^{ii10} [ ]
A6^{i9} ^{md}*ninurta*$_{2}$*-mukīn*$_{2}$*-nišī*	

845 Ninurta-nādin-šumi

A1^{ii18} [ ]	A7^{vi29} *[ninur]ta*$_{2}$*-nādin-[ ]*
A2$^{ii8'}$ ^{md}*ninurta*$_{2}$*-nādin-šumi*	A8^{ii11} *[ ]-na-d[in-]*
A6^{i10} ^{md}*ninurta*$_{2}$*-nādin-šumi*	

844 Aššur-būnāya

A1^{ii19} [ ]	A7^{vi30} *[-š]ur-bu-na-a-a*
A2$^{ii9'}$ ^{m}*aš+šur-būna-aya*	A8^{ii12} *[-š]ur-būna-ay[a]*
A6^{i11} ^{m}*aš+šur-būna-aya*	

843 Ṭāb-Ninurta

A1^{ii20} [ ]	A7^{vi31} ^{m}*ṭāb-*^{d}*ninurta*$_{2}$
A2$^{ii10'}$ ^{m}*ṭāb-*^{d}*ninurta*$_{2}$	A8^{ii13} ^{m}*ṭāb-*^{d}*ninurta*$_{2}$
A6^{i12} *[ṭā]b-*^{d}*ninurta*$_{2}$	

842 Taklāk-ana-šarri

A1^{ii21} *[ ]-šarri*$_{2}$	A7^{vi32} ^{m}*tak-lak-ana-aš+šur*
A2$^{ii11'}$ ^{m}*tàk-lak-a-na-šarri*	A8^{ii14} *[ ]tàk-lak-a-na-šarri*
A6^{i13} *[-n]a-šarri*	

841 Adad-rēmanni

A1^{ii22} *[ ]-ni*	A7^{vi33} ^{md}*adad-réme-ni*
A2$^{ii12'}$ ^{md}*adad-rém-a-ni*	A8^{ii15} [ ]^{d}*adad-rém-a-ni*
A6^{i14} *[ ]-a-ni*	

B4$^{1'}$ [ ]*x*

840 Šamaš/Bēl-abūa

A1^{ii23} [ ]-*a* A7^{vi34} ^{md}*šamaš-abu-u-a*
A2$^{ii13'}$ ^{m}*bēl-abu-u-a* A8^{ii16} [ ]^{d}*šamaš-abu-u-a*
A6^{i15} [ ]-*a*
B4$^{2'}$ [ ]*x*[*erē*]*ni*
B10^{1} [ ] ⸢*e*⸣-*re-na*

839 Šulmu-bēli-lāmur

A1^{ii24} [-*mu*]*r* A7^{vi35} ^{md}*šùl-mu-bēli-lāmur*
A2$^{ii14'}$ ^{m}*šùl-mu-bēli-la-mur* A8^{ii17} [*š*]*úl-mu-bēli-lāmur*
B4$^{3'}$ [-*z*]*u-ḫi-na* : *a*-[ ]-*e*
B10^{2} [ ] ^{āl}*qu-u-e*

838 Ninurta-kibsī-uṣur

A1^{ii25} [ ] A7^{vi36} ^{md}*ninurta$_{2}$-kib-si*-[ ]
A2$^{ii15'}$ ^{md}*ninurta$_{2}$-kib-si-uṣur$_{2}$* A8^{ii18} ^{md}*ninurta$_{2}$*-[ ]-*uṣur$_{2}$*
B4$^{4'}$ [*r*]*a-ṣap-pa* : *a-na* ^{māt}⸢*ma*]-⸢*la*⸣-*ḫi*
B10^{3} [ ]*mala*$^{!}$-*ḫi*

837 Ninurta-ilāya

A1^{ii26} [ ] A7^{vi37} [ ]^{d}*ninurta$_{2}$-ila*-[ ]
A2$^{ii16'}$ ^{md}*ninurta$_{2}$-ila-aya* A8^{ii19} ^{md}*ninurta$_{2}$*-[-*a*]*ya*
B4$^{5'}$ [-]^{nār}*zu-hi-na* : *a-na* ^{māt}*da-na-bi*
B10^{4} [*d*]*a-na-b*[*i*]

836 Qurdi-Aššur

A1^{ii27} [ ] A7^{vi38} [ ]*qur-d*[*i*-]
A2$^{ii17'}$ ^{m}*qur-di-aš+šur* A8^{ii20} ^{md}*qur-d*[*i-a*]*š+šur*
B4$^{6'}$ [ ]*raq-mat* : *a-na* ^{māt}*ta-ba-li*
B10^{5} [ ] *ina* ^{māt}[ ]-*b*[*a*]-⸢*li*⸣

835 Šēp-šarri

A1^{ii28} [ ]
A2$^{ii18'}$ ^{m}*šēp^{II}-šarri$_{2}$* A8^{ii21} ^{m}*šēp^{II}*-⸢^{d}⸣[*šam*]*aš*$^{?}$
B4$^{7'}$ [*h*]*ab-ru-ri a-na* ^{māt}*me-li-di*
B10^{6} [ ] *ina* ^{ā}[^{l}]*me*-⸢*li-di*⸣

834 Nergal-mudammiq

A1^{ii29} [ ]
A2$^{ii19'}$ ^{md}*nergal$_{4}$-mu-dam-i*[*q*] A8^{ii22} ^{md}*nergal$_{4}$*-[*mudam*]*miq*^{iq}
B4$^{8'}$ [*n*]*i-nu-a* : *a-na* ^{māt}*nam-ri*
B10^{7} [ ] ⸢*ina* ^{māt}⸣[ ]-⸢*ri*⸣

840-815: The correlation of the Eponym Chronicle entries with the inscriptions of Shalmaneser III and Šamšī-Adad V is a subject of debate; see A. K. Grayson, BiOr 33 (1976) 140-43 and J. E. Reade, ZA 68 (1978) 251-60. The evidence of the copies of the Eponym Lists does not seem to favour Grayson's suggestion that a line has been omitted at 832 or 831.

838: For the reading Malaḫi, see J. E. Reade, ZA 68 (1978) 254.

833 Yaḫalu

A1^{ii30} [ ]	
A2$^{ii20'}$ ^{m}*ia-ḫa-lu*	A8^{ii23} ^{m}*ia-ḫ[a-l]u*
B4$^{9'}$ [	]*masennu : a-na* ^{māt}*qu-e*
B10^{8} [	]

832 Ulūlāyu

A1^{ii31} $^{ma[raḫ}$]	
A2$^{ii21'}$ ^{maraḫ}*ulūl-a[yu]*	A8^{ii24} ^{maraḫ}*ul[ūl-*]
B4$^{10'}$ [	*ki]li-zi : a-na* ^{māt}*qu-e*
B10^{9} $^{mar[aḫ}$*ul]ūl-ay[u*	]

831 Šarru-ḫattu-ipēl

A1^{ii32} ^{m}*š[arru$_2$-ḫa]t-t[i-*]	
A2$^{ii22'}$ ^{m}*šarru$_2$-ḫat-ti-ip[ēl]*	A8^{ii25} ^{m}*šarru$_2$-*^{māt}*ḫat-ti-i-p[ēl]*
B4$^{11'}$ [	]*-na* ^{māt}*qu-e : ilu rabû issu* ^{āl}*de-ri it-tal-ka*
B10^{10} ^{m}*š[arru$_2$]-ḫat-t[i]-be-[*	]*q[u-*]

830 Nergal-ilāya

A1^{ii33} ^{m}*n[erg]al-ila-a[ya]*	
A2$^{ii23'}$ ^{md}*nergal-i[la-*]	A8^{ii26} ^{md}*nergal-ila-ay[a]*
B4$^{12'}$ [	*-s]a-na : a-na* ^{māt}*ur-ar-ṭi*
B10^{11} ^{md}*nergal-ila-a[ya*	]*-á[r]$^{?}$-[t]i$^{?}$*

829 Ḫubāyu

A1^{ii34} ^{m}*[ḫ]u-ba-ay[u]*	
A2$^{ii24'}$ ^{m}*ḫu-[*]	A8^{ii27} ^{m}*ḫu-ba-ayu*
B4$^{13'}$ [	]*-ḫi : a-na* ^{māt}*un-qi*
B10^{12} ^{m}[	] ?

828 Ilu-mukīn-aḫi

A1^{ii35} ^{m}*i[l]u-mukīn$_2$-aḫi$_2$*	A8^{ii28} ^{m}*ilu-mukīn$_2$-aḫi$_2$*
B4$^{14'}$ [	*-ḫ]a : a-na* ^{māt}*ul-lu-ba*
B8$^{1'}$ [*il]u-mu[kīn$_2$-*	]
B10^{13} [	*-l]u$^{?}$-ba$^{?}$*

Ruling follows in A1, A8, B10.

827 Šulmānu-ašarēd, king

A1^{ii36} ^{md}*šùl-ma-nu-ašarēd$_3$ šarru$_2$*	A8^{ii29} ^{md}*šùl-ma-nu-ašarēd$_3$ šarru$_2$*
B4$^{15'}$ [	]*x : a-na* ^{māt}*man-na-ayu*
B8$^{2'}$ [ ]^{d}*šùl-ma-n[u-*	]
B10^{14} [	] ^{māt}*aš-šur*
^{15} [	*-n]a-ayu*

Ruling follows in A8, B10^{14}.

826 Dayān-Aššur

A1^{ii37} ^{m}*day[ān]-aš+šur*	A8^{ii30} ^{m}*dayān-aš+šur*
B4$^{16'}$ [	] *x : si-ḫu*
B8$^{3'}$ [ ]*dayān-[*	]

B10^{16} [ ]

825 Aššur-būnāya-uṣur

A1^{ii38} ^{m}*aš+šur-būna-aya-uṣur*$_{2}$ — A8^{ii31} ^{m}*aš+šur-būna-aya*
B4$^{17'}$ [ ] *si-ḫu*
B8$^{4'}$ [*a*]*š+sur-būna-aya-*[ ]
B10^{17} [ ] ⌜*si*⌝-[ ]

824 Yaḫalu

A1^{ii39} ^{m}*ia-ḫa-l*[*u*] — A8^{ii32} ^{m}*ia-ḫa-*[*l*]*u*
B4$^{18'}$ [ ] *si-ḫu*
B8$^{5'}$ [*a*]*ya-ḫa-a-*[ ]
B10^{18} [*a*]*ya-ḫa-*[ ] ⌜*si*⌝-[ ]

823 Bēl-būnāya

A1^{ii40} ^{m}*b*[*ēl*]*-būna-a*[*ya*] — A8^{ii33} ^{marah}*ulūl-aya*
B4$^{19'}$ [ ] *si-ḫu*
B8$^{6'}$ [ ]*bēl-būna-a*[*ya*]
B10^{19} [*bē*]*l-būna-aya* [ ] ⌜*si*⌝*-ḫi*
^{20} [*š*]*anāti* ^{m}*šù*[*l-*] *šar*$_{4}$ ^{māt}*aš+šur*

Ruling follows A1, A8, B4, B6, B8, B10^{19} and ^{20}

822 Šamšī-Adad, king

A1^{ii41} ^{m}*ša*[*m-š*]*i-*^{d}[ ] — A8^{ii34} ^{md}*šam-ši-*^{d}*adad šarru*$_{2}$
B4^{20} [*s*]*i-ḫu*
B8$^{7'}$ [ ]*šam-ši-*^{d}*ad*[*ad*]
B10^{21} [ ]-⌜d$^{?}$⌝*adad*$_{2}$ *šar*$_{4}$ [ ] *si-ḫi*

Ruling follows in A8.

821 Yaḫalu

A1^{ii42} [ ]*ia-ḫa-lu* — A8^{ii35} ^{m}*ia-ḫa-l*[*u*]
B4$^{21'}$ [*s*]*i-ḫu*
B8$^{8'}$ [*-ḫ*]*a-lu* [ ]
B10^{22} [*-ḫ*]*a-li* ^{amē}[^{l}] *si-ḫi*

820 Bēl-dān

A1^{ii43} ^{m}*bēl-dān*^{an} — A8^{ii36} ^{m}[*bē*]*l-d*[*ān*]
B4$^{22'}$ [ ]*x-ri-iṣ*
B10^{23} [ ]*-dān*^{an} ^{amē}[^{l}] *si-ḫi*

819 Ninurta-ubla

A1^{ii44} ^{md}*ninurta*$_{2}$*-ub-la* — A8^{ii37} [ ]
B4$^{23'}$ [*-a*]*yu*
B10^{24} [ ]*-ub-lam* ^{am}[^{ēl} ^{m}]^{āt}*man-na-ayu*

818 Šamaš-ilāya

A1^{ii45} ^{md}*šamaš-ila-aya* — A8^{ii38} [ ]
B4$^{24'}$ [ ]*-šum-me*
B6$^{1'}$ [ ]: ^{a}[^{mēl}]
B10^{25} [ ]*-ila-aya* ^{a}[^{mēl}]*x si*$^{?}$*-mat*

817 Nergal-ilāya

A1^{ii46} ^{md}*nergal$_4$-ila-aya* A8^{ii39} [ ]
B1$^{1'}$ [^{mā}]^{t}*t*[*i*]*l*-[ ]
B4$^{25'}$ [*l*]*e-e*
B6$^{2'}$ [-*il*]*a-aya* : ^{amēl}*šá*-[ ]
B10^{26} [-*i*]*la-aya* ^{amēl}*šá-k*[*ìn* -*l*]*e-e*

816 Aššur-būnāya-uṣur

A1^{ii47} ^{m}*aš+šur-būna-aya-uṣur$_2$* A8^{ii40} [ ]
B1$^{2'}$ [ ]-⌜*e*⌝ : *a-na* ^{māt}*til-l*[*e*-]
B4$^{26'}$ [ ]-*e*
B6$^{3'}$ [ ]-*uṣur$_2$* : ^{amēl}*rab* [ ]
B10^{27} [ ]-*aya-uṣur$_2$* ^{amēl}*rab* [ ]-*e*

815 Šarru-ḫattu-ipēl

A1^{iii1} ^{m}*šarru-ḫat-ti-i-pēl* A8^{ii41} [ ]
B1$^{3'}$ [*n*]*a-ṣi-bi-na* : *a-na* ^{māt}*za-ra-a-te*
B4$^{27'}$ [-*t*]*e*
B6$^{4'}$ [-*p*]*ēl* : ^{amēl}*šá-kìn* ^{āl}[ ]
B10^{28} [ ]-*be-el* ^{amēl}*šá-kìn* [ ]

814 Bēl-lū-balaṭ

A1^{iii2} ^{m}*bēl-ba-laṭ* A8^{ii42} [ ]*bēl-lu-balaṭ*[^{a}]^{t}
B1$^{4'}$ [-*n*]*u* : *a-na* ^{āl}*de-ri* : *ilu rabû a-na* ^{āl}*de-ri it-ta-lak*
B6$^{5'}$ [-*a*]*ṭ* : ^{amēl}*tar*-[ ]
B10^{29} [*ra*]*bû a-na* [ ]
^{30} [-*la*]*ṭ*$^{?}$ ^{amēl}*t*[*ur*-]

813 Mušekniš

A1^{iii3} ^{m}*mu-šek-niš* A8^{ii43} ^{m}*mu-šek*-[ ]
B1$^{5'}$ [*ḫ*]*ab-ru-ri* : *a-na* ^{māt}*aḫ-sa-na*
B6$^{6'}$ [ ]-*kì*[*n*]
B10^{31} [-*e*]*k-niš* ^{am}[^{ēl}*š*]*á-kì*[*n*]

812 Ninurta-ašarēd

A1^{iii4} ^{md}*ninurta$_2$-ašarēd$_3$* A8^{ii44} ^{md}*ninurta$_2$-ašarēd$_2$*
B1$^{6'}$ [*r*]*aq-mat* : *a-na* ^{māt}*kal-di*
B6$^{7'}$ [ ]
B10^{32} [ ]-*ašarēd$_3$* ^{amēl}*šá-kìn* [ ]

811 Šamaš-kūmūa

A1^{iii5} ^{md}*šamaš-ku-mu-u-a* A8^{ii45} ^{md}*šamaš-ku-mu*-[ ]
B1$^{7'}$ [*ar*]*rap-ḫa* : *ana bābili*^{KI}
B6$^{8'}$ [ ]
B10^{33} [-*k*]*u-mu-aya* ^{amēl}*š*[*á*-]

810 Bēl-qātē-ṣabat

A1^{iii6} ^{m}*bēl-qātē-ṣa-bat* A8^{ii46} ^{m}*bēl-qātē*^{II}-*ṣab*[*at*]
B1$^{8'}$ [*m*]*a-za-mu-a* : *i-na māti*

B2$^{1'}$ [ ] : ^{m}*b[ēl-*]
B6$^{9'}$ [ ]
B10^{34} [*-e]l$^{?}$-ka-ṣa-bat* ^{a}[^{mēl}]
^{35} [ ]^{MEŠ} [ ]

Ruling follows in A1, A8, B1, B2, B10^{34} and ^{35}.

809 Adad-nērārī, king

A1^{iii7} $^{m⌈d⌉}$*adad-nērārī šarru*$_2$
A8^{ii47} ^{md}*adad-nērārī šarru*$_2$ ^{iv9} ^{md}*adad-nērārī šarru*$_2$
B1$^{9'}$ [*]aš+šur*^{KI} : *a-na mada-ayu*
B2$^{2'}$ [ ] : ^{m}[ ]
B6$^{10'}$ [*-]m[e*]
B10^{36} [*-nēr]ārī* [ ]

Ruling follows in A8^{ii47}.

808 Nergal-ilāya

A1^{iii8} ^{m}*nergal*$_4$*-ila-aya*
A8^{iii1} ^{m}[*]x-gal-ila-aya* ^{iv10} ^{md}*nergal*$_4$*-ila-ay[a]*
B1$^{10'}$ [*-t]a-nu* : *a-na* ^{āl}*gu-za-na*
B2$^{3'}$ [ ] : ^{m}[ ]
B6$^{11'}$ [ ] *lim-me* ^{md}*nergal*$_4$*-i[la-*]
B10^{37} [*-g]al-ila-aya* [ ]

807 Bēl-dān

A1^{iii9} ^{m}*[bē]l-dān*^{an}
A8^{iii2} [*b]ēl-dān*^{an} ^{iv11} ^{m}*bēl-dān*^{a}*[*^{n}*]*
B1$^{11'}$ [ ] *ekalli* : *a-na* ^{māt}*man-na-ayu*
B2$^{4'}$ [ ] : ^{m}[ ]
B6$^{12'}$ [ ] ^{m}*bēl-dān*^{an} [ ] *a-na* ^{mā}[^{t}]
B10^{38} [*-d]ān*^{an} [ ]

806 Ṣil-bēli

A1^{iii10} ^{m}*[ṣi]l-bēli* A2$^{iii1'}$ ^{m}*ṣ[il-*]
A8^{iii3} [*ṣ]illi-bēli* ^{iv12} ^{m}*ṣilli-b[ēli]*
B1$^{12'}$ [ ] *šāqê* : *a-na* ^{māt}*man-na-ayu*
B2$^{5'}$ " : ^{m}[ ]
B6$^{13'}$ [*]ṣil-bēli* : ^{amēl}[ ] *šāqê* : *a-na* ^{māt}[ ]
B10^{39} traces only

805 Aššur-taklāk

A1^{iii11} ^{m}*aš+š[ur-tà]k-lak* A2$^{iii2'}$ ^{m}*aš+š[ur-*]
A8^{iii4} [*-šu]r-tàk-lak* ^{iv13} ^{m}*aš+šur-t[ak-*]
B1$^{13'}$ [*]masennu* : *a-na* ^{māt}*ar-pad-da*
B2$^{6'}$ " : ^{m}*aš+šu[r*]
B6$^{14'}$ [ ] : ^{m}*aš+šur-tak-lak* : ^{amēl}*masennu* : *a-na* [ ]
B10^{40} traces only

804 Ilu-issīya

A1^{iii12} ^{m}*ilu-[iss]ī-ia* — A2$^{iii3'}$ ^{m}*ilu-is[sī-*]
A8^{iii5} [*il]u-issī-ia* — ^{iv14} ⌜^{m}*ilu*⌝-[ ]
B1$^{14'}$ [ ] *māti* : *a-na* ^{āl}*ḫa-za-zi*
B2$^{7'}$ " : ^{m}*ilu-*[ ]
B6$^{15'}$ [ ] : ^{m}*ilu-issī-ia* : ^{a}[^{mê}]^{l}*šakin māti* : [ ]
B10^{41} [ ]

803 Nergal-ēreš

A1^{iii13} ^{md}*nerg[al*$_{3}$-] — A2$^{iii4'}$ ^{md}*nergal*$_{3}$*-ēre[š]*
A8^{iii6} [ ]⌜d⌝*nergal*$_{3}$*-ēreš* — ^{iv15} [ ]
B1$^{15'}$ [*r]a-ṣap-pa* : *a-na* ^{āl}*ba-a'-li*
B2$^{8'}$ " : ^{md}*nerg[al*$_{3}$- *-p]a* : [ ]
B6$^{16'}$ [ ] : ^{md}*nergal*$_{3}$*-ēreš*$_{2}$^{eš} [ ]
B10^{r1} [*r]a-ṣap-pa ina* ^{āl}*b[a-*]

802 Aššur-balti-ekurri

A1^{iii14} ^{m}*aš+šur-balti-*[ ] — A2$^{iii5'}$ ^{m}*aš+šur-balti-é-*[ ]
A8^{iii7} [ ]*-balti-é-kur* — ^{iv16} [ ]
B1$^{16'}$ [*arra]p-ḫa* : *a-na muḫḫi tam-tim mu-ta-nu*
B2$^{9'}$ " : ^{m}*aš+šur-balti-e-*[^{ā}]^{l}*arrap-ḫa* : *a-*[ ]
B10^{r2} [*-šu]r-balti-é*$^{!}$-[ ]*-ḫa ina ti-*[ ]

801 Ninurta-ilāya

A1^{iii15} ⌜md⌝[*nin]urta*$_{2}$*-il[a-*] — A2$^{iii6'}$ ^{md}*ninurta*$_{2}$*-il[a-*]
A7^{viii1} [ ]*ninurta*$_{2}$*-il[a-*]
A8^{iii8} [ ]^{d}*ninurta*$_{2}$*-ila-aya* — ^{iv17} [ ]
B1$^{17'}$ [ ]*-ḫi-*^{nār}*zu-ḫi-na* : *a-na* ^{āl}*ḫu-bu-uš-ki-a*
B2$^{10'}$ " : ^{md}*ninurta*$_{2}$*-ila-aya* : *ša* ^{āl}*a-ḫi-*$^{nār!}$*zu-ḫi-na* : *a-n[a*]
B10^{r3} [ ]⌜d⌝*ninurta*$_{2}$*-ila-ay[a* *-z]u-ḫi-na ina* ^{māt}*ḫu-b[u-*]*-ki*

800 Šēp-Ištar

A1^{iii16} [ ]^{II}-[ ] — A2$^{iii7'}$ ^{m}*šēp*^{II}-[ ]
A7^{vii2} ^{m}*šēp*^{II}-^{d}[ ]
A8^{iii9} [*š]ēp*^{II}-^{d}*ištar* — ^{iv18} [ ]
B1$^{18'}$ [*n]a-ṣib-i-na* : *a-na mada-ayu*
B2$^{11'}$ " : ^{m}*šēp*^{II}-^{d}*ištar* : *ša* ^{āl}*na-ṣib-i-na* : *a-n[a*]
B10^{r4} [⌝]^{I}-^{d}*ištar* [*-n]a ina* ^{māt}*man-n[a-a]yu*

799 Marduk-išmânni

A1^{iii17} [*ma]rd[uk]-iš[me-*] — A2$^{iii8'}$ ^{md}[ ]
A7^{vii3} ^{md}*marduk-išme-a[n-*]
A8^{iii10} [ ]^{d}*marduk-išme-ni* — ^{iv19} [ ]
B1$^{19'}$ [ ]*a-me-di* : *a-na mada-ayu*
B2$^{12'}$ " : ^{md}*marduk*$_{3}$*-išme-a-ni* : *ša* ^{āl}*a-me-di* : *a-n[a*]
B10^{r5} [ ]*-a-an* [ ]^{māt}*man-na-ayu*

798 Mutakkil-Marduk

A1^{iii18} [*m]u-tàk-kil-*[ ] A2$^{iii9'}$ ^{m}*m*[*u-*]
A6^{ii1} ^{m}*m*[*u-*] A7^{vii4} ^{m}*mu-tak-kil-*^{d}*ma*[*rduk*$_3$]
A8^{iii11} [ ]*mu-tàk-kil-*^{d}*marduk* ^{iv20} ^{m}[ ]
B1$^{20'}$ [*ra*]*b šarēši* : *a-na* ^{āl}*lu-u-ši-a*
B2$^{13'}$ " : ^{m}*mu-tak-kil-*^{d}*marduk*$_3$: ^{amēl}*rab šarēši* : *a-*[ ]
B10^{r6} [*m*]*ar*[*duk*] *ina* [^{ā}]^{l}[ ]

797 Bēl-tarṣi-iluma

A1^{ii19} ^{m}*bē*]*l-tarṣi-i*[*lu-*] A2$^{iii10'}$ ^{m}[ ]
A6^{ii2} ^{m}[ ] A7^{vii5} ^{m}*bēl-tarṣi-ilu-m*[*a*]
A8^{iii12} [*bē*]*l-tarṣi-ilu-ma* ^{iv21} ^{m}*b*[*ēl-*]
B1$^{21'}$ [ ]*kal-ḫi* : *a-na* ^{māt}*nam-ri*
B2$^{14'}$ " : ^{m}*bēl-tarṣi*^{iṣ}*-ilu-ma* : *ša* ^{āl}*kal-ḫi* : [ ]
B10^{r7} ^{m}*bēl-tar*[*ṣi* *ki*]*li-zi ina* [ ]

796 Aššur-bēlu-uṣur

A1^{iii20} ^{m}*aš+šur-bēlu-*[ ]
A6^{ii3} ^{m}[*-š*]*ur-*[ ] A7^{vii6} ^{m}*aš+šur-bēlu-u*[*ṣur*$_2$]
A8^{ii13} [*-bē*]*lu-uṣur*$_2$ ^{iv21} ^{m}*aš+šur-bēlu-*[ ]
B1$^{22'}$ [*ḫa*]*b-ru-ri* : *a-na man-ṣu-a-te*
B2$^{15'}$ " : ^{m}*aš+šur-bēlu-uṣur*$_2$: *ša* ^{māt}*ḫab-ru-ri* : [ ]
B10^{r8} ^{m}*aš+šur-*[*-u*]*ṣu*[*r*$_2$]*x-ba-ru-ru ina* [ ]*-ṣ*[*u*]

795 Marduk-šadûni

A1^{iii21} ^{md}*marduk*$_3$*-šadû-u-*[ ]
A6^{ii4} ^{md}KU-*ša*[*dû-*] A7^{vii7} ^{md}*marduk-šad-du-*[ ]
A8^{iii14} [*-a*]*n-ni* ^{iv22} ^{md}[*mard*]*uk*$_3$*-šadû-u-ni*
B1$^{23'}$ [*ra*]*q-mat* : *a-na* ^{āl}*de-e-ri*
B2$^{16'}$ " : ^{md}*marduk-šadû-u-ni* : *ša* ^{āl}*raq-mat* : [ ]
B10^{r9} ^{md}[*-š*]*adû-u-n*[*i*]*-ti ina* ^{āl}*d*[*e-*]

794 Mukīn-abūa

A1^{iii22} ^{m}*mukīn*$_2$*-abu-u-*[ ]
A6^{ii5} ^{m}*mukīn*$_2$*-a*[*bu-*] A7^{vii8} ^{m}*mukīn*$_2$*-abu-u-*[ ]
A8^{iii15} [ ]*-a* ^{iv23} ^{m}*mukīn*$_2$*-abu-u-a*
B1$^{24'}$ [*tu*]*š-ḫa-an* : *a-na* ^{āl}*de-e-ri*
B2$^{17'}$ " : ^{m}*mukīn*$_2$*-abu-u-a* : *ša* ^{āl}*tuš-ḫa-an* : [ ]
B10^{r10} ^{m}*m*[*ukīn*$_2$*-a*]*bu-u-a* [ ]*-ḫa-*[*n*]*a* [^{ā}]^{l}*d*[*e-*]

793 Mannu-kī-Aššur

A1^{iii23} ^{m}*man-nu-ki-*^{māt}*aš+š*[*ur*]
A6^{ii6} ^{m}*man-nu-ki-*[ ] A7^{vii9} ^{m}*man-nu-ki-*^{māt}*a*[*š-*]
A8^{iii16} [ ] ^{iv24} ^{m}*man-nu-ki-*^{māt}*aš+šur*
B1$^{25'}$ [*g*]*u-za-na* : *a-na mada-ayu*
B2$^{18'}$ " : ^{m}*man-nu-ki-i-aš+šur* : *ša* ^{āl}*gu-za-n*[*a*] : *a-n*[*a*]
B10^{r11} ^{m}*ma*[*n-*]*-*^{māt}*a*[*š+š*]*ur* ^{a}[^{mēl} *g*]*u-za-*[ ] ^{āl}*d*[*e-*]

792 Mušallim-Ninurta

A1^{iii24} ^{m}mu-šallim-^{d}ninurta$_2$ — A3$^{i1'}$ $^{m⌜}$mu-šal-lim$^{⌝}$-[ ]
A6^{ii7} ^{m}mu-šal-l[im-] — A7^{vii10} ^{m}mu-šal-lim-^{d}[ ]
A8^{iii17} [ ] — ^{iv25} ^{m}mu-šallim-^{d}ninurta$_2$
B1$^{26'}$ [ ]-le-e : a-na mada-ayu
B2$^{19'}$ " : ^{m}mu-šal-lim-^{d}ninurta$_2$: ša ^{āl}til-le-e : a-na mada-[ ]
B10^{r12} ^{m}m[u- -li]m-^{d}ninurta$_2$ ^{a}[^{mēl}]-le-[ ] mada-a[yu]

791 Bēl-iqīšanni

A1^{iii25} [bē]l-iqīš^{šá}-ni — A3$^{i2'}$ ^{m}bēl-iqīš^{šá}-a-ni
A6^{ii8} ^{m}bēl-iqīš^{šá}-a[n-] — A7^{vii11} ^{m}bēl-iqīš^{šá}-[ ]
A8^{iii18} [ ] — ^{iv26} ^{m}bēl-iqīš^{šá}-a-ni
B1$^{27'}$ [ ]-ḫi-niš : a-na ^{māt}ḫu-bu-uš-ki-a
B2$^{20'}$ " : ^{m}bēl-iqīš^{šá}-a-ni : ša ^{āl}šib-ḫi-niš : a-na ^{māt}ḫu-[ ]
B10^{r13} ^{m}[ ]-iqīš^{eš}-a-an ^{a}[^{mēl}]

790 Šēp-Šamaš

A1^{iii26} [^{I}]^{I}-^{d}šamaš — A3$^{i3'}$ ^{m}šēp^{II}-^{d}šamaš
A6^{ii9} ^{m}šēp^{II}-^{d}šamaš — A7^{vii12} ^{m}šēp^{II}-⌜^{d}⌝[ ]
A8^{iii19} [ ] — ^{iv27} ^{m}šēp^{II}-^{d}šamaš
B1$^{28'}$ [-s]a-na : a-na ^{māt}i-tu-u'-a
B2$^{21'}$ [ ] : ^{m}šēp^{II}-^{d}šamaš : ša ^{āl}i-sa-na : a-na ^{māt}i-t[u]
B10^{r14} ^{m}[šē]p^{II}-^{d}šamaš^{ši} ^{am}[^{ēl} -n]a ina [ ]

789 Ninurta-mukīn-aḫi

A1^{iii27} [ninu]rta$_2$-mukīn$_2$-aḫi$_2$ — A3$^{i4'}$ ^{md}ninurta$_2$-mukīn$_2$-aḫi$_2$
A6^{ii10} ^{md}ninurta$_2$-mukīn$_2$-aḫi$_2$ — A7^{vii13} ^{md}ninurta$_2$-mukīn$_2$-[ ]
A8^{iii20} [ ] — ^{iv28} ^{md}[-mukī]n$_2$-aḫi$_2$
B1$^{29'}$ [ ]-nu-a : a-na mada-ayu
B2$^{22'}$ " : ^{md}ninurta$_2$-mukīn$_2$-aḫi$_2$: ša ^{āl}ni-nu-a : a-na mada-ay[u]
B10^{r15} ^{md}ninurta$_2$-mukīn$_2$-aḫi$_2$ ⌜^{amēl}⌝[ ]-kìn [^{K}]^{I} ina [ ]

788 Adad-mušammer

A1^{iii28} [ ]-mu-š[am-] — A3$^{i5'}$ ^{md}adad-mu-šam-mer
A6^{ii11} ^{md}adad-mu-šam-mer — A7^{vii14} ^{md}adad-mu-šam-[ ]
A8^{iii21} [ ]-⌜šam⌝-m[er] — ^{iv29} $^{m⌜d⌝}$[ ]
B1$^{30'}$ [ki]li-zi : a-na mada-ayu
$^{31'}$ [ninu]a^{KI} : kar-ru
B2$^{23'}$ " : ^{md}adad-mu-šam-mer : ša ^{āl}kili-zi : a-na mada-ay[u]
$^{24'}$ uššu : ša bīt-^{d}nabû : ša ninua^{KI} : kar-ru
B10^{r16} ^{m}adad$_2$-mu-šá-mer ^{amēl}[š]á-kìn ^{ā}[^{l} -z]i ina [ ]
^{17} uš-[š]e ša$^{!}$ bīt-^{d}nabû a-na ^{āl}nin[ua -r]u$^{?}$ [ ]

787 Ṣil-Ištar

A1^{iii29} [ ] — A3$^{i6'}$ ^{m}ṣil-^{d}ištar
A6^{ii12} ^{m}ṣilli-^{d}ištar — A7^{vii15} ^{m}ṣil-^{d}iš[tar]
A8^{iii17} ^{m}ṣilli-^{d}ištar — ^{iv30} [ ]

787-783: For discussion of the variations in the names for these years, see J. A. Brinkman, JCS 30 (1978) 173-75.

B1$^{32'}$ [ ] a-na mada-ayu : ^{d}nabû a-na bīti eššī e-ta-rab

B2$^{25'}$ " : ^{m}ṣil-^{d}ištar : ša ^{āl}a[rb]a-ìl : a-na mada-ayu

$^{26'}$: ^{d}nabû : a-na bī[ti] eššī : e-ta-rab

B10^{r18} ^{m}ṣil-^{d}ištar ^{amēl}šá-kìn ^{āl}še$^{?}$ bi$^{?}$ šú ina mada-ayu ^{d}[ ]

786 Nabû-šarru-uṣur

A1^{iii30} [ ] A3$^{i7'}$ ^{m}ba-la-ṭu

A6^{ii13} ^{md}nabû$_2$-šarru-uṣur$_2$ A7^{vii16} $^{md!}$nabû$_2$-šarru$_2$-uṣur$_2$

A8^{iii18} ^{md}nabû-šarru$_2$-uṣur$_2$ ^{iv31} [ ]

B1$^{33'}$ [-m]u-s[i -n]a ^{māt}ki-is-ki

B2$^{27'}$ " : ^{md}nabû-šarru$_2$-uṣur$_2$: ša ^{āl}[-m]u-si : a-na ^{māt}ki-is-ki

B10^{r19} ^{m}[ ]-ú-bal-liṭ ^{amēl}šá-kìn ^{āl}tal-m[u-]

785 Adad-uballiṭ

A1^{iii31} [-ba]l-li[ṭ] A3$^{i8'}$ ^{md}adad-ú-bal-liṭ

A6^{ii14} ^{md}adad-ú-bal-liṭ A7^{vii17} ^{md}adad-bal-l[iṭ]

A8^{iii19} ^{md}nergal$_2$-ú-bal-ú-liṭ ^{iv32} [ ]

B1$^{34'}$ [^{mā}]^{t}ḫu-bu-uš-ki-a : ilu rabû a-na ^{āl}de-ri [-l]ak

B2$^{28'}$ " : ^{md}adad-ú-bal-liṭ : ša ^{ā}[^{l} -n]un-na : a-na ^{māt}ḫu-bu-uš-ki-a

$^{29'}$: ilu rabû : a-na [ ]-e-ri : it-ta-lak

B10^{r20} ^{md}marduk-šarru$_2$-uṣur$_2$ ^{amēl}šá-kìn ^{āl}ta[m]-n[un-]

^{21} ilu rabû ina ^{āl}de-[ ]

784 Marduk-šarru-uṣur

A1^{iii32} [-š]arru$_2$-uṣur$_2$ A3$^{i9'}$ ^{md}marduk$_2$-šarru$_2$-uṣur$_2$

A6^{ii15} ^{md}KU-šarru-uṣur$_2$ A7^{vii18} ^{md}marduk$_3$-šarru$_2$-[ ]

A8^{iii20} ^{md}nergal$_2$-šarru$_2$-uṣur$_2$ ^{iv33} [ ]

B1$^{35'}$ [b]a-ìl : a-na ^{māt}ḫu-bu-uš-ki-a

B2$^{30'}$ " : ^{md}marduk$_3$-šarru$_2$-uṣur$_2$: ša [-b]a-ìl : a-na ^{māt}ḫu-bu-uš-ki-a

B10^{r22} ^{m}adad$_2$-mu-šá-mer$^{!}$ ^{amēl}šá-kì[n] ^{ā}[^{l}]x x[ ]

783 Ninurta-nāṣir

A1^{iii33} [ninurt]a$_2$-nāṣir$_2$^{ir} A3^{i10} ^{md}nabû$_2$-šarru$_2$-uṣur$_2$

A3$^{i11'}$ ^{md}ninurta$_2$-nāṣir$_2$^{ir}

A6^{ii16} [ ]-nā[ṣir$_2$] A7^{vii19} ^{md}marduk$_3$-nāṣir$_2$^{ir}

A8^{iii21} ^{md}ninurta$_2$-nāṣir$_2$^{ir} ^{iv34} [ ]

B1$^{36'}$ [z]a-mu-a : a-na ^{māt}i-tu-ʾa

B2$^{31'}$ " : ^{md}ninurta$_2$-nāṣir$_2$^{ir} : ša [-m]u-a : a-na ^{māt}i-tu-ʾa

B10^{r23} ^{md}ninurta$_2$-nāṣir$_2$$^{ir!}$ ^{a}[^{mēl}]-u$^{!}$-a ina [ ]-e$^{?}$-[ ]

782 Iluma-lēʾi

A1^{iii34} [ ]-ma-lēʾi A2$^{iv1'}$ ^{m}[ ]

A3^{i12} ^{m}ilu-ma-lēʾi A6^{ii17} [ ]-⌜ʾi⌝

A7^{vii20} ^{m}ilu-ma-le-ʾi ^{vii21} [2]⌜8⌝ ša[nāt]e

A8^{iii22} ^{m}ilu-ma-lēʾi ^{iv35} [ ]

B1$^{37'}$ " : ^{m}[ ]-i-na : a-na ^{māt}i-tu-ʾa

B2$^{32'}$ " : ^{m}*ilu-ma-lē'i : š[a]-na : a-na ^{māt}i-tu-'a*
B10^{r24} ⌜^{m}⌝*[il]u-ma-lē'i ^{a}[^{mēl} -ṣ]i-bi-na ina ^{māt}[ ]-t[u-]*
^{25} [ ]⌜8⌝ *šanāte* ^{m}[ ] *šar$_4$ ^{māt}aš+šur*

Ruling follows in A1, A3, A7, A8, B1, B2, B10$^{r24, 25}$.

781 Šulmānu-ašarēd, king

A1^{iii35} []^{d}*šùl-ma-nu-ašarēd$_3$ šarru$_2$* A2$^{iv2'}$ ^{m}[ ]
A3$^{ii3'}$ ^{md}*šùl-ma-nu-ašarēd$_3$ šarru$_2$*
A7^{vii22} ^{md}*šùl-ma-nu-ašarēd$_3$ šarru$_2$*
A8^{iii23} ^{md}*šùl-ma-nu-ašarēd$_3$ šarru$_2$* ^{iv36} [ ]
B1$^{38'}$ *ina li-me* : ^{md}*šù[l- -š]ur^{KI} : a-na ^{māt}ur-ar-ṭi*
B2$^{33'}$ [ ] *li-me* : ^{md}*šùl-ma-nu-ašarēd$_3$* : [*-š]ur^{KI} : a-na ^{māt}ur-ar-ṭi*
B10^{r26} [ ] *ina ^{māt}urarṭi*

Ruling follows in A3, A8.

780 Šamšī-ilu

A1^{iii36} [*š]am-ši-ilu* A2$^{iv3'}$ ^{m}*š[am-*]
A3$^{ii4'}$ ^{md}*šam-si-ilu* A7^{vii23} ^{md}*šá-maš-ilu*
A8^{iii24} ^{md}*šam-si-uṣur$_2$* ^{iv37} [ ]
B1$^{39'}$ " : ^{m}*ša[m- -t]a-nu : a-na ^{māt}ur-ar-ṭi*
B2$^{34'}$ [ ] : ^{m}*šam-ši-ilu* : [*-t]a-nu : a-na ^{māt}ur-ar-ṭi*
B10^{r27} [*-s]i-ilu* [*t]ur-ta-an ina* [*]urar[ṭi]*

779 Marduk-rēmanni

A1^{iii37} [*mar]duk$_2$-rém-a-ni* A2$^{iv4'}$ ^{md}*mar[duk$_3$-*]
A3$^{ii5'}$ ^{md}*marduk$_3$-rém-a-ni* A7^{vii24} ^{md}*marduk$_2$-rém-a-ni*
A8^{iii25} [ ]^{d}*marduk-rém-a-ni* ^{iv38} [ ]
B1$^{40'}$ " : ^{md}[*š]āqê : a-na ^{māt}ur-ar-ṭi*
B2$^{35'}$ [ ] : ^{md}*marduk-rém-a-ni* : [*š]āqê : a-na ^{māt}ur-ar-ṭi*
B10^{r28} [*ré]m-a-an* [*r]áb šāqê ina* [*]urar[ṭi]*

778 Bēl-lēšer

A1^{iii38} [*]-lēšer$_2$* A2$^{iv5'}$ ^{m}*bēl-[*]
A3$^{ii6'}$ ^{m}*bēl-lēšer* A7^{vii25} ^{m}*bēl-lēšer*
A8^{iii26} [*-lē]šer* ^{iv39}[ ]
B1$^{41'}$ " : ^{m}[*e]kalli : a-na ^{māt}ur-ar-ṭi*
B2$^{36'}$ [ ] : ^{m}*bēl-lēšer* [ ] *ekalli : a-na ^{māt}ur-ar-ṭi*
B10^{r29} ^{md}*bēl-lēšer$_2$* [*]nāgiru ina ^{mā}[^{t}]urarṭi*

777 Nabû-išdēya-ka''in

A1^{iii39} [*nab]û$_2$-išde-ka''in$_2$^{in}* A2$^{iv6'}$ ^{md}*nabû$_2$-i[šde-*]
A3$^{ii7'}$ ^{md}*nabû$_2$-išde$^{!}$-ka''in$_2$* A7^{vii26} ^{md}*šamaš-išde-ia-ka''in$_2$*
A8^{iii27} [*-ka]''in$_2$^{i}[^{n}]* ^{iv40} [ ]
B1$^{42'}$ " : ^{md}*nab[û-]masennu : a-na ^{māt}i-tu-'a*
B2$^{37'}$ [ ] : ^{md}*nabû-išde-ia-ka''i[n$_2$]masennu : a-na ^{māt}i-tu-'a*
B10^{r30} ^{md}*nabû$_2$-išde-iá-ka''in$_2$^{in}* [*]masennu ina ^{māt}i-tu-u'-e*

776 Pān-Aššur-lāmur

A1^{iii40} [*-š]ur-la-mur* A2$^{iv7'}$ ^{m}*pān-aš+šu[r-*]
A3$^{i18'}$ [*]-aš+šur-lāmur* A7^{vii27} ^{m}*pān-aš+šur-la-mur*
A8^{iii28} *[]pān-aš+šur-[*] ^{iv41} [*-l]āmur*
B1$^{43'}$ [ ] : ^{m}*pān-aš+šu[r* *] māti : a-na* ^{māt}*ur-ar-ṭi*
B2$^{38'}$ [*] māti : a-na* ^{māt}*ur-ar-[*]
B10^{r31} ^{m}*pān-aš+šur-lāmur* [*]šakin māti [i]na* [ ]

775 Nergal-ēreš

A1^{iii41} [*ner]gal$_3$-ēreš$_2$^{eš}* A2$^{iv8'}$ ^{md}[ ]
A3$^{i19'}$ [*ner]gal$_3$-ēr[eš$_2$*] A7^{vii28} ^{md}*nergal$_3$-ēreš*
A8^{iii29} ^{md}*nergal$_3$-[*] ^{iv42} [*nerga]l$_3$-ēreš*
B1$^{44'}$ [ ] : ^{md}*nerga[l$_3$-* *]-pa : a-na* ^{šad}*e-re-ni*
B2$^{39'}$ [*]-pa : a-na* ^{šad}*e-re-[*]
B10^{r32} ^{md}*nergal$_3$-ēreš$_2$^{eš}* [*]šá-kìn* ^{āl}*ra-ṣa-pa* [ ] ^{iṣ}*a-[*]

774 Ištar-dūrī

A1^{iii42} ^{m}*ištar-dūrī* A2$^{iv9'}$ ^{md}[ ]
A8^{iii30} ^{md}*ištar-[*] ^{iv43} ^{m}[*]-dūrī*
B1$^{45'}$ [ ] : ^{md}*ištar-[* *-ṣ]i-bi-na : a-na* ^{māt}*ur-ar-ṭi* ^{māt}*nam-ri*
B2$^{40'}$ [*]-na : a-na* ^{māt}*ur-ar-ṭi* ^{māt}*n[am-*]
B10^{r33} ^{m}*ištar-dūrī* [*]šá-kìn* ^{āl}*na-ṣib-bi-na ina* ^{māt}*urarṭi* [ ]

773 Mannu-kī-Adad

A1^{iii43} ^{m}*man-nu-ki-*^{d}*adad* A2$^{iv10'}$ ^{m}*m[an-*]
A8^{iii31} ^{m}*man-nu-[*] ^{iv44} ^{m}[*-k]i-adad$_2$*
B1$^{46'}$ [ ] : ^{m}*man-nu-k[i-* *ra]q-mat : a-na* ^{āl}*di-maš-qa*
B2$^{41'}$ [*]-mat : a-na* ^{āl}*di-[*]
B10^{r3} ^{m}*man-nu-ki-*^{d}⌜*adad*⌝ [*]-kìn* ^{āl}*ra-x-x-x ina* ^{m}*[*^{āt}*]x[*]

772 Aššur-bēlu-uṣur

A1^{iii44} ^{m}*aš+šur-bēlu-uṣur$_2$*
A8^{iii32} ^{m}*aš+šur-bēlu-[*] ^{iv45} ^{m}[*]-uṣur$_2$*
B1$^{47'}$ [ ] : ^{m}*aš+šur-bē[lu-* *]-ḫi : a-na* ^{āl}*ḫa-ta-ri-ka*
B2$^{42'}$ " [*]-b[ēlu-* $^{ā]l}$*kal-ḫi : a-na* ^{āl}⌜*ḫa*⌝*-[*]
B10^{r35} ^{m}[*]-bēlu-u[ṣu]r$_2$* [*]-kìn* ^{āl}*kal-ḫi ina* ^{āl}*ḫa-t[a-*]
^{36} [ ] *šanāte* [*]šùl-ma-nu-ašarēd$_3$ šar$_4$* ^{māt}*aš+šu[r*]

Ruling follows in A1, A8$^{iii32, iv45}$, B1, B2, B10$^{r35, 36}$.

771 Aššur-dān, king

A1^{iii45} ^{m}*aš+šur-dān^{an} šarru$_2$*
A8^{iii33} [*]aš+šur-*ŠID[ ] ^{iv46} [^{a}*]^{n} šarru$_2$*
B1$^{48'}$ [ ]^{KI} : *a-na* ^{āl}*ga-na-na-a-ti*
B2$^{43'}$ *ina li-me :* ^{m}*aš+šur-dān^{an} : šàr* ^{māt}*aš+šur^{KI} : a-na* $^{ā[l}$]
B10^{r37} ^{m}*aš+šur-dān^{an} šar$_4$* ^{māt}*a[š-* *] ina* ^{āl}*ga-na-na*

770 Šamšī-ilu

A1^{iii46} ^{m}šam-ši-ilu
A8^{iii34} [ ]x[ ] ^{iv47} $^{md⌈}$šamaš$^{⌉}$-ilu
B1$^{49'}$ [-t]a-nu : a-na ^{āl}ma-ra-ad
B2$^{44'}$ " : ^{m}šam-ši-ilu : ^{amēl}tur-ta-nu : a-n[a]
B10^{r38} ^{m}šam-ši-ilu [-t]an^{an} [i]na mar-[r]a-ti

769 Bēl-ilāya

A1^{iii47} ^{m}bēl-ila-aya
A8^{iii35} [ ] ^{iv48} ^{m}bēl-ila-aya
B1$^{50'}$ [ ] : ^{m}bēl-ila-[ay]a : š[a]arrap-ḫa : a-na i-tu-ʾa
B2$^{45'}$ " : ^{m}bēl-ila-aya : ša ^{āl}arrap-ḫa : a-n[a]
B10^{r39} ^{m}bēl-ila-aya [-r]ap-ḫa i-na ^{māt}i-[t]u-uʾ-e

768 Aplāya

A1^{iv1} ^{m}apla$_{2}$-ia
A8^{iii36} [ ]x[ ] ^{iv49} ^{m}apla$_{2}$-ia
B1$^{51'}$ [ ] : ^{m}apla$_{2}$-aya : ša [ ]-za-mu-a : i-na māti
B2$^{46'}$ " : ^{m}apla$_{2}$-ia : ša ^{āl}[ ]-⌈za-mu-a⌉ [ ]
B10^{r40} ^{m}apla$_{2}$-aya [ ]-a ina māti

767 Qurdi-Aššur

A1^{iv2} ^{m}qur-di-aš+šur
A8^{iii37} [qu]r-di-[ ] ^{iv50} [ ]-aš+šur
B1$^{52'}$ [ ] : ^{m}qur-di-aš+šur : ša ^{āl}[ ]^{nār}zuḫina : a-na ^{māt}gán-na-na-ti
B2$^{47'}$ " : ^{m}qur-di-aš+šur : ša ^{ā}[^{l} -n]a-na-a-ti
B10^{r41} ^{m}qur-di-aš+šur [-n]a ina ^{āl}gán-na-a-na

766 Mušallim-Ninurta

A1^{iv3} ^{m}mu-šallim-^{d}ninurta$_{2}$
A8^{iii38} ^{m}mu-šallim-^{d}ninurta$_{2}$ ^{iv51} [ ]
B1$^{53'}$ [ ] : ^{m}mu-šallim-^{d}ninurta$_{2}$: ša [^{ā}]^{l}til-e a-na mada-ayu
B2$^{48'}$ " : ^{m}mu-šallim-^{d}ninurta$_{2}$: ša ^{ā}[^{l} -n]a m[ada]-ayu
B10^{r42} [m]u-⌈šal-lim⌉-^{d}ninurta$_{2}$ [ ]-e ina mada-ayu

765 Ninurta-mukīn-nišī

A1^{iv4} ^{md}ninurta$_{2}$-mukīn$_{2}$-nišī
A8^{iii39} ^{md}ninurta$_{2}$-mukīn$_{2}$-nišī ^{iv52} [n]inurta$_{2}$-mukīn$_{2}$-ni[šī]
B1$^{54'}$ [ ] : ^{md}ninurta$_{2}$-mukīn$_{2}$-nišī : ša ^{māt}hab-ru-ri : a-na ^{māt}ḫa-ta-ri-ka mu-ta-nu
B2$^{49'}$ " : ^{md}ninurta$_{2}$-mukīn$_{2}$-nišī [ ] : a-na ^{māt}ḫa-ta-ri-ka mu-ta-nu
B10^{r43} [ ]-nišī [in]a ^{ā}[^{l}]-ri-q[a]

764 Ṣidqi-ilu

A1^{iv5} ^{m}ṣi-id-qi-ilu
A8^{iii40} ^{m}ṣi-id-qi-ilu ^{iv53} [ ]-id-qi-ilu
B1$^{55'}$ [ ] : ^{m}ṣi-id-qi-ilu : ša ^{māt}tuš-ḫa-an : i-na māti
B2$^{50'}$ " : ^{m}ṣi-id-qi-il[u] : i-na māti

Ruling follows in B1.

763 Bur-Saggilê

A1^{iv6} ^{m}*ubur-sa-gal-*⌜*e*⌝ A8^{iii41} [*bu*]*r-*^{d}*sa-gi-le-e*
B1$^{56'}$ *ina li-me* : ^{m}*bur-*^{d}*sa-gal-e* : [*š*]*a* ^{āl}*gu-za-na si-ḫu ina* ^{āl}*libbi-āli* :
i-na ^{araḫ}*simāni* ^{d}*šamaš attalû ištakan*^{an}
B2$^{51'}$ " : ^{m}*bur-*^{d}*sa-gal-*⌜*e*⌝ [*libb*]*i-āli*
i-na ^{araḫ}*simāni* ^{d}*šamaš attalû ištakan*^{an}

762 Ṭāb-bēlu

A1^{iv7} ^{m}*ṭāb-bēlu* A8^{iii42} ^{m}*ṭā*[*b*]*-bēlu*
B1$^{57'}$ " : ^{m}*ṭāb-bēlu* : [*š*]*a* ^{āl}*a-me-di* : *si-ḫu ina* ^{āl}*libbi-āli*
B2$^{52'}$ " : ^{m}*ṭāb-bēlu* [*-d*]*i* : *si-ḫu ina* ^{āl}*libbi-āli*

761 Nabû-mukīn-aḫi

A1^{iv8} ^{md}*nabû*$_{2}$*-mukīn*$_{2}$*-aḫi*$_{2}$ A8^{iii43} ^{md}*ninurta*$_{2}$*-mu*[*kīn*$_{2}$*-a*]*ḫi*$_{2}$
B1$^{58'}$ " : ^{md}*nabû-mukīn*$_{2}$*-aḫ*[*i*$_{2}$] : [*š*]*a* ^{āl}*ni-nu-a* : *si-ḫu ina*
^{āl}*arrap-ḫa*
B2$^{53'}$ " : ^{md}*nabû-mu*[*kīn*$_{2}$]*-a*[*ḫi*$_{2}$]*-a* : *si-ḫu ina*
^{āl}*arrap-ḫa*

760 Lā-qīpu

A1^{iv9} ^{m}*la-qi-pu* A8^{iii44} ^{m}*lá*$^{!}$*-qí-pu*
B1$^{59'}$ " : ^{m}*la-qi-*[ ] ^{āl}*kili-zi* : *si-ḫu ina* ^{āl}*arrap-ḫa*
B2$^{54'}$ " : ^{m}*la-qi-*[ ]*-zi* : *si-ḫu ina* ^{āl}*arrap-ḫa*

759 Pān-Aššur-lāmur

A1^{iv10} ^{m}*pān-aš+šur-la-mur* A8^{iii45} ^{m}*pān-aš+šur-lāmur*
B1$^{60'}$ [ ] : ^{m}⌜*pān-*^{d}*aš*⌝*+š*[*ur-*] ^{āl}*arba-ìl* : *si-ḫu ina* ^{āl}*gu-za-na*
mu-ta-nu
B2$^{55'}$ " : ^{m}*pān-aš+šur-la-*[ ]*-ìl* : *si-ḫu ina* ^{āl}*gu-za-na*
mu-ta-nu

758 Ana-bēli-taklāk

A1^{iv11} ^{m}*bēl-tàk-lak* A8^{iv1} ^{m}*bēl-tà*[*k*]*-lak*
B1$^{61'}$ [^{ā}]^{l}*i-sa-na* : *a-na* ^{āl}*gu-za-na*
šùl-mu ina māti
B2$^{56'}$ " : ^{m}*a-na-bēli-tàk-*[*l*]*a*[*k*]*-na* : *a-na* ^{āl}*gu-za-na*
šùl-mu ina māti

757 Ninurta-iddin

A1^{iv12} ^{md}*ninurta*$_{2}$*-iddin*$_{2}$ A8^{iv} omitted!
B1$^{62'}$ [^{ā}]^{l}*kur-ba-ìl* : *ina māti*
B2$^{57'}$ " : ^{md}*ninurta*$_{2}$*-*[*idd*]*in*$_{2}$ [ ]*-ìl* : *ina māti*

756 Bēl-šadûa

A1^{iv13} ^{m}*bēl-šadû-u-a* A8^{iv2} ^{m}*bēl-šadû-u-a*
B1$^{63'}$ [^{ā}]^{l}*tam-nun-na* : *ina māti*
B2$^{58'}$ " : ^{m}*bēl-šadû-u-*⌜*a*⌝ [*-nu*]*n-na* : *ina māti*

755 Iqīsu

A1^{iv14} ^{m}*qi-i-su* A8^{iv3} ^{m}*i-qi-su*
B1$^{64'}$ [ ]*šib-ḫi-ni-iš* : *a-na* ^{māt}*ḫa-ta-ri-ka*
B2$^{59'}$ " : $^{m⌈}$*i*$^{⌉}$-*q*[*i*]-*s*[*u* -*n*]*i-iš* : *a-na* ^{āl}*ḫa-ta-ri-ka*

754 Ninurta-šēzibanni

A1^{iv15} ^{md}*ninurta*$_2$-[*š*]*e-zib-a-ni*
A3$^{ii1'}$ ^{m}[ ] A8^{iv4} ^{md}*ninurta*$_2$-*še-zib-an-ni*
B1$^{65'}$ [^{ā}]^{l}*tal-mu-si* : [-*n*]*a* ^{māt}*ar-pad-da*
$^{66'}$ [ ] : ⌈*issu* ^{āl}*aš+šur*⌉ *ta-aya-ar-tú*
B2$^{60'}$ " : ^{md}*ninurta*$_2$-*še*-[-*m*]*u-si* : *a-na* ^{āl}*ar-pad-da*
^{61} : [ ] : *issu* ^{āl}*aš+šur ta-aya-ar-tú*

Ruling follows in A1, A8, B1, B2.

753 Aššur-nērārī, king

A1^{iv16} ^{m}*aš+šur-nērārī šarru*$_2$ A3$^{ii2'}$ ^{m}*aš+šur-nē*[*rārī*]
A4^{i1} [ ]-*nērārī šàr* ^{māt}*aš+šur*
A8^{iv5} ^{m}*aš+šur-nērārī šarru*$_2$
B1$^{67'}$ [ ] *aš+šur*^{KI} : *i-na māti*
B2$^{62'}$ *ina li-me* : ^{m}*aš+šur*-[-*š*]*ur*^{KI} : *i-na māti*

Ruling follows in A3, A8.

752 Šamšī-ilu

A1^{iv17} ^{m}*šam-ši-ilu* A3$^{ii3'}$ ^{md}*šam-ši-il*[*u*]
A4^{i2} [*ša*]*m-si-ilu* A8^{iv6} ^{m}*šam-si-ilu*
B1$^{68'}$ [*tu*]*r-ta-nu* : *i-na māti*
B2$^{63'}$ " : ^{m}*šam*-[-*t*]*a-nu* : *i-na māti*

751 Marduk-šallimanni

A1^{iv18} ^{md}*marduk*$_3$-*šallim-an-ni* A3$^{ii4'}$ ^{md}*marduk*$_2$-*šal-lim*-⌈*a*⌉-[ ]
A4^{i3} [ ]*marduk*$_2$-*šallim-an-ni* A7^{viii1} ^{md}[ ]
A8^{iv7} ^{md}*marduk-šal-lim-an-ni*
B1$^{69'}$ [*nāg*]*ir ekalli* : *i-na māti*
B2$^{64'}$ " : ^{md}*mar*[*duk*$_3$- *e*]*kalli* : *i-na māti*

750 Bēl-dān

A1^{iv19} ^{m}*bēl-dān*^{an} A3$^{ii5'}$ ^{m}*bēl-dān*^{a}[^{n}]
A4^{i4} [*bē*]*l-dān*^{an} A7^{viii2} ^{m}*bēl-dān*^{an}
A8^{iv8} ^{m}*bēl-dān*^{an}
B1$^{70'}$ [*rá*]*b šāqê* : *i-na māti*
B2$^{65'}$ " : ^{m}*bēl*-[*š*]*āqê* : *i-na māti*

Ruling follows in A8, then repetition of 809-764.

749 Šamaš-kēnu-dugul

A1^{iv20} ^{md}*šamaš-kēnu*$_2$-*du-gul* A3$^{ii6'}$ ^{md}*šamaš-kēnu*$_2$-*du-g*[*ul*]
A4^{i5} [ ]^{d}*šamaš-kēnu*$_2$-*du-gul* A7^{viii3} ^{md}*šamaš-kēnu*$_2$-*du*-[ ]
B1$^{71'}$ [ ]*masennu* : *a-na* ^{māt}*nam-ri*
B2$^{66'}$ [ ] : ^{md}*ša*[*maš*- *ma*]*sennu* : *a-na* ^{māt}*nam-ri*

748 Adad-bēlu-ka”in

A1^{iv21} ^{md}*adad-bēlu-ka”in*$_2$ A2^{v1} ^{md}*adad-bēlu-ka*[*”in*$_2$]
A3$^{ii7'}$ ^{md}*adad-bēlu-ka*[*”in*$_2$] A4^{i6} ^{md}*aš+šur-bēlu-ka”in*$_2$
A7^{viii4} ^{md}*adad-bēlu-*[ ]
B1$^{72'}$ [ ]*šakin māti : a-na* ^{māt}*nam-ri*
B2$^{67'}$ [ ] : ^{md}*a*[*dad- mā*]*ti : a-n*[*a*]

747 Sîn-šallimanni

A1^{iv22} [ ]^{d}*sîn-šallim-an-ni* A2^{v2} ^{md}*sîn-šal-lim-a-*[ ]
A3$^{ii8'}$ ^{md}*sîn-šal-lim-a-n*[*i*] A4^{i7} ^{md}*sîn-šal-lim-an-ni*
A7^{viii5} ^{md}*sîn-šallim-a-ni*
B1$^{73'}$ [ ]*ra-ṣap-pa : i-na māti*
B2$^{68'}$ [ ] : ^{md}*s*[*în-*]

746 Nergal-nāṣir

A1^{iv23} [ ]^{d}*nergal-nāṣir*$_2$^{ir} A2^{v3} ^{md}*nergal-nāṣir*$_2$^{ir}
A3$^{ii9'}$ ^{md}*nergal-nāṣir*$_2$[^{ir}] A4^{i8} [ ]^{d}*nergal-nāṣir*$_2$^{ir}
A7^{viii6} ^{md}*nergal-nāṣir*$_2$^{ir}
B1$^{74'}$ [^{ā}]^{l}*na-ṣi-bi-na : si-ḫu ina* ^{āl}*kal-ḫi*
B2$^{69'}$ [ ] : ^{m}*ne*[*rgal-*]

Ruling follows in A1, B1, B2.

745 Nabû-bēlu-uṣur

A1^{iv24} ^{md}*nabû*$_2$*-bēlu-uṣur*$_2$ A2^{v4} ^{md}*nabû*$_2$*-bēlu-uṣur*$_2$
A3$^{ii10'}$ ^{md}*nabû*$_2$*-bēlu-uṣur*$_2$ A4^{i9} [ ]⌜^{d}⌝[ ]*-bēlu-uṣur*$_2$
A7^{viii7} ^{md}*nabû*$_2$*-bēlu-uṣur*$_2$
B1$^{75'}$ [^{ā}]^{l}*arrap-ḫa : ina* ^{araḫ}*ayyāri ūmi* 13^{kám}
$^{76'}$ [ ]*-ti-apil-é-šár-ra : ina* ^{iṣ}*kussî it-tu-šib*
$^{77'}$ [*t*]*ašrīti a-na bi-rit nāri : it-ta-lak*

Ruling follows in A4.

744 Bēl-dān

A1^{iv25} ^{m}*bēl-dān*^{an} A2^{v5} ^{m}*bēl-dān*^{an}
A3$^{ii11'}$ ^{m}*bēl-dān*^{an}
A4^{i10} [ ] ^{māt}*aš+šur* ^{i11} [^{a}]^{n}
A7^{viii8} ^{m}*bēl-dān*^{an} ^{viii9} 10 *šanāte*
B1$^{78'}$ [*š*]*a* ^{āl}*kal-ḫi : a-na* ^{māt}*nam-ri*

Ruling follows in A2, A3, A7.

743 Tukultī-apil-Ešarra, king

A1^{iv26} ^{m}*tukul-ti-apil-é-šár-ra* [ ]
A2^{v6} ^{m}*tukul-ti-apil-é-šár-ra šarru*$_2$
A3$^{ii12'}$ ^{m}[ ]
A5^{i1} ^{m}*tukultī-apil-é-šá*[*r-r*]*a / šarru*
A7^{viii10} ^{m}*tukultī-apil-é-šár-ra šarru*$_2$
B1$^{79'}$ [*šà*]*r* ^{māt}*aš+šur*^{KI} *: ina* ^{āl}*ar-pad-da*
$^{80'}$ [*d*]*i-ik-tú ša* ^{māt}*ur-ar-ṭi : di-kat*

742 Nabû-da’’inanni

A1^{iv27} ^{md}nabû$_2$-da’’in^{in}-an-ni | A2^{v7} ^{md}nabû$_2$-da’’in^{in}-a-ni
A5^{i2} ^{md}nabû$_2$-da’’in^{in}-a[n-n]i | A7^{viii11} ^{md}nabû$_2$-da’’in^{in}-an-ni
B1$^{81'}$ [ ] ^{amēl}tur-ta-nu : a-na ^{āl}ar-pad-da

741 Bēl-Ḫarrān-bēlu-uṣur

A1^{iv28} ^{m}bēl-ḫarrān-bēlu-uṣur$_2$ | A2^{v8} ^{m}bēl-^{āl}ḫarrān-bēlu-uṣur$_2$
A5^{i3} ^{m}bēl-^{āl}ḫarrān-bēlu-uṣur$_2$ | A7^{viii12} ^{md}bēl-ḫarrān-bēlu-uṣur$_2$
B1$^{82'}$ [^{a}]^{mēl}nāgir ekalli : a-na ^{āl} " a-na 3 šanāte ka-šid

740 Nabû-ēṭiranni

A1^{iv29} ^{md}nabû$_2$-ēṭir^{ir}-an-ni | A2^{v9} ^{md}nabû$_2$-ēṭir^{ir}-a-ni
A5^{i4} ^{md}nabû$_2$-ēṭir-an-ni | A7^{viii13} ^{md}nabû$_2$-ēṭir^{ir}-an-ni
B1$^{83'}$ [^{a}]^{mēl}ráb šāqê : a-na ^{āl}ar-pad-da

739 Sîn-taklāk

A1^{iv30} ^{md}sîn-tàk-lak | A2^{v10} ^{md}sîn-tak-lak
A5^{i5} ^{m}sîn-tak-lak | A7^{viii14} ^{md}sîn-tak-l[ak]
B1$^{84'}$ [^{a}]^{mēl}masennu a-na ^{māt}ul-lu-ba : ^{āl}bir-tu ṣab-ta-at

738 Adad-bēlu-ka’’in

A1^{iv31} ^{md}adad-bēlu-ka’’in$_2$ | A2^{v11} [ ]^{d}adad-ka’’in$_2$^{in}
A5^{i6} ^{m}adad$_2$-bē[lu]-ka’’in$_2$ | A7^{viii15} ^{md}adad-bē[l]u-KUR
B1$^{85'}$ [ ] ^{amēl}šakin māti : ^{āl}kul-la-ni-i ka-šid

737 Bēl-ēmuranni

A1^{iv32} ^{m}bēl-ēmur$_2$-an-ni | A2^{v12} ^{m}bēl-ēmur$_2$-a-ni
A5^{i7} ^{m}b[ēl-] | A7^{viii16} ^{m}[-ēmu]r$_2$-a-ni
B1$^{86'}$ [ ] ša ^{māt}ra-ṣap-pa : a-na mada-ayu

736 Ninurta-ilāya

A1^{iv33} ^{md}ninurta$_2$-ila-aya | A2^{v13} ⸢^{md}⸣ni[nur]ta$_2$-aya
A7^{viii17} [ ]^{d}ninurta$_2$-ila-aya
B1$^{87'}$ [ ] ša ^{āl}na-ṣi-bi-na : a-na šēpē^{II} ^{šad}na-al

735 Aššur-šallimanni

A1^{iv34} ^{m}aš+šur-šal-lim-an-ni | A2^{v14} ^{m}aš+šur-šal-lim-an-ni
A7^{viii18} ^{m}aš+šur-šal-lim-an-ni
B1$^{88'}$ [ ] ša ^{māt}arrap-ḫa : a-na ^{māt}ur-ar-ṭi

734 Bēl-dān

A1^{iv35} ^{m}bēl-dān^{an} | A2^{v15} ^{m}bēl-dān^{an}
A7^{viii19} ^{m}bēl-dān^{an}
B1$^{89'}$ [ ] ša ^{āl}kal-ḫa : a-na ^{māt}pi-liš-ta

Ruling follows in B1.

738: A reading of ⸢u⸣-kìn at the end of the line in A7 is unparalleled and contrary to Neo-Assyrian orthography; note also ^{m}aš+šur-bēlu-ka’’in$_2$ in A7 at 856 [RMW].

733 Aššur-da"inanni

A1^{iv36} ^{m}*aš+šur-da"in^{in}-an-ni* A2^{v16} ^{m}*aš+š[u]r-da"[i]n^{in}-a-ni*
A7^{viii20} ^{m}*aš+šur-da"in^{in}-a-ni*
B1$^{90'}$ [ ] *ša ^{āl}ma-za-mu-a : a-na ^{māt}di-maš-qa*

732 Nabû-bēlu-uṣur

A1^{iv37} ^{md}*nabû$_2$-bēlu-uṣur$_2$* A2^{v17} ^{md}*n[ab]û$_2$-bēlu-uṣur$_2$*
A7^{viii21} ^{md}*nabû$_2$-bēlu-uṣur$_2$*
B1$^{91'}$ [*-uṣu]r$_2$ ša ^{āl}si-i'-me-e : a-na ^{māt}di-maš-qa*
B3$^{1'}$ [*]-e : a-[ ]*

731 Nergal-uballiṭ

A1^{iv38} ^{m}*nergal-ú-bal-liṭ* A2^{v18} ^{md}*nergal-ú-bal-liṭ*
A7^{viii22} ^{m}*nergal-bal-liṭ*
B1$^{92'}$ [*-li]ṭ : ša ^{āl}a-ḫi-^{nār}zu-ḫi-na : a-na ^{āl}šá-pi-ia*
B3$^{2'}$ [*z]u-ḫi-na : a-na ^{ā}[^{l}]*

730 Bēl-lū-dāri

A1^{iv39} ^{m}*bēl-lu-da-ri* A2^{v19} [*-l]u-dà-r[i]*
A7^{viii23} ^{m}*bēl-lu-da-ri*
B1$^{93'}$ [*-r]i : ša ^{āl}til-e : i-na māti*
B3$^{3'}$ [*]-e : i-[ ]*

729 Lipḫur-ilu

A1^{iv40} ^{m}*nap-ḫur-ilu* A2^{v20} [*]-ḫ[ur-]*
A7^{viii24} ^{m}*líp-ḫur-ilu*$^{!}$
B1$^{94'}$ [*-il]u : ša ^{māt}hab-ru-ri : šarru qātē^{II} ^{d}bēl iṣbat^{at}*
B3$^{4'}$ [*-r]u-ri : šarru qā[tē]*

728 Dūr-Aššur

A1^{iv41} ^{m}*dūr-aš+šur* A7^{viii25} ^{m}*dūr-aš+šur*
B1$^{95'}$ [*-šu]r : ša ^{āl}tu[š- -ba]t ⸢a-na ^{māt}ḫi-x-x-x⸣*
B3$^{5'}$ [*-ḫ]a-an šarru qātē ^{d}bēl iṣbat^{bat} ^{āl}ḫ[i-]*

Ruling follows in A1, B1, B3.

727 Bēl-Ḫarrān-bēlu-uṣur

A1^{iv42} ^{m}*bēl-ḫarrān-bēlu-uṣur$_2$* A7^{viii26} ^{m}*bēl-ḫarrān-bēlu-uṣur$_2$*
B1$^{96'}$ [*] : ⸢ša⸣[ ]*
B3$^{6'}$ [*-z]a-na : a-na ^{ā}[^{l}]*
$^{7'}$ [*-n]u-ašarēd$_3$: ina ^{i}[^{s}]*

726 Marduk-bēlu-uṣur

A1^{iv43} ^{md}*marduk$_3$-bēlu-uṣur$_2$* A7^{viii27} ^{md}*marduk$_3$-bēlu-uṣur$_2$*
B3$^{8'}$ [*]-di : i-[ ]*

725 Maḫdê

A1^{iv44} ^{m}*maḫ-de-e* A7^{viii28} ^{m}*maḫ-di-i*
B3$^{9'}$ [*]ninua : a-n[a]*

724 Aššur-išmânni

A1^{iv45} ^{m}*aš+šur-išme-a-ni*
A7^{viii29} ^{m}*aš+šur-išme-a-ni* ^{viii30} [ ] *šanāte*
B3$^{10'}$ [ ]-*zi* : *a-n*[*a*]
Ruling follows in A7.

723 Šulmānu-ašarēd, king

A1^{v1} ^{md}⌜*šùl-ma-nu-ašarēd*$_3$⌝ [ ]
A3$^{iii1'}$ ^{md}[ ]
A7^{viii30} [-*aš*]*arēd*$_3$ *šarru*$_2$
B3$^{11'}$ [ ]^{KI} : *a-*[ ]
Ruling follows in A1, A3, B3.

722 Ninurta-ilāya

A1^{v2} [-*il*]*a-aya* A3$^{iii2'}$ ^{md}*ni*[*nurta*$_2$-]
A5^{ii1} ^{md}*ninurta*$_2$*-ila-aya* A7^{viii31} [-*il*]*a-aya*
B3$^{12'}$ [ ]*x* [ ]

721 Nabû-tāriṣ

A1^{v3} [ ]-*tāriṣ*^{iṣ} A3$^{iii3'}$ ^{md}*nabû*$_2$-[ ]
A5^{ii2} ^{md}*nabû*$_2$*-tāriṣ*^{iṣ} A7^{viii32} [-*t*]*a-ri-iṣ*
B4$^{r1'}$ [-*t*]*i*

720 Aššur-nīrka-da’’in

A1^{v4} [-*k*]*a-da’’in*^{in} A3$^{iii4'}$ ^{m}*aš+šur-*⌜*nir*$^{?}$*-ka*$^{?}$⌝-[ ]
A5^{ii3} ^{m}*aš+šur-nīr*$_2$*-ka-da’’in*^{i}[^{n}]
A7^{viii33} [ ]-*da’’in*^{i}[^{n}] ^{viii34} [*šanā*]*te*
B4$^{r2'}$ [ ]-*ru*
Ruling follows in A3, A7.

719 Šarru-kēn, king

A1^{v5} [*šarr*]*u-kēn* A3$^{iii5'}$ ^{m}*šarru*$_2$*-kēn*$_2$ *šarru*$_2$
A5^{ii4} ^{m}*šarru*$_2$*-kēn*$_2$ *šarru*$_2$ A7^{viii34} [-*kē*]*n* *šarru*$_2$
A9^{i1} [-*kē*]*n* : *šar*$_4$ ^{māt}[ ]
B4$^{r3'}$ [ ]-*ta-rab*

718 Zēru-ibni

A1^{v6} ^{m}[*zē*]*ru-ibni* A3$^{iii6'}$ ^{m}*zēru-ibni*
A4^{ii1} ^{m}*zēru-ibni* A5^{ii5} ^{m}*aš+šur-mātu-ú*$^{?}$*-paḫ*$^{?}$*-ḫir*$^{?}$
A9^{i2} [-*ibn*]*i* : *šá-kìn ra-*[ ]
B4$^{r4'}$ [ ]-*ba-la*

717 Ṭāb-šār-Aššur

A1^{v7} ^{m}[*ṭ*]*āb-šār-aš+šur* A3$^{iii6'}$ ^{m}*ṭ*[*āb-*]
A4^{ii2} ^{m}*ṭāb-šār-*^{d}*aš+šur* A5^{ii6} [ ]*ṭāb*$_2$*-šār-aš+šur*
A9^{i3} [*šā*]*r-aš+šur* : ^{amēl}*ma*[*sennu*]

718: The reading of A5, Aššur-mātu-upaḫḫir, is uncertain, but more plausible than H. Tadmor's proposal Aššur-zēru-ibni, JCS 12 (1958) 86, n. 261.

B4$^{r5'}$ [ ]-*kēn*$_2$ *kar-ru*

716 **Ṭāb-ṣil-Ešarra**

A1^{v8} ^{m}[*ṭā*]*b-ṣil-é-šár-ra* A3$^{iii7'}$ ^{m}*ṭāb-ṣil-*⌜*é*⌝-[ ]
A4^{ii3} ^{m}*ṭāb-ṣilli-é-šár-ra* A5^{ii7} [*ṭā*]*b*$_2$*-ṣilli-é-šár-*[*r*]*a*
A9^{i4} [ ]*-é-šár-ra* : *šá-kìn libbi-ā*[*li*]
B4$^{r6'}$ [^{ā}]^{l}*man-na-ayu*

715 **Taklāk-ana-bēli**

A1^{v9} ^{m}[*tà*]*k-lak-ana-bēli* A3$^{iii8'}$ ^{m}*tak-la*[*k-*]
A4^{ii4} ^{m}*tak-lak-ana-bēli* A5^{ii8} [*ta*]*k-lak-bēli*
A9^{i5} [*ta*]*k-lak-ana-bēli* : " *na-ṣib-i-*[ ]
B4$^{r7'}$ [ ]*pāḫātu šak-nu*

714 **Ištar-dūrī**

A1^{v10} [ ]*ištar-dūrī* A3$^{iii9'}$ ^{md}*išta*[*r-*]
A4^{ii5} ^{md}*ištar-dūrī* A5^{ii9} [*išta*]*r-d*[*ūrī*]
A9^{i6} ^{m}*ištar-dūrī* : " *arrap-*[ ]
B4$^{r8'}$ [*-a*]*r-ṭi* ^{āl}*mu-ṣa-ṣir ḫal-di-a*

713 **Aššur-bāni**

A1^{v11} ^{m}*aš+šur-ba-ni* A4^{ii16} ^{md}*aš+šur-ba-ni*
A5^{ii10} [*-šu*]*r-b*[*a-*]
A9^{i7} ^{m}*aš+šur-ba-ni* : " *kal-ḫa*[ ]
B4$^{r9'}$ [*ra*]*bûti ina* ^{māt}*el-li-pa*
$^{r10'}$ [*bī*]*ti ešši e-ta-rab*
$^{r11'}$ [*-n*]*a* ^{āl}*mu-ṣa-ṣir*

712 **Šarru-ēmuranni**

A1^{v12} ^{m}*šarru*$_2$*-ēmur*$_2$*-an-ni* A4^{ii7} ^{m}*šarru-ēmur*$_2$*-an-ni*
A9^{i8} ^{m}*šarru*$_2$*-ēmur*$_2$*-a-ni* : " ^{māt}*za-mu-*[ ]
B4$^{r12'}$ [ ] : *i-na māti*

711 **Ninurta-ālik-pāni**

A1^{v13} ^{md}*ninurta*$_2$*-ālik-pāni* A4^{ii8} ^{md}*ninurta*$_2$*-a-lik-pāni*
A9^{i9} ^{md}*ninurta*$_2$*-ālik-pāni* : " ^{āl}*si-i*ʾ*-me*[ ]
B4$^{r13'}$ [ ] : *a-na* ^{āl}*mar-qa-sa*

710 **Šamaš-bēlu-uṣur**

A1^{v14} ^{md}*šamaš-bēlu-uṣur*$_2$ A2^{vi1} [*-bē*]*lu-uṣur*$_2$
A4^{ii9} ^{md}*šamaš-bēlu-uṣur*$_2$ A6$^{iii1'}$ ^{m}[ ]*-bē*[*lu-*]
A9^{i10} ^{md}*šamaš-be-uṣur*$_2$: " *ar-*[ ]
B4$^{r14'}$ [ ] : *a-na* ^{āl}*bīt-*^{m}*zēri-i šarru ina kiši*^{KI} *bi-e-di*

709 **Mannu-kī-Aššur-lēʾi**

A1^{v15} ^{m}*man-nu-ki-aš+šur-lē*ʾ*i* A2^{vi2} [ ]*-ki-aš+šur-lē*ʾ*i*
A4^{ii10} ^{m}*man-nu-ki-aššur-lē*ʾ*i* A6$^{iii2'}$ [*-n*]*u-ki-aš+šur-lē*ʾ*i*
A9^{i11} ^{m}*man-nu-ki-aš+šur-lē*ʾ*i* : " *til-*[ ]
B4$^{r15'}$ [ ]*-e* : ^{m}*šarru*$_2$*-ken qātē*^{II} ^{d}*bēl iṣ-ṣa-bat*

708 Šamaš-upaḫḫir

A1^{v16} ^{md}šamaš-upaḫḫir^{ḫír} A2^{vi3} [ ]-ú-pa-ḫír
A4^{ii11} ^{md}šamaš-ú-pa-ḫír A6$^{iii3'}$ [ ]^{d}šamaš-ú-pa-ḫír
A9^{i12} ^{md}šamaš-upaḫḫir : " ^{māt}ḫab-[ ]
B4$^{r16'}$ [ ]-ri ^{āl}ku-mu-ḫa ka-šid ^{amēl}pāḫatu šá-kín
B6^{r1} ina lim-me : ^{md}[ ]-pa-[ ]
^{r2} :rabûti a-na ^{āl}kúm-muḫ-ḫi x x[ ]

707 Ša-Aššur-dubbu

A1^{v17} ^{m}šá-aš+šur-du-bu A2^{vi4} [ ]-šur-du-ub-bu
A4^{ii12} ^{m}šá-aššur-du-ub-bu A6$^{iii4'}$ ^{m}ša-aš+šur-du-ub-bu
A9^{i13} ^{m}šá-aš+šur-dub-pi : " tuš-ḫa-an [ ]
B4$^{r17'}$ [ ]-an : šarru is[su bā]bili^{KI} is-suḫ-ra
$^{r18'}$ [ ]-tu : ša ^{āl}dūr-ia-kēn$_2$ na-ṣa
$^{r19'}$ [ ]-UR : ^{āl}dūr-ia-kēn$_2$ na-píl
$^{r20'}$ [ ] : a-na bītāte-šú-nu e-tar-bu
B6^{r3} ina lim-me : ^{m}šá-aš+šur-du-ub-bu : ^{amēl}šá-kìn ^{āl}tuš-ḫa-an [ ]
^{r4} : is-su-uḫ-ra : SUKKAL$^{!}$ rabûti šal-lu-tú [ ]
^{r5} : ^{araḫ}tašrīti ūmi 22^{kám} ilāni^{ni} ša ^{āl}dūr-^{m}šarru$_2$-kēn$_2$ ana bī[tāte]

706 Mutakkil-Aššur

A1^{v18} ^{m}mu-tak-kil-aš+šur A2^{vi5} [m]u-tak-kil-aš+šur
A4^{ii13} [m]u-tak-lak-^{d}aš+šur A6$^{iii5'}$ ^{m}mu-tak-kil-aš+šur
A9^{i14} ^{m}mu-tak-kil-aš+šur : " gu-za-[ ]
B4$^{r21'}$ [M]^{EŠ} ina ^{māt}kar-al-li
$^{r22'}$ [ ]maḫ-ra
B6^{r6} ina lim-me : ^{m}mu-tak-kil-aš+šur ^{amēl}šá-kìn ^{āl}gu-za-na šarru$_2$ ina māti rabût[i]
^{r7} : ina ^{araḫ}ayyāri ūmi 6^{kám} ^{āl}dūr-šarru$_2$-kēn$_2$ šar-ru na-[ ]

Ruling follows in A1, A2, B4.

705 Nasḫur-bēl

A1^{v19} [na]sḫur-bēl
A2^{vi6} [-aḫ]ḫē$_2$-erība šarru$_2$ ^{vi7} [nasḫ]ur^{ra}-bēl
A4^{ii14} [nasḫ]ur-bēl A6$^{iii6'}$ ^{m}nasḫur^{ra}-bēl
A9^{i15} ^{m}nasḫur-bēl : " a-me-di šá-[ ]
B4$^{r23'}$ [ ]x
B6^{r8} ina lim-me : ^{m}nasḫur-bēl : ^{amēl}šá-kìn ^{āl}a-me-di : ša[rru]
^{r9} : ina muḫḫi ^{m}qúr$^{!}$-di$^{!}$-i ^{amēl}ku-lum-ma-ayu da-[ ]
^{r10} : šarru dēk ma-dak-tú ša šàr ^{māt}aš+šur^{KI} : l[u-]
^{r11} : ina ^{araḫ}abi ūmi 12^{kám} ^{md}sîn-aḫḫē$_2$-erība š[arru$^{?}$]

Ruling follows in A4.

707: Reading SUKKAL with J. A. Brinkman, NABU 1989, no. 3, p. 50; probably to be interpreted as 'the chief vizier (and) the nobles' (cf. ABL 327 r.2).

704 Nabû-dēnī-ēpuš

A1^{v20} [ ]^{d}*nabû*$_{2}$*-de-ni-ēpuš*^{uš} A2^{vi8} ^{m}[*n*]*abû*$_{2}$*-de-ni-ēpuš*^{uš}
A4^{ii15} [-*aḫḫ*]*ē-erība šàr* ⸢^{māt}*aš+šur*⸣
^{16} [ ]*-de-ni-*[ ]
A6$^{iii7'}$ ^{md}*nabû*$_{2}$*-de-ni-ēpuš*^{uš}
A9^{i16} ^{md}*nabu*$_{2}$*-dēnī-ēpuš* : " *ninua*^{KI} [ ]
B6^{r12} *ina lim-me* : ^{md}*nabû*$_{2}$*-de-ni-ēpuš*^{uš} : ^{amēl}*šá-kìn* ^{āl}*ninua* : *a-*[ ]
^{r13} : ^{āl}*la-rak* : ^{āl}*sa-rab-a-nu* : [ ]
^{r14} : *é-kal ša* ^{āl}*kili-zi e-pe-eš ka-nu ina* [ ]
^{r15} : *rabûti ina muḫḫi* : ⸢*x x x x*⸣ [ ]

703 Nuḫšāya

A1^{v21} [*nu*]*ḫša-aya* A2^{vi9} ^{m}*nuḫša-aya*
A4^{ii17} [*nu*]*ḫš*[*a-*] A6$^{iii8'}$ ^{m}*nuḫša-aya*
A9^{i17} ^{m}*nuḫša-aya* : " *kili-z*[*i*]
B6^{r16} [*l*]*i*[*m*]*-me* : ⸢^{m}*nuḫša*$^{?}$⸣-[ ]

702 Nabû-lēʾi

A1^{v22} [ ]*nabû*$_{2}$*-lē*[*ʾi*] A2^{vi10} ^{md}*nabû*$_{2}$*-lēʾi*
A4^{ii18} [ ]*na*[*bû*$_{2}$*-*] A6$^{iii9'}$ ^{md}*nabû*$_{2}$*-lēʾi*
A9^{i18} ^{md}*nabû*$_{2}$*-lēʾi* : " *arba-ìl*

701 Ḫanānu

A1^{v23} [*ḫ*]*a-na-n*[*u*] A2^{vi11} ^{m}*ḫa-na-nu*
A6$^{iii10'}$ ^{m}*ḫa-na-nu*
A9^{i19} ^{m}*ḫa-na-na* : " *tíl-bàr*$^{?}$*-* [ ]
B7$^{1'}$ [*ḫ*]*a*$^{?}$*-n*[*a*$^{?}$*-*]
$^{2'}$ [*i*]*ssu* ^{māt}*ḫal-zi* : *ḫi x*[ ]

700 Metūnu

A1^{v24} [*m*]*e-t*[*u-*] A2^{vi12} ^{m}*me-t*[*u-*]
A6$^{iii11'}$ ^{m}*mi-tu-nu*
A9^{i20} ^{m}*me-tú-nu* : " *i-*[ ]
B7$^{3'}$ [ ] : ^{m}*mi-tu-nu* : ^{amēl}*šá-k*[*ìn*]
$^{4'}$ [ ]*-šur-nādin-šumi mār* [ ]
$^{5'}$ [ ]*x ša ekalli qabal āli* [ ]
$^{6'}$: ^{iṣ}*g*[*uš*]*ūrē ere-ni rabû*[*ti*]
$^{7'}$: ^{aban}*gišnugallu ina libbi* ^{š}[^{ad}]
$^{8'}$: *ina libbi kapar-da-ar-gi-l*[*i*$^{?}$]
$^{9'}$ [ ] : *x x x x x-ú a-na ma*$^{?}$ [ ]
$^{10'}$[ ] : *ša šar*[*ri*] *x x e* [ ]

699 Bēl-šarrāni

A1^{v25} [*š*]*ar*$_{4}$-⸢*an-ni*⸣ A2^{vi13} ^{m}*bēl-*[ ]
A6$^{iii12'}$ ^{m}*bēl-šar*$_{4}$*-an-ni*
A9^{i21} ^{m}*bēl-šar*$_{4}$*-a-ni* : " [ ]
B7$^{11'}$ [ ]*b*[*ē*]*l-*[ ]

698 Šulmu-šarri
A1^{v26} [*-m*]*u-šarri*$_2$ A2^{vi14} ^{m}*šùl-*[ ]
A6$^{iii13'}$ ^{m}*šùl-mu-šarri*$_2$

697 Nabû-dūru-uṣur
A1^{v27} [*-d*]*ūru-uṣur*$_2$ A2^{vi15} ^{md}[ ]
A6$^{iii14'}$ [ ]^d*nabû*$_2$*-dūru-u*[*ṣur*$_2$]

696 Šulmu-bēli
A1^{v28} [ ]*-bēli*   A2^{vi16} ^{m}*šùl-*[ ]
A9^{iii1} [ ]*tal-mu-*[ ]

695 Aššur-bēlu-uṣur
A1^{v29} [*-bēl*]*u-uṣur*$_2$ A2^{vi17} ^{m}*aš+š*[*ur-*]
A9^{iii2} [*š*]*a-ḫu*[*p-*]

694 Ilu-issīya
A1^{v30} [*il*]*u-*[ ]*-ia*
A9^{iii3} [ ]*dim-maš-*[ ]

693 Iddin-aḫḫē
A1^{v31} [*idd*]*in*$_2$*-aḫḫē*$_2$
A9^{iii4} [ ] " [*-mi*]*r-r*[*a*]

692 Zazâya
A1^{v32} [ ]*za-za-aya*
A9^{iii5} [ ]*ar-pad-*[ ]

691 Bēl-ēmuranni
A1^{v33} ^{m}*bēl-ēmur*$_2$*-a-ni*   A5$^{iii1'}$ [ ]⌜*bēl-ēmur*$_2$*-a*⌝-[ ]
A7^{ix1} [*-n*]*i*
A9^{iii6} [ ]*gar-ga-miš*

690 Nabû-kēnu-uṣur
A1^{v34} ^{md}*nabû*$_2$*-kēnu*$_2$*-uṣur*$_2$ A5$^{iii2'}$ ^{md}*nabû*$_2$*-kēnu*$_2$*-uṣur*$_2$
A7^{ix2} [ ]*-en-uṣur*$_2$
A9^{iii7} [ ]*sa-me-ri-na*

689 Giḫilu
A1^{v35} ^{m}*gi-ḫi-lu*   A3$^{iv1'}$ ^{m}[ ]
A5$^{iii3'}$ ^{m}*gi-ʾi-*⌜*i-lu*⌝   A7^{ix3} [ ]*-ḫi-lu*
A9^{iii8} [ ]*ḫat-ri-ka*

688 Iddin-aḫḫē
A1^{v36} [ ]*iddin*$_2$*-aḫḫē*$_2$ A3$^{iv2'}$ ^{m}*iddin*$_2$-[ ]
A5$^{iii4'}$ ^{m}*iddin-aḫḫē*$_2$
A7^{ix4} [ ]*-din-aḫḫē*$_2$ ^{ix5} [ ] *šanāte*
A9^{iii9} [ ]*ṣi-mir*

Ruling follows in A3, A7.

687 Sîn-aḫḫē-erība

A1^{v37} [ ]^{d}sîn-aḫḫē$_{2}$-erība   A3$^{iv3'}$ ^{m}aš+šur-aḫḫē$_{2}$-[ ]
A5$^{iii5'}$ ^{md}sîn-aḫḫē$_{2}$-erība šarru$_{2}$
A7^{ix6} ^{md}sîn-aḫḫē$_{2}$-erība šarru$_{2}$
A9^{iii10} [ ] ^{māt}aš+šur

686 Bēl-ēmuranni

A1^{v38} [bē]l-ēmur$_{2}$-an-ni   A3$^{iv4'}$ ^{m}[bē]l-ēmur-a-ni
A5$^{iii6'}$ ^{m}bēl-[ē]mur$_{2}$-an-ni   A7^{ix7} ^{m}bēl-ēmur$_{2}$-an-ni
A9^{iii11} [ ]-ēm[ur-]-tan imitti

685 Aššur-da”inanni

A1^{v39} [-d]a”in^{in}-an-ni   A3$^{iv5'}$ ^{m}[-š]ur-da”in^{in}-a-ni
A5$^{iii7'}$ ^{m}aš+šu[r-da”i]n^{in}-an-ni   A7^{ix8} ^{m}aš+šur-da”in^{in}-an-ni
A9^{iii12} ^{m}aš+šur-d[a”in]qu-⸢e⸣

684 Manzernê

A1^{v40} [-n]u-ze-er-né-e   A3$^{iv6'}$ ^{m}[-z]er$^{er!}$-né
A5$^{iii8'}$ ^{m}[m]an-ze[r-n]é-e   A7^{ix9} ^{m}ma$^{!}$-an-zer-né-e
A9^{iii13} ^{m}man-nu-zer-né-[ ]kul-la-ni-a

683 Mannu-kī-Adad

A1^{v41} [-n]u-ki-adad$_{2}$ A3$^{iv7'}$ ^{m}man-nu-ki-^{d}adad
A5$^{iii9'}$ ^{m}man-nu-k[i]-i-adad$_{2}$ A7^{ix10} ^{m}man-nu-[ ]-^{d}adad
A9^{iii14} ^{m}man-nu-ki-[ ]ṣu-[ ]

682 Nabû-šarru-uṣur

A1^{v42} [na]bû$_{2}$-šarru$_{2}$-uṣur$_{2}$ A3$^{iv8'}$ ^{md}nabû$_{2}$-šarru$_{2}$-uṣur$_{2}$
A5$^{iii10'}$[ ]^{d}nabû$_{2}$-šarru$_{2}$-uṣur$_{2}$ A7^{ix11} ^{md}[ ]-uṣur$_{2}$
A9^{iii15} ^{md}nabû$_{2}$-šar[ru$_{2}$-]mar-qa-si

Ruling follows in A1

681 Nabû-aḫḫē-ēreš

A1^{v43} [na]bû$_{2}$-aḫḫē$_{2}$-ēreš$_{2}$^{eš}
^{44} [-a]ḫu$_{2}$-iddin$_{2}$ ina ^{iṣ}kussî it-tu-šib
A3$^{iv9'}$ ^{md}nabû$_{2}$-aḫḫē$_{2}$-ēreš$_{2}$ A7^{ix12} ^{m}[ ]-ēreš
A9^{iii16} ^{md}nabû$_{2}$-aḫ[ḫē$_{2}$-]-ma-al-li

680 Danānu

A1^{vi1} ^{m}da-na-nu   A3$^{iv10'}$ ^{m}da-na-nu
A7^{ix13} ^{m}[-n]a-nu
A9^{iii17} ^{m}da-na-n[u]-ṣu-a

679 Issi-Adad-anēnu

A1^{vi2} ^{m}issi-^{d}adad-a-ni-nu   A3$^{iv11'}$ ^{m}itu-^{d}adad-ni-ni
A7^{ix14} [ ]-a-ni-nu
A9^{iii18} ^{m}issi-adad$_{2}$-a-nu [m]a-gi-du-nu

678 Nergal-šarru-uṣur

A1^{vi3} ^{m}*nergal-šarru*$_2$*-u[ṣur*$_2$*]* A3$^{iv12'}$ ^{md}*nabû*$_2$ *nergal-šarru*$_2$*-uṣur*$_2$

A7^{ix15} [ ]*-uṣur*$_2$

A9^{iii19} ^{m}*nergal-šarru*$_2$*-uṣur*$_2$ [*r]áb šāqê*

677 Abī-rāmu

A1^{vi4} ^{m}*abī-ra-[m]a* A3$^{iv13'}$ ^{m}*abī-ra-mu*

A7^{ix16} [ ]*abī-ra-[m]e*

A9^{iii20} ^{m}[*-r]a-m[e sukk]allu dan-n[u]*

676 Banbâ

A1^{vi5} ^{m}*ba-am-[b]a-a* A3$^{iv14'}$ ^{m}*ba-am-b[a]-⸢a⸣*

A7^{ix17} ^{m}*ba-an-b[a-*]

A9^{iii21} [*sukk]allu dan-[n]u*

675 Nabû-aḫḫē-iddin

A1^{vi6} ^{md}*nabû*$_2$*-aḫḫē*$_2$*-iddin*^{na} A7^{ix18} ^{md}*nabû*$_2$*-aḫḫē*$_2$-[ ]

A9^{iii22} [*mas]ennu rabû*[ ]

674 Šarru-nūrī

A1^{vi7} ^{m}*[š]arru-nu-ri* A7^{ix19} ^{m}*šarru-nu-*[ ]

A9^{v1} ^{m}*šarru*$_2$*-⸢nūrī*$^{?}$⸣ / *šá-kìn bar*$^{!}$*-ḫa[l-*]

673 Atar-ilu

A1^{vi8} [ ]⸢*a*⸣*-tar-ilu* A7^{ix20} ^{m}*a-ta[r-*]

A9^{v2} ^{m}*a-tar-*[ ] / *šakin la-ḫi-*[ ]

672 Nabû-bēlu-uṣur

A1^{vi9} ^{md}*nabû*$_2$*-bēlu-uṣur*$_2$ A7^{ix21} ^{md}[ ]

A9^{v3} ^{md}*nabû*$_2$*-bēlu*$_2$*-uṣur*$_2$ / *šakin dūr-*^{m}*šarru*$_2$*-x*[ ]

671 Kanūnāyu

A1^{vi10} $^{m\,araḫ}$*kanūn-ayu* A7^{ix22} ^{m}*k[a-*]

A9^{v4} ^{m}*ka-nun-ayu / sar-ten*

670 Šulmu-bēli-lašme

A1^{vi11} ^{m}*šùl-mu-bēli-la-áš-me* A7^{ix23} ^{m}*šùl-mu-b[ēli-*]

A9^{v5} ^{m}*šùl-mu-bēli-lašme / šá-kìn de-r[i]*

669 Šamaš-kāšid-ayābi

A1^{vi12} [^{m}]^{d}*šamaš-kāšid-aya-bi* A7^{ix24} ^{md}*šamaš-kāšid-aya-b[i]*

A9^{v6} [ ]*šamaš-kāšid-a[ya-*] / [ ]*-kìn as-du-*[ ]

Ruling follows in A7.

668 Marlarim

A1^{vi13} [*m]ar-la-ar-me* A7^{ix25} ^{m}*mar-la-rim*

A9^{v7} [ ]*mar-la-r[im] / tar-tan-n[u]*

667 Gabbaru

A1^{vi14} [*-a]b-ba-ru* A7^{ix26} ^{m}*gab-ba-ru*

A9^{v8} ^{m}*gab-bar šá-kìn dūr-*[ ]

666 Kanūnāyu
A1^{vi15} [-*a*]*yu* A7^{ix27} ^{m}*ka-nun-ayu*
A9^{v9} ^{m}*ka-nun-ayu / šá-kìn bīti ešši*

665 Mannu-kī-šarri
A1^{vi16} [-]*š*[*arri*$_2$] A7^{ix28} ^{m}*man-nu-ki-šarri*$_2$
A9^{v10} ^{m}*man-nu-ki-šarri*$_2$ *nāgir ekalli*$_2$

664 Šarru-lū-dāri
A1^{vi17} [ ]*ša*[*rru-*] A7^{ix29} ^{m}*šarru-lu-da-ri*
A9^{v11} ^{m}*šarru*$_2$*-lu-dà-ri / šá-kìn dūr-*^{m}*šarru*$_2$*-*[ ]

663 Bēl-na'id
A1^{vi18} ^{m}*bēl-*[ ] A7^{ix30} ^{m}*bēl-na'id*
A9^{v12} ^{m}*bēl-na'id tar-tan-*[ ]

662 Ṭāb-šār-Sîn
A1^{vi19} ^{m}*ṭāb*$_2$*-šā*[*r-*] A7^{ix31} ^{m}*ṭāb-šār-*^{d}*sîn*
A9^{v13} [ ]*-šār-sîn šá-kìn ra-ṣap-pa*

661 Arba'ilāyu
A1^{vi20} ^{māl}*arba-i*[*la-*] A7^{ix32} ^{m}*arba-ila-ayu*

660 Girṣapūnu
A1^{vi21} ^{m}*gír-ṣa-*[ ] A7^{ix33} ^{m}*gír-ṣap-pu-nu*

659 Silim-Aššur
A1^{vi22} ^{m}*si-l*[*im-*] A3$^{v1'}$ [-]*l*[*im*$^{?}$*-*]
A7^{ix34} ^{m}⸢*si-lim*⸣*-aš+šur*

Ruling follows in A1.

658 Ša-Nabû-šû
A3$^{v2'}$ ^{m}*šá-*^{d}*nabû*$_2$*-šu*

657 Lā-bāši
A3$^{v3'}$ ^{m}*la-ba-si*

656 Milkī-rāmu
A3$^{v4'}$ ^{m}*mil-ki-ra-mu*

655 Amyānu
A3$^{v5'}$ ^{m}*am-ia-a-nu*

654 Aššur-nāṣir
A3$^{v6'}$ ^{m}*aš+šur-nāṣir*$_2^{ir}$

653 Aššur-ilāya
A3$^{v7'}$ ^{m}*aš+šur-ila-aya*

652 Aššur-dūru-uṣur
A3$^{v8'}$ ^{m}*aš+šur-dūru-uṣur*$_2$

651 Sagabbu
A3$^{v9'}$ ^{m}*sa-gab-bu*

650 Bēl-Ḫarrān-šadûa
A3$^{v10'}$ ^{m}*bēl-ḫarrān-šadû-a*

649 Aḫu-ilāya
A3$^{v11'}$ []*aḫu$_2$-ila-aya*
Ruling follows in A3.

THE EPONYM LISTS IN ENGLISH

The information given by the Eponym Lists and Chronicles is here combined, with some additions from the date-lines listed in the Catalogue. All diacritical marks have been eliminated from the translation.

The following renderings are used for convenience:

chamberlain	*masennu*
chief butler	*rab šāqê*
chief vizier	*sukkallu*
commander	*turtānu*
governor	*bēl pāhiti* and *šaknu*
palace herald	*nāgir ekalli*

910	Adad-nerari (II),	king.
909	She'i-Ashur,	governor of Kilizi.
908	Ashur-da''inanni.	
907	Ashur-deni-amur.	
906	Barmu.	
905	Abi-....	
904	Ashur-taklak.	
903	Q[urdi-ili]ma?	
902	...inanni.	
901	Dur-mati-Ashur.	
900	Illeqayu.	
899	Ninuayu.	
898	Likberu.	
897	Adad-ahu-iddin,	governor of the citadel.
896	Adad-dan.	
895	Ina-iliya-allak.	
894	Shamash-abua.	
893	Shamash-belu-usur.	
892	Nergal-zar...me?	
891	Tab-eter-Ashur.	
890	Ashur-la-kenu-ubasha.	

889	Tukulti-Ninurta (II),	king.
888	Taklak-ana-beliya.	
887	Abu-ilayu.	
886	Ilu-milku.	
885	Na'id-ilu.	
884	Yari.	

883 Ashur-shezibanni.

882	Ashurnasirpal (II),	king.	
881	Ashur-iddin.		
880	Miqti-adur.		
879	Sha-ilima-damqa.		
878	Dagan-belu-nasir.		
877	Ninurta-piya-usur.		
876	Ninurta-belu-usur.		
875	Ishshiak-Ashur-lilbur.		
874	Shamash-upahhir.		
873	Nergal-apil-kumua,	chief of the palace, governor of Kalah.	
872	Qurdi-Ashur.		
871	Ashur-le'i.		
870	Ashur-natkil.		
869	Bel-mudammiq.		
868	Dayan-Ninurta.		
867	Ishtar-emuqaya,	governor of Tushhan.	
866	Shamash-nuri.		
865	Mannu-dan-ana-ili.		
864	Shamash-belu-usur.		
863	Ninurta-ilaya.		
862	Ninurta-eteranni.		
861	Ashur/Nergal-ilaya.		
860	Nergal-nirka-da''in.		
859	Tab-belu.		
858	Sharru-balti-nishi.		
		24 years.	

857	Shalmaneser (III),	king of Assyria,	t[o].
856	Ashur-belu-ka''in,	commander,	t[o].
855	Ashur-bunaya-usur,	chief butler,	t[o].
854	Abi-ina-ekalli-lilbur,	palace herald.	
853	Dayan-Ashur,	commander.	
852	Shamash-abua,	governor of Nisibin.	
851	Shamash-belu-usur,	governor of Kalah.	
850	Bel-bunaya,	palace herald.	
849	Hadi-lipushu,	governor of Nairi.	
848	Nergal-alik-pani.		
847	Bur-Ramman.		
846	Ninurta-mukin-nishi.		
845	Ninurta-nadin-shumi.		
844	Ashur-bunaya.		
843	Tab-Ninurta.		
842	Taklak-ana-sharri,	governor of Nemed-Ishtar.	
841	Adad-remanni.	[	].
840	Shamash-abua,	[	to the] cedar [mountain].
839	Shulmu-beli-lamur,	[of Arz]uhina,	to Que.

838	Ninurta-kibsi-usur,	of Rasappa,	to Malahi.
837	Ninurta-ilaya,	[of Ahi]zuhina,	to Danabi.
836	Qurdi-Ashur,	[of] Raqmat,	to Tabal.
835	Shep-sharri,	[of H]abruri,	to Melid.
834	Nergal-mudammiq,	[of N]ineveh,	to Namri.
833	Yahalu,	chamberlain,	to Que.
832	Ululayu,	[of Ki]lizi,	to Que.
831	Sharru-hattu-ipel,	[ ]	to Que; the Great God went from Der.
830	Nergal-ilaya,	[of Is]ana,	to Urartu.
829	Hubayu,	[of ...]hi,	to Unqi.
828	Ilu-mukin-ahi,	[of ...h]a,	to Ulluba.

827	Shalmaneser (III),	king of Assyria,	to Mannea.
826	Dayan-Ashur,	[ ]	revolt.
825	Ashur-bunaya-usur,	[ ]	revolt.
824	Yahalu,	[ ]	revolt.
823	Bel-bunaya,	[ ]	revolt.
		[ ] years Shalmaneser, king of Assyria.	

822	Shamshi-Adad (V),	king of Assyria,	revolt.
821	Yahalu,	[ ]	revolt.
820	Bel-dan,	palace herald,	revolt.
819	Ninurta-ubla,	[ ]	to Mannea.
818	Shamash-ilaya,	[ ]	[to ...]shumme.
817	Nergal-ilaya,	governor of [ ]	[to] Tille.
816	Ashur-bunaya-usur,	chief butler,	to Tille.
815	Sharru-hattu-ipel,	governor of Nisibin,	to Zarate.
814	Bel-lu-balat,	commander,	to Der; the Great God went to Der.
813	Musheknish,	governor of Habruri,	to Ahsana.
812	Ninurta-ashared,	governor of Raqmat,	to Kaldu.
811	Shamash-kumua,	governor of Arrapha,	to Babylon.
810	Bel-qate-sabat,	governor of Mazamua,	in the land.
		[year]s [	].

809	Adad-nerari (III),	king of Assyria,	to Media.
808	Nergal-ilaya,	commander,	to Guzana.
807	Bel-dan,	palace herald,	to Mannea.
806	Sil-beli,	chief butler,	to Mannea.
805	Ashur-taklak,	chamberlain,	to Arpad.
804	Ilu-issiya,	governor of the land,	to Hazazu.
803	Nergal-eresh,	governor of Rasappa,	to Ba'alu.
802	Ashur-balti-ekurri,	governor of Arrapha,	to the Sea; plague.
801	Ninurta-ilaya,	of Ahi-zuhina,	to Hubushkia.
800	Shep-Ishtar,	of Nisibin,	to Mannea.
799	Marduk-ishmanni,	of Amedi,	to Mannea.
798	Mutakkil-Marduk,	chief eunuch,	to Lushia.
797	Bel-tarsi-iluma,	of Kalah,	to Namri.
796	Ashur-belu-usur,	of Habruri,	to Mansuate.

795	Marduk-shaduni,	of Raqmat,	to Der.
794	Mukin-abua,	of Tushhan,	to Der.
793	Mannu-ki-Ashur,	of Guzana,	to Media.
792	Mushallim-Ninurta,	of Tille,	to Media.
791	Bel-iqishanni,	of Shibhinish,	to Hubushkia.
790	Shep-Shamash,	of Isana,	to Itu'a.
789	Ninurta-mukin-ahi,	of Nineveh,	to Media.
788	Adad-mushammer,	of Kilizi,	to Media; foundations of Nabu temple in Nine[veh la]id.
787	Sil-Ishtar,	of Arbela,	to Media; Nabu entered the new temple.
786	Nabu-sharru-usur,	of Talmusa,	to Kiski.
785	Adad-uballit,	of Tamnunna,	to Hubushkia; the Great God went to Der.
784	Marduk-sharru-usur,	of Arbela,	to Hubushkia.
783	Ninurta-nasir,	of Zamua,	to Itu'a.
782	Iluma-le'i,	of Nisibin,	to Itu'a.
		28 years, Adad-nerari, king of Assyria.	

781	Shalmaneser (IV),	king of Assyria,	to Urartu.
780	Shamshi-ilu,	commander,	to Urartu.
779	Marduk-remanni,	chief butler,	to Urartu.
778	Bel-lesher,	palace herald,	to Urartu.
777	Nabu-ishdeya-ka''in,	chamberlain,	to Itu'a.
776	Pan-Ashur-lamur,	governor of the land,	to Urartu.
775	Nergal-eresh,	governor of Rasappa,	to the cedar mountain.
774	Ishtar-duri,	governor of Nisibin,	to Namri.
773	Mannu-ki-Adad,	governor of Raqmat,	to Damascus.
772	Ashur-belu-usur,	governor of Kalah,	to Hatarikka.
		[ ] years, Shalmaneser, king of Assyria.	

771	Ashur-dan (III),	king of Assyria,	to Gananati.
770	Shamshi-ilu,	commander,	to Marad.
769	Bel-ilaya,	of Arrapha,	to Itu'a.
768	Aplaya,	of Zamua,	in the land.
767	Qurdi-Ashur,	of Ahizuhina,	to Gananati.
766	Mushallim-Ninurta,	of Tille,	to Media.
765	Ninurta-mukin-nishi,	of Habruri,	to Hatarikka; plague.
764	Sidqi-ilu,	of Tushhan,	in the land.
763	Bur-Saggile,	of Guzana,	revolt in the citadel; in Siwan the sun had an eclipse.
762	Tab-belu,	of Amedi,	revolt in the citadel.
761	Nabu-mukin-ahi,	of Nineveh,	revolt in Arrapha.
760	La-qipu,	of Kilizi,	revolt in Arrapha.
759	Pan-Ashur-lamur,	of Arbela,	revolt in Guzana; plague.
758	Ana-beli-taklak,	of Isana,	to Guzana; peace in the land.
757	Ninurta-iddin,	of Kurbail,	in the land.
756	Bel-shadua,	of Tamnunna,	in the land.

755	Iqisu,	of Shibhinish,	to Hatarikka.
754	Ninurta-shezibanni,	of Talmusa,	to Arpad; return from Ashur.

753	Ashur-nerari (V),	king of Assyria,	in the land.
752	Shamshi-ilu,	commander,	in the land.
751	Marduk-shallimanni	palace herald,	in the land.
750	Bel-dan,	chief butler,	in the land.
749	Shamash-kenu-dugul,	chamberlain,	to Namri.
748	Adad-belu-ka''in,	governor of the land,	to Namri.
747	Sin-shallimanni,	of Rasappa,	in the land.
746	Nergal-nasir,	of Nisibin,	revolt in Kalah.

745	Nabu-belu-usur,	of Arrapha,	on 13th Ayar Tiglath-pileser took the throne; [in] Teshrit he went to Mesopotamia.
744	Bel-dan,	of Kalah,	to Namri.
		10 years [Ashur-nerari] king of Assyria.	

743	Tiglath-pileser (III),	king of Assyria,	in Arpad; defeat of Urartu made.
742	Nabu-da''inanni,	commander,	to Arpad.
741	Bel-Harran-belu-usur,	palace herald,	to Arpad, within three years taken.
740	Nabu-eteranni,	chief butler,	to Arpad.
739	Sin-taklak,	chamberlain,	to Ulluba, citadel captured.
738	Adad-belu-ka''in,	governor of the land,	Kullani conquered.
737	Bel-emuranni,	of Rasappa,	to Media.
736	Ninurta-ilaya,	of Nisibin,	to the foot of Mount Nal.
735	Ashur-shallimanni,	of Arrapha,	to Urartu.
734	Bel-dan,	of Kalah,	to Philistia.
733	Ashur-da''inanni,	of Mazamua,	to Damascus.
732	Nabu-belu-usur,	of Simme,	to Damascus.
731	Nergal-uballit,	of Ahi-zuhina,	to Shapiya.
730	Bel-lu-dari,	of Tille,	in the land.
729	Liphur-ilu,	of Habruri,	the king took the hands of Bel.
728	Dur-Ashur,	of Tushhan,	to Hi[...]; the king took the hands of Bel.

727	Bel-Harran-belu-usur,	of Guzana,	to [ ]; [Shalman]eser (V) [sat on the throne.]
726	Marduk-belu-usur,	[of Ame]di	i[n].
725	Mahde,	of Nineveh,	to [ ].
724	Ashur-ishmanni,	[of Kili]zi,	to [ ].
		[ ] years.	
723	Shalmaneser (V),	king [of Assyria],	t[o].

722	Ninurta-ilaya,	[	].
721	Nabu-taris,	[	t]i.

720	Ashur-nirka-da''in,	[ ]. [ ] years.	

719	Sargon (II),	king of [Assyria],	[ent]ered [
718	Zeru-ibni,	governor of Rasappa,	[to Ta]bal.
717	Tab-shar-Ashur,	chamberlain,	[Dur-Sharru]ken founded.
716	Tab-sil-Esharra,	governor of the citadel,	[to] Mannea.
715	Taklak-ana-beli,	governor of Nisibin,	[ ] governors appointed.
714	Ishtar-duri,	governor of Arrapha,	[to Ur]artu, Musasir, Haldia.
713	Ashur-bani,	governor of Kalah,	[the] nobles in Ellipa; [ ] entered his new house; [t]o Musasir.
712	Sharru-emuranni,	governor of Zamua,	in the land.
711	Ninurta-alik-pani,	governor of Simme,	to Mar'ash.
710	Shamash-belu-usur,	governor of Arzuhina,	to Bit-Zeri; the king stayed in Kish.
709	Mannu-ki-Ashur-le'i,	governor of Tille,	Sargon took the hands of Bel.
708	Shamash-upahhir,	governor of Habruri,	Kummuh conquered, governor appointed (var. nobles to Kummuh).
707	Sha-Ashur-dubbu,	governor of Tushhan,	the king returned from Babylon; the chief vizier and the nobles, the booty of Dur-Yakin carried off, Dur-Yakin destroyed. On 22nd Teshrit, the gods of Dur-Sharruken entered their temples.
706	Mutakkil-Ashur,	governor of Guzana,	the king (stayed) in the land; the noble [ ] in Karalla; on 6th Ayar, Dur-Sharruken completed; [ ] received.

705	Nashur-bel,	governor of Amedi,	the king [ ] against Qurdi the Kulummaean; the king was killed; the camp of the king of Assyria [ ]; on 12th Ab, Sennacherib [became] king.
704	Nabu-deni-epush,	governor of Nineveh,	t[o] Larak, Sarabanu, [ ]; the palace of Kilizi was made; ... in [ ]; the nobles against ...[ ].
703	Nuhshaya,	governor of Kilizi,	[ ].
702	Nabu-le'i,	governor of Arbela.	
701	Hananu,	governor of Til-Barsip,	from Halzi-... [ ].

700	Metunu,	governor of Isana,	[As]hur-nadin-shumi, son of [Sennacherib]; [ ] of the palace in the city [ ] great cedar logs [ ], alabaster in mount [Ammanana?] in Kapar-dargil[i], ... to [ ], [ ] of the king ... [ ].
699	Bel-sharrani,	governor of Kurbail.	
698	Shulmu-sharri,	governor of Halziatbar.	
697	Nabu-duru-usur,	governor of Tamnunna.	
696	Shulmu-beli,	governor of Talmusi.	
695	Ashur-belu-usur,	governor of Shahuppa/Kadmuhi.	
694	Ilu-issiya,	governor of Damascus.	
693	Iddin-ahhe,	of Dur-Sharruken.	
692	Zazaya,	governor of Arpad.	
691	Bel-emuranni,	governor of Carchemish.	
690	Nabu-kenu-usur,	governor of Samaria.	
689	Gihilu,	governor of Hatarikka.	
688	Iddin-ahhe,	governor of Simirra.	
687	Sennacherib,	king of Assyria.	
686	Bel-emuranni,	commander of the right.	
685	Ashur-da''inanni,	of Que.	
684	Manzerne,	governor of Kullania.	
683	Mannu-ki-Adad,	of Supite.	
682	Nabu-sharru-usur,	governor of Mar'ash.	
681	Nabu-ahhe-eresh,	governor of Sam'al.	
680	Dananu,	governor of Mansuate.	
679	Issi-Adad-anenu,	governor of Megiddo.	
678	Nergal-sharru-usur,	chief butler.	
677	Abi-ramu,	chief vizier.	
676	Banba,	chief/second vizier.	
675	Nabu-ahhe-iddin,	(chief) chamberlain.	
674	Sharru-nuri,	governor of Barhalzi.	
673	Atar-ilu,	governor of Lahira.	
672	Nabu-belu-usur,	governor of Dur-Sharruken.	
671	Kanunayu,	chief judge.	
670	Shulmu-beli-lashme	governor of Der.	
669	Shamash-kashid-ayabi,	governor of Asdi[...].	
668	Marlarim,	commander of Kummuh.	
667	Gabbaru,	of Dur-Sin-ahhe-eriba.	
666	Kanunayu,	governor of the new palace.	
665	Mannu-ki-sharri,	palace herald/royal officer.	
664	Sharru-lu-dari,	governor of Dur-Sharruken.	
663	Bel-na'id,	commander.	
662	Tab-shar-Sin,	governor of Rasappa.	
661	Arba'ilayu,	chief chamberlain.	
660	Girsapunu.		
659	Silim-Ashur,	second vizier.	

658	Sha-Nabu-shu,	chief (eunuch).
657	Labasi,	revenue officer.
656	Milki-ramu,	colonel.
655	Amyanu,	governor of Que.
654	Ashur-nasir.	
653	Ashur-ilaya,	chief vizier.
652	Ashur-duru-usur,	governor of Barhalzi.
651	Sagabbu,	governor of Harran.
650	Bel-Harran-shadua,	governor of Tyre.
649	Ahu-ilaya,	governor of Carchemish.

CATALOGUE

OF

EPONYM DATES

NOTES ON THE CATALOGUE

This catalogue gathers all recognizable dates by eponym for the Neo-Assyrian period, including post-canonical and extra-canonical eponyms, available to the author, showing the way the scribes used the system as a means of dating documents. The catalogue also illustrates the various ways of writing many names current simultaneously, the distribution of the texts through the span of the Neo-Assyrian era and within individual years, and the types of text surviving. Occasionally it gives details that aid restoration of the Eponym lists. All known canonical eponyms are included in the catalogue, even if there are no extant texts dated to the eponymate.

Where one eponym held office in two years or more, or where more than one eponym bore the same name, the texts are assigned to the later dates, unless there is good reason to prefer the earlier, but some uncertainty cannot be avoided. Post-canonical eponyms having the same name but different titles have been listed together.

Categories of text are noted thus:

d	legal or administrative document
e	letter or report
h	historical or royal inscription
l	literary text
s	stele from Assur.

For the historical or royal texts the king's name and the type of text are noted after the date-line; exp. shows that the date refers to a military expedition, not to the date of the text itself.

Dates are given in the order day, month, eponym, by order of months. Unusual month names are given in full, and the intercalary month is indicated as xiia (or via). Where only the month is given in a date-line, o stands in the first column. If neither a month or day is given, both columns are blank and followed by a colon. If no specific information is given in the publication, all three columns are blank (this applies particularly to dates given in ALA II).

A ditto mark (") denotes a writing identical with that in the previous entry.

Roman letters are used for names and titles or professions given in translation or by reference only in the publication cited.

Date-lines are cited by the collection number of the text, followed by the line-numbers and principal publication, or by the principal publication reference and line numbers, sometimes with reference to further publications, usually by text numbers.

VARIOUS OBSERVATIONS

Unusual month names

Scribes usually followed the standard Babylonian calendar, but gave other month names occasionally, as follows:

849	Ḫadi-lipūšu	20:^{d}*bē[lat-ekalli]*
845	Ninurta-nādin-šumi	[ ]:*ša kināte*
833	Yaḫalu	28:*ša kināte*
738	Adad-bēlu-ka''in:	20:*lullube*
702	Nabû-lē'i:	o:*sēbūti*
673	Atar-ilu:	o:*pēt bābi.*

All of these are royal inscriptions, except that of 738, which is the Khorsabad King List.

The first two months are known from the Old Assyrian calendar, although their position in the year is not certain. The order suggested for Old Assyrian times may not give a fixed equation with the standard months used later if the old calendar was a lunar one,[1] although it may be noted that both a Neo-Assyrian list and a text of Shalmaneser III equate the month *ša kināte* with *Tašrit*, the seventh month.[2] The other three names may all be equated with months of the Elamite calendar, adopted, it is surmised, in place of the standard Babylonian ones under the anti-Babylonian policy of Sennacherib (but by 673 BC Esarhaddon had reversed that trend).[3]

Intercalary Months

The following additional months of Addar have been noted:

788	Adad-mušammer	o:xiia?
784	Marduk-šarru-uṣur	22:xiia
716	Ṭāb-ṣil-Ešarra	[ ]:xiia
710	Šamaš-bēlu-uṣur	[ ]:xiia
684	Manzernê	14:xiia
673	Atar-ilu	21:xiia

---

1 See M. E. Cohen, *The Cultic Calendars of the Ancient Near East* (Bethesda, MD 1993) 239f.
2 Annals, Fuad Safar, *Sumer* 7 (1951) 3-21, left edge 1,2.
3 M. E. Cohen, *op. cit.*, 362-64 and 299.

PC	Bēl-iqbi	20:xiia
PC	Nabû-tappûtu-alik	1 and 14:xiia

One tablet appears to have a second Elul:

707	Ša-Aššur-dubbu	[ ]:via.

Second Eponymates

A number of men held the office more than once, so scribes might note the second turn in order to avoid ambiguity. The year 738 was distinguished from 748 for Adad-bēlu-ka''in by the phrase *ina šanê*^{e} *lim-me-šú* and 734 from 744 for Bēl-dān by *ina šanê*^{e} *pu-ri-šú*. However, there is often no differentiation, so the allocation of a tablet to a particular year may be doubtful (e.g. for Nergal-ilāya, 830, 817, 808, or Yaḫalu 833, 824, 821).

ša arki Dates

Selecting the eponym long in advance of the start of his year avoided the problem the year name system created in Babylonia where the new year might have begun before its name was announced. In such a situation the scribes were forced to write 'year after' the name of the previous year. If an Assyrian scribe did not know the name of the current eponym, he would use a similar formula, 'in the eponymate following (*ša arki*)' the previous one. That formula appears already in the Old Assyrian period, on tablets from the merchant settlement at Kanesh and on tablets from the Assyrian rule at Mari. The formula occurs in Middle Assyrian times, on one tablet,[4] and in the eleventh century BC section of Eponym List A7. The last year of Shalmaneser II (*c.* 1030-1019 BC) is labelled *ša arki* the previous eponym, and then there are no eponym names for the reign of Assur-nērārī IV (*c.* 1018-1013 BC), but each of the five years after the king's office is marked *ša arki* ^{m}*aššur-nērārī*. Something similar is listed for Tiglath-pileser II (*c.* 966-935 BC), where one eponym followed him, then a *ša arki*, and others occur later in his reign.[5] In the Neo-Assyrian tablets, six years have *ša arki* dates. M. T. Larsen, in studying the whole phenomenon, has argued that they arose in circumstances of civil disturbance when the installation of the eponym or information about it was delayed.[6] His arguments can largely be maintained. The *ša arki* dates are:

a) 'after Šulmānu-ašarēd,' presumably after his second turn, 827 BC, therefore 826, for which the Eponym Chronicle reports 'revolt'. The tablet comes from Šibaniba (Tell Billa) some 20 km east of Nineveh, so conditions may have hindered confirmation of the new eponym reaching there, although the

4 See C. Saporetti, *Gli eponimi medio-assiri* (Malibu 1979) 56.
5 KAV 21-24 iv. 18-22, v. 6f, 20, 30, 31; see RlA 2, 436.
6 M. T. Larsen, RA 68 (1974) 15-24.

automatic sequence of king — commander-in-chief might have been expected. The month of writing is broken.

b) 'after Nabû-šarru-uṣur,' 682 BC, therefore 681, from Nineveh. The tablet is dated 5:ii. Larsen suggested there were troubles surrounding the appointment of Esarhaddon to succeed Sennacherib, months before the king was assassinated (20:x). However, the existence of a tablet from Assur dated 10:i of the next eponym, Nabû-aḫḫē-ēreš, and of one from Nineveh dated 12:ii, may imply the scribe who wrote the *ša arki* document had a lapse of memory.

c) 'after Kanūnāyu,' perhaps 671 BC, therefore 670, from Nineveh, dated o:i. As Larsen noted, the Babylonian Chronicle reports a revolt in Assyria (iv.29), a situation which could have resulted in confusion over the eponymate, although other tablets from Nineveh are dated 28:i, 1 and 10:ii of the next eponym, Šulmu-bēli-lašme.

d) 'after Aššur-dūru-uṣur,' 652 BC, therefore 651, from Gezer, dated 17:iii. The distance and perhaps a breakdown in communications caused by the war between Aššurbanipal and Šamaš-šumu-ukīn, which involved many of Assyria's vassal states, may account for this dating. One tablet from Nineveh is dated 4:i of the next eponym, Sagabbu.

e) 'after Sagabbu,' 651 BC, therefore 650, from Assur, dated 5:i[7] and 20:i. Although there are tablets dated 23:i and 28:i in the next eponymate, Bēl-Ḫarrān-šadûa, from Kalah and Nineveh, the war could have impeded news reaching Assur early in the new year, and by this time, the sequence of governors no longer held.

f) 'after Nabû-šarru-uṣur,' a post-canonical eponym for whom *ša arki* dates are recorded as late as the eleventh month, all from Assur or Kannu'. Since the date of this eponym cannot be fixed, the circumstances of the date remain unknown.

Unusual Writings

Dates are normally given simply as 'month name, day, in the eponymate of' but a few examples have *ina*, 'in' before the month name (such are Mannu-kī-Aššur-lē'i K383, Marlarim K1378, Nabû-lē'i Rm.174, Šulmu-šarri K1604). Scribes wrote *ina lim* instead of *ina lim-me* in date-lines for Aššur-dūru-uṣur, Mušallim-Aššur, Nabû-aḫḫē-ēreš and Nabû-sagib, perhaps giving the sign IGI (*lim*) the value *limi*,[8] or indulging in an abbreviation, like *be* for *bennu*, or *bēlu*.[9] The term *ina limme* was omitted from a tablet dated in the second month of Girṣapūnu's eponymate; the tablet K1378, ADD 6, has the day and the month (18:iii), but the eponym is omitted; on the tablet dated 9:iii: Bēl-ēmuranni (686), the month and day follow the eponym's name, which is probably also the case on Ki.1904-10-9,190, ADD 1195 (Aššur-bāni). In two cases, the name Zazāya is written *za-za*-KU.

---

7 Reported as 'after Sai[lu]' by M. Falkner, AfO 17 (1954-56) 105, but see K. Deller and A. R. Millard, AfO 32 (1985) 52.

8 On the principle established by K. Deller, Or. 31 (1962) 7-26, but he found this value only in personal names.

9 See CAD *s.v.*, and note *be* for *bēlu* in A9 at 710.

Variant titles

An eponym's title may vary in the date-lines written during his term of office. A governor may be defined by the land he ruled or the chief city and either might be written, sometimes helping modern knowledge of historical geography. Aššur-bēlu-uṣur (695) was governor of the land of Katmuḫ and also the town of Šaḫuppa, Bēl-iqbi (PC) of the land of (Bīt) Zaman and the town of Tušḫan. The term *šaknu*, with its wide range of meanings from 'appointee' to 'governor', was used for the latter, but alternates with *bēl pāḫiti*, 'governor,' for Aššur-dūru-uṣur (652), Aṯar-ilu (673), Ḫanānu (701), Nabû-kēnu-uṣur (690), Nabû-šar-aḫḫēšu (PC), Šamaš-da''inanni (PC), and with *pāḫiti* alone for Mušallim-Aššur (PC), and Sagabbu (651). As in the Eponym Lists (B1, B2), some scribes wrote *ša*, 'of', instead of *šaknu*, recorded for Bēl-iqbi (PC), Danānu (680), Nabû-aḫḫē-ēreš (681), Nabû-da''inanni (PC), Nabû-šarru-uṣur (682) and, instead of *bēl pāḫiti*, for Issi-Adad-anēnu (679), Kanūnāyu (666 and PC) and Manzernê (684). There is greater variety for some eponyms: Bēlšunu (PC) is *šakin*, *pāḫiti* and *bēl* [*pāḫiti*] of Ḫindānu, while Sîn-šarru-uṣur (PC), *šakin* and *bēl pāhiti* of Ḫindānu, appears also as [*pā*]*ḫiti* of Nineveh. There was another post-canonical Sîn-šarru-uṣur who was 'palace scribe' (*ṭupšar ekalli*), and another with the title (*^{amēl}*)*arkû*, 'the second', who may have been the same as one of the other two. There were also two post-canonical Nabû-šarru-uṣur's, one who was *ṭupšar ekalli* or *ṭupšar ekalli aššurāyu* and another who was *rab šarēši*; an eponym of this name who was *sartennu* might be identical with either one. Nabû-tappûtu-alik (PC) was *ṭupšarru* and *rab šarēši*, Aššur-rēmanni (PC) was *rab šarēši* and *rab šarēši ša mār šarri*. Aššur-ilāya (653) bore the title *sukkallu*, once qualified as *rabû* and once as *dannu*, Daddî (PC) *masennu* and *masennu rabû* and Nabû-aḫḫē-iddin (675) *masennu* and *masennu rabû*. Ṣalmu-šarru-iqbi (PC) was variously titled *turtānu*, *turtān šumēli* and *turtānu* of Kummuḫ. The significance of Aššur-gimillī-tirri's title *rab ašlāki*, 'chief of fullers,' in addition to *masennu rabû* is not understood.

Variations in spelling and final vowels are common, as with *tur-ta-nu* and *tur-tan* for Bēl-ēmuranni (686), place names such as *ḫi-in-dà-na*, *ḫi-in-da-ni*, *ḫi-in-dan* for Sîn-šarru-uṣur (PC), *i-sa-na*, *i-sa-ni* for Metūnu (700), *ṣi-me-ra*, *ṣi-me-er* and *ṣi-mir-ra* for Iddin-aḫḫē (688) and even personal names like *da-na-nu*, *dan-na-nu*, *da-na-a-nu*, *da-na-ni* (680), *ḫa-na-nu*, *ḫa-na-ni*, *ḫa-na-na*, *ha-na-an* (701). The writing of Dūr-Šarrukēn as *Dūr-šarrukka* (Nabû-bēlu-uṣur, 672) hints at current pronunciation. Titles usually stood in the nominative form, as *masennu rabû*, *sukkallu* 2, but the genitive is occasionally marked by the phonetic complement, continuing the syntax of *ina līme*: *sukkalli* 2^{i}, Silim-Aššur (659); *masenni rabî*^{i}, see Daddî (PC).

Errors

A few scribal errors can be seen. A case arises with a tablet (Assur14067d) dated 4:vi: ^{m}*lu-dà-ri* which could be either Bēl-lū-dāri (730 and PC) or Šarru-lū-dāri (664). Archival context suggests that the latter date is the most probable. The title of Danānu (680) was governor of Manṣuāte, but on one tablet the scribe has made him governor of Marqasi, which was the title of the eponym two years before (Nabû-šarru-uṣur).

Incomplete and Uncertain Eponym Dates

The dates of several tablets are uncertain because, although partly preserved, the legible signs are insufficient to identify the eponyms satisfactorily. Examples are ^{m}*man-nu*-[ ] (ADD 300 r.11), ^{m}*aš-šur*-[ ] (ADD 80.10; 101.13; 211.39), ^{m}*nabû*-[ ], ND2424.12,13 (Iraq 23 pl. XII), [ ] $^{\textit{amēl}}$*turtānu* (ADD 306 r.2), [ ] $^{\textit{amēl}}$*sukkallu* (ADD 629.28), ^{m}*šùl*-[ ] $^{\textit{amēl}}$*šá-kìn* $^{\textit{āl}}$[ ] (ADD 332 r.15,16). In other cases, either of two alternatives is equally possible, thus the title $^{\textit{amēl}}$*šá-kìn* $^{\textit{āl}}$*dūr-šarru-uk-*[*ka*] (ADD 425.46) could apply to either Nabû-bēlu-uṣur (672), or to Šarru-lū-dāri (664), and has been allocated to the latter; where only the first part of the place name remains, $^{\textit{āl}}$*dūr*-[ ], no decision can be taken on assigning the text to one of those two, to Iddin-aḫḫē of 693, or to Mušallim-Aššur of Dūr-Sîn-aḫḫē-erība of 667 (K1477.r.5,6 ADD 637). A tablet dated 10:xi:[ ] *rab šarēši* could belong to Nabû-šarru-uṣur either of 682 or PC (81-2-4,350.4,5; Iraq 27 p. 16 no. 35). Likewise, two date-lines preserving only the word $^{\textit{māt}}$*qu-e* could be assigned to Aššur-da››inanni (685), to Marduk-šarru-uṣur (PC) or to Nabû-da››inanni (PC), and have, in fact, been omitted (NARGD 22, p. 52; K108.15.7′; Or. 42, p. 443). One tablet bears the end of a double date in Sargon's reign, but nothing more exact: [-*k*]*ēn arkû*^{u} [ ] *šar* $^{\textit{mātd}}$*aššur*^{KI} (K2691). Other examples could be added.

Double Datings

Scribes sometimes referred to the reigning king in dating documents. In a few cases they gave the dates by eponyms and by the regnal years of the kings. In the case of Sargon only, they also bear his regnal years as king of Babylon. The eponymates concerned and the regnal years are listed here, details may be found in the Catalogue of Eponym Dates. (Incomplete date-lines which add nothing are not included below.)

Eponym	Date	King	Year
Ṭāb-ṣil-Ešarra	29:iii	Sargon	6
Ištar-dūrī	22:x	Sargon	9
Aššur-bāni	5:iii	Sargon	9
Šarru-ēmuranni	12:[ ]	[Sargon]	[10]
Ninurta-ālik-pāni	25:vi	Sargon	11
Mannu-kī-Aššur-lē'i	[ ]	Sargon	12/13, Babylon 1
"	13:viii	Sargon	12
Šamaš-upaḫḫir	24:i	Sargon	14, Babylon 2
Ša-Aššur-dubbu	10:iii	Sargon	15, Babylon 3
Ša-Aššur-dubbu	13:viii	Sargon	(1)5

Mutakkil-Aššur	24:xi	Sargon	16, Babylon 4
Nasḫur-bēl	2:i	Sar[gon]	17, Babylon [5]
Nabû-dēnī-ēpuš	22:xii	Sennacherib	[1]
Metūnu	11:[ ]	Sennacherib	6
Šulmu-šarri	[ ]:ix	Sennacherib	7
Ilu-issīya	23:xii	Sennacherib	11
Nabû-kēnu-uṣur	25:viii	Sennacherib	14
Aššur-da''inanni	20:xii	Sennacherib	21
Manzernê	8:ii	Sennacherib	22
"	30:x	Sennacherib	22
Mannu-kī-Adad	1:ii	Sennacherib	23
Banbâ	25:i	Esarhaddon	5

Scrutiny of the lists reveals that these double dates are frequently appended to copies of literary texts, but they occur as well in the date-lines of ordinary deeds. It is impossible to explain their sporadic use. The numbers for some of the years of Sennacherib (6, 21, 22, 23) show that his first year could be counted as 705 BC, the year of his father's death and his own accession, as the rulings in some of the Eponym Lists imply (see above, pp. 13-14). The other years were reckoned from 704 BC as his first year, as Sargon's were reckoned from 721 and Esarhaddon's from 680.[10]

Beside those precise dates, a smaller number of texts, both deeds and literary texts, note the king in whose reign the document was written with the expression *ina tarṣi*, 'at the time of'. They are:

742	Nabû-da''inanni	26:xi	Tiglath-pileser III
701	Ḫanānu	8:x	Sennacherib
680	Danānu	10:i, 28:ii	Esarhaddon
670	Šulmu-bēli-lašme	24:iv	[Esarhaddon]
668	Marlarim	27:v	Aššurbanipal.

10 The attribution of Nabû-kēnu-uṣur to Sennacherib's fourteenth year, reckoning from 703 as his first year either harks back to the system of the royal eponymate in the second year of reign and counts from that, or, hard though it may be to accept, is an error. There appear to be no other grounds for accepting 703 as the first year, for all the other arguments advanced by J. Lewy, *Analecta Orientalia* 12 (1935) 225-31 can be answered; see L. D. Levine, JCS 34 (1982) 29-40.

THE POST-CANONICAL AND EXTRA-CANONICAL EPONYMS

by Robert Whiting

Post-canonical Eponyms

In the long lists of the eponym-officials covering the entire Neo-Assyrian period, known as the eponym canon, the last eponym preserved is that for the year 649 BC. Thus the eponyms for the years from 648 to 612, when Nineveh was destroyed and the Assyrian Empire came to an end, are referred to as post-canonical (or PC) eponyms. It has long been known, from an inscription of Aššurbanipal, that the eponym for the year 648 was Bēlšunu,[1] but otherwise, there is no direct evidence to tie any of the PC eponyms to a particular date, and their order is mostly unknown with clues to their order being scarce. The result is a puzzle of monumental proportions. This puzzle has not been addressed in its entirety since 1956 when a tentative order for the known PC eponyms was published by Margarete Falkner.[2] This was a valuable study and the list has been extensively used since, even though it is beset with problems and in a number of places obviously wrong. The present chapter is a brief summary of the advances made since Falkner's study and an interim report on my recent research on the post-canonical eponyms which is not yet completed and will be published elsewhere.

The Number of Post-canonical Eponyms

The first problem appears when one collects the PC eponyms. Obviously, since all Neo-Assyrian eponyms down to 649 are known from the canon, any eponym from a Neo-Assyrian text that is not in the canon is post-canonical.[3] However, 648 to 612 requires 37 eponyms while the number of attested PC eponyms is ≈50.[4] A number of these attestations are single occurrences,

[1] C. H. W. Johns, PSBA 24 (1902) 237, 241; PSBA 27 (1905) 98; cf. Streck, Asb II, p. 137 n. 6.

[2] M. Falkner, AfO 17 (1954-56) 100-120. Falkner did not include Bēlšunu in her study and her final list used 40 eponyms to fill out 36 years. Years assigned to eponyms by Falkner are preceded by an asterisk in the present discussion.

[3] An exception is the text ND679.r.12-14 (BaM 24 7), dated 22:i: ^{m}*pa-qa-ḫa* ^{amēl}*šá-kìn* ^{āl}*libbi-āli*, which from archival context belongs to the eighth century BC (*cf.* K. Deller and A. Fadhil, BaM 24 [1993] 266).

[4] The exact number of PC eponyms depends on who is counting them. Specifically, opinions vary on which eponyms should be accepted unconditionally, which variant spellings represent the same eponym and which a different one, which writings are mistakes for other eponyms, which eponyms with the same name but different titles are the same, etc.

however, which might be discarded as mistakes, either ancient or modern; but many of them are quite clearly written or cannot be confused with anything else or occur in a strong archival context and so cannot simply be discarded.

Falkner attempted to solve this problem by positing a number of years with more than one eponym diachronically. That is, the year began normally but for some reason a new eponym was appointed at some point in the year. Falkner proposed this solution for no fewer than four years in her list, based on complementary distribution of occurences through the year so that an eponym who was attested only at the beginning of the year was paired with one who was attested only in the latter part of the year. Unfortunately, with the increased documentation that is now available, most of these pairings can no longer be maintained.[5]

There are a number of other solutions that might be employed to pare down the number of attested PC eponyms to fit the 37 year span from 648 to 612. One is to simply throw away some of them, assuming them to be hopelessly garbled versions of canonical or already known post-canonical eponyms.[6] Another is to assume that there may be a few eponyms that are both post-canonical and post-empire.[7] These solutions may eliminate a few of the excess eponyms, but the most likely solution to account for the main body of them is to assume that there were a number of eponyms in use at different cities simultaneously. Unfortunately, direct evidence to support this assumption is not yet available,[8] nor is there an obvious spatial distribution pattern among the attested PC eponyms that bears it out.

Of the 40 eponyms used by Falkner in her final list, three can be removed:

*614 Sîn-kêna-îdi (= Sîn-kêna-na'id?)[9]
*629 Bēl-šarru-na'id[10]
*633 Aššurbanipal[11]

This is a small gain, because since Falkner's study another seven or eight post-canonical eponyms have appeared. Most of these are single attestations

---

5 In fact, only one of the pairings suggested by Falkner, Mannu-kī-aḫḫē and Sîn-šarru-uṣur, *arkû*, for *627, could be maintained at the present time; this may actually be a valid pairing since otherwise the title *arkû*, 'second', is unexplained. Falkner was able to use 209 Neo-Assyrian texts of all types (royal inscriptions, letters, administrative and legal texts) for her study, whereas, through the SAA database, we have been able to collect over 400 published and unpublished eponym-dated legal texts alone.

6 This is an especially attractive option for names that are completely unfamiliar and do not otherwise occur in the Neo-Assyrian onomasticon such as Nūr-ṣalam-kaspi and Šanta-dameqi.

7 That is, eponyms belonging to the years after 612 and used by the small remnant of Assyrians who escaped to the west after the fall of Nineveh. These eponyms would be attested only at western sites; a prime candidate is Nabû-mār-šarri-uṣur, attested only at Guzana (Tell Ḥalaf). This solution was already suggested by Falkner (*loc. cit.* 106), but not utilized in her final scheme.

8 The most probable scenario to account for this would be a widespread civil war that lasted for several years, with two (or more) contenders to the throne holding different cities and each appointing his own eponym. The most likely time for this to have happened would have been after the death of Aššurbanipal, but this is a period that is presently shrouded in obscurity and, although there is general agreement that the end of Aššurbanipal's reign was accompanied by some sort of power struggle, there is no hard evidence or clear-cut indication of the extent and duration of this struggle. Indeed, even the date of the death of Aššurbanipal and the accession dates of his successors are currently matters of contention.

9 Now identified with Sîn-ālik-pāni.

10 Also read variously as Adad-bēlu-na'id, Adad-milki-na'id and Šarru-na'id. The reading of the name as Daddî and the identification with the eponym for *620 was established by O. Pedersén in OrSu 33-35 (1984-86) 313-15.

11 See above, p. 14, n. 36. Falkner was skeptical about this eponym and included it only with reservations (*loc. cit.* 118 n. 56).

and might not, therefore, have to be given much weight in a reconstruction, but several are multiply-attested or have good archival context, particularly Kanūnāyu, governor of Dūr-Šarrukēn,[12] and Pašî[13]. Further, a strong case can be made for there being a post-canonical eponym Bēl-šadûa.[14]

In her list, Falkner combined Adad-nādin-aḫi with Nabû-nādin-aḫi as a single entry under the former.[15] However, Nabû-nādin-aḫi is now multiply-attested (including a date on an Aššurbanipal prism) while Adad-nādin-aḫi, although clearly written on the tablet,[16] remains a hapax legomenon. Therefore, if the two are to be combined, Adad- must be considered an error for Nabû- rather than the other way around.

Chronological Order

After the problem of eliminating the excess number of PC eponyms comes the problem of placing them in chronological order. The period from 648 to 612 covered the reigns of three Assyrian kings and eponyms were frequently used to date events in their royal inscriptions. Unfortunately, the inscriptions from this period are so poorly preserved that it is often impossible to associate the eponyms with any historical event that can be dated by other means, and it is only possible to assign an eponym from a royal inscription to the reign of the king whose inscription it is. The following eponyms occur in inscriptions of Aššurbanipal:

Bēlšunu (648)
Nabû-nādin-aḫi
Nabû-šar-aḫḫēšu
Sîn-šarru-uṣur
Šamaš-da''inanni

---

12 The existence of a PC eponym Kanūnāyu was conclusively shown by S. M. Dalley and J. N. Postgate, TFS [1984] 5, 55 *ad* no. 6.2, and 63 *ad* no. 11. Some examples had hidden behind the canonical eponyms for 671 and 666, but it is attested at Assur (*cf.* K. Deller, BaM 15 [1984] 232 n. 31), Kalaḫ and Nineveh. The text from Nineveh (K441 = ADD 400) was dated to 688 (Iddin-aḫḫē) by G. Smith, Canon 90, but Johns when he copied the text could not justify the reading (*cf.* C. H. W. Johns, ADD IV [1923] 53 § 825). A fine convergence of evidence shows that this text must be dated to the eponymate of Kanūnāyu: (a) since the text belongs to the archive of Kakkullānu (see below, n. 19), it must be post-canonical and the original dating of the tablet by Smith can be ruled out; (b) the only likely reading for the first sign of the eponym's name is '*ba*/IR/ITI, or SUM, I suppose' (collation, J. N. Postgate); (c) the title, governor of Dūr-Šarrukēn, is attested for Kanūnāyu in TFS 11; (d) the eponym Kanūnāyu is associated with the eponym Aššur-mātu-taqqin, possibly being the year immediately preceding it, in TFS 6; (e) the archive of Kakkullānu contains three texts dated to the eponymate of Aššur-mātu-taqqin. Thus, the possible readings of the sign, the title, and the archival context all point to the PC eponym Kanūnāyu for this text.

13 First reported by Deller, BaM 15 (1984) 246; *cf.* O. Pedersén, ALA I 22 n. 9. It is thus far attested only at Assur, but a strong archival context from administrative texts (ALA N4:462-70) indicates that it should immediately follow the eponymate of Sîn-ālik-pāni.

14 This name is usually taken as an abbreviation for Bēl-Ḫarrān-šadûa (see RlA 2, 446) and in some cases it can be shown to be so, but there is growing evidence that Bēl-šadûa may have also been a PC eponym (*cf.* Dalley and Postgate, TFS [1984] 5 and Deller, BaM 15 [1984] 232 n. 32). The difficulties lie in the fact that the eponymate of Bēl-Ḫarrān-šadûa is so close to the post-canonical period (650 BC), making it difficult to distinguish on prosopographical grounds, and that no title is ever associated either with Bēl-Ḫarrān-šadûa or Bēl-šadûa in the legal texts.

15 *Loc. cit.* 104 n. 17 and 118 (*634).

16 Collated by J. N. Postgate.

The Sîn-šarru-uṣur belonging to the reign of Aššurbanipal is identified as the governor of Ḫindānu.[17] Further, a text from Sultantepe (STT 48) provides five eponyms which are generally agreed to be in chronological order:

Mušallim-Aššur
Aššur-gimillī-tirri
Zababa-erība
Sîn-šarru-uṣur
Bēl-lū-dāri

although it is possible that other eponyms might be inserted in this sequence. This sequence is shown to fall in the reign of Aššurbanipal by the appearance of both Sîn-šarru-uṣur, known from the historical inscriptions, and Aššur-gimillī-tirri, whose name appears at the end of Eponym List A7. Other eponyms that unquestionably belong to the reign of Aššurbanipal are Bulluṭu, which appears in the date of a votive dedication made for the life of Aššurbanipal (ADD 641), and Aššur-šarru-uṣur, which, because of texts recording the purchase and subsequent resale of a slave, must be earlier than Bēl-lū-dāri.[18] Another eponym that is almost certain to belong to the reign of Aššurbanipal is Nabû-šarru-uṣur, Chief Eunuch, as this position was held by a man of this name under Aššurbanipal.

The following eponyms can be dated to the reign of Sîn-šarru-iškun through royal inscriptions:

Aššur-mātu-taqqin
Bēl-aḫu-uṣur
Daddî
Nabû-tappûtu-alik
Sailu

In addition, Falkner's studies showed that Ṣalmu-šarru-iqbi and Sîn-šarru-uṣur, palace scribe, were later than Aššur-mātu-taqqin and therefore must also belong to the reign of Sîn-šarru-iškun.[19]

There are no eponyms that can be attributed with certainty to the reign of Aššur-etel-ilāni.

Only one text provides a clear link between a canonical eponym and a post-canonical one. The summary of ADD 927 (= SAA 7 59) states that it was 6 years from the eponymate of Sagabbu (651) to that of Nabû-šar-aḫḫēšu. Unfortunately, such statements are so rare that we are not able to take full advantage of this windfall, because neither the statement itself nor current usage tells us whether this timespan is measured to the beginning of the eponymate of Nabû-šar-aḫḫēšu or to its end and therefore this eponym could be placed at 646 or 645 depending on which alternative is chosen. Still, it makes this the only PC eponym (other than Bēlšunu) that can unequivocally be placed within a year of its correct position.

What may become the cornerstone of any new solution to the post-canonical eponyms is a recent reconstruction of the Eponym List A7 by S. Zawadzki

---

17 Aššurbanipal cylinder, BM122613, Iraq 30 pl. XXVII. This datum was not known to Falkner.

18 D. J. Wiseman, Iraq 15 (1953) 140; *cf.* Falkner, *loc. cit.* 110.

19 This was based primarily on deductions from the ranks of military personnel appearing as witnesses in the archive of a certain Kakkullānu, cohort commander of the crown prince, during the time of Sîn-šarru-iškun. See Falkner, *loc. cit.* 107-108.

which places the eponymate of Aššur-gimillī-tirri at 636 (or possibly 635) BC.[20] This is extremely important because Aššur-gimillī-tirri appears in the sequence of five eponyms given by STT 48 and fixing this eponym also more or less fixes the others associated with it. Falkner had placed Aššur-gimillī-tirri at *641, but the lower date advocated by Zawadzki, although speculative, is much more in accord with the preliminary results of the prosopographic investigations carried out so far in my research on the PC eponyms.

Other than the sequence of five eponyms provided by STT 48, there are very few clues to the order in which the post-canonical eponyms held the office and these can be quickly summarized:

a) The eponymate of Kanūnāyu is earlier than that of Aššur-mātu-taqqin, and possibly immediately precedes it (TFS 6; see above, n. 12).

b) Aššur-šarru-uṣur is earlier than Bēl-lū-dāri (ND3420, ND3421; see above, n. 18).

c) Pašî probably immediately follows Sîn-ālik-pāni (at Assur) based on a sequence of ration texts (ALA N4:462-70; transliterations provided to the SAA project by O. Pedersén).

d) A text from Dūr-Šarrukēn suggests that the eponym that immediately precedes Šamaš-šarru-ibni begins with Nabû-[ ]; Nabû-tappûtu-alik seems indicated, but Nabû-mār-šarri-uṣur is also a possibility (CTDS 1; courtesy S. Parpola).

e) Ṣalmu-šarri-iqbi is earlier than Sîn-šarru-uṣur, palace scribe, based on the promotion of Aššur-killanni during the eponymate of Ṣalmu-šarri-iqbi (ADD 309, 318, 349, 623; *cf.* Falkner, *loc. cit.* 107).

f) Similarly, Kanūnāyu, Aššur-mātu-taqqin and Sîn-šarru-uṣur, *arkû*, are earlier than Ṣalmu-šarri-iqbi because Aššur-killanni appears in texts dated to these eponymates with his earlier rank; a corollary to this is that Sîn-šarru-uṣur, *arkû*, cannot be equated with Sîn-šarru-uṣur, palace scribe (ADD 325, 361, 400, 414; *cf.* Falkner, *ibid.*).

These sparse clues, mostly already known to Falkner, are clearly not sufficient to establish the sequence of the later eponyms with any degree of scholarly rigour. There is no help to be obtained from the titles of the eponyms, since the more or less fixed sequence of the offices of the eponym holders that can be observed for most of the eighth century (see above, pp. 8-11) had fallen out of use already in the time of Sennacherib, and Sennacherib, who was the last king known to have served as eponym, did not take the office at the beginning of his reign. Although *turtānu*, *rab šāqê*, and *masennu* occur as PC eponyms, *nāgir ekalli* and *šakin māti* are not found. There are also a number of titles of eponyms that occur only in the post- canonical period:

> chief cook (Sailu)
> chief musician (Bulluṭu)
> major domo (Sîn-ālik-pāni)
> palace scribe (Sîn-šarru-uṣur and Nabû-šarru-uṣur)

showing a total departure from the earlier system, and, of course, for many of the PC eponyms no title is recorded at all.

---

[20] SAAB 7 (1993).

Apart from the royal inscriptions mentioned above, the only class of Neo-Assyrian texts that was systematically dated was legal texts, usually sale, loan and other contracts. Although letters and administrative texts were sometimes dated, the vast majority of eponym attestations, particularly PC ones, come from the legal archives and it is possible by studying these archives to get some idea of which eponyms must precede or follow others. However, the time period involved (37 years) is so short that it is possible for the archive of an individual to span the entire period.[21]

Among the legal texts from Nineveh, there are a number of personal archives of military personnel, notably royal charioteers or members of the king's or crown prince's personal guard, which show that these men became immensely wealthy, practically overnight, after their patron came to power.[22] Thus the careers of these individuals, as reflected in their legal dossiers, trace the broad outlines of the known changes in leadership of the Assyrian state and it might be hoped that similar dossiers could do the same in the post-canonical period. This would seem to be a forlorn hope, however, as only three such dossiers appear among the post-canonical texts from Nineveh, and their information has already been analysed.[23]

Another significant source of archival information is to be found in the numerous legal archives excavated in the city of Assur.[24] Unlike the Nineveh archives, many Assur archives are family records, sometimes covering more than one generation, and many of the archives are interlinked, either by their findspots, their principals and witnesses, or both. Family archives can provide general clues to sequences as new members begin to take an active part in the family affairs and older ones drop out. A specific datum can be obtained from the division of the estate of Mudammiq-Aššur (SAAB 5 52 and Appendix 2) which takes place in the eponymate of Bēl-aḫu-uṣur, thus informing us that the date of any text in which Mudammiq-Aššur is an active participant must be earlier than this.

Finally, detailed analyses of the witnesses occurring in archival legal texts allow the identification of clusters of eponyms that must be close to each other in time. If sufficient such clusters can be found, the eponyms will be forced into their proper positions.[25] My own research is presently at this stage, and the SAA database of texts in electronic format is being systematically searched for such clusters.

A complete and convincing solution to the puzzle of the post-canonical eponyms must have a historical context that it either explains or uncovers. Thus there should be a historical basis for any scheme put forward to account for the excessive number of PC eponyms as well as the assignment of

---

21 Such as the archive of Šamaš-šarru-uṣur from Kalaḫ which begins in the canonical period and continues well into the reign of Sîn-šarru-iškun. The earliest dated text seems to date to the eponymate of Girṣapūnu (660 BC) as the texts dated to 666 or 671 presumably belong to the post-canonical Kanūnāyu. See Wiseman, Iraq 15 (1953) 135-36 and Falkner, *loc. cit.* 108.

22 See T. Kwasman and S. Parpola, SAA 6 (1991) XX-XXI.

23 These are the archives of Kakkullānu (see above, n. 19), Kiṣir-Aššur and Ninuāyu. Ninuāyu's archive, containing only three texts, falls in the reign of Aššurbanipal, Kakkulānu's in that of Sîn-šarru-iškun, and Kiṣir-Aššur has texts that date to both reigns (3 texts with Aššurbanipal eponyms, 1 with an eponym from the reign of Sîn-šarru-iškun, and 1 undetermined). *Cf.* Falkner, *loc. cit.* 107-108.

24 For an overall view, see O. Pedersén, ALA.

25 This approach was utilised by Falkner, but with only limited success. Two factors give the present use of this method much more potential. First, the greater amount of documentation now available means that there is more raw material, and second, the advent of the computer makes the collection, analysis and comparison of the material much quicker and more certain.

eponyms to specific years. At present, this historical context does not exist. Whether the eponyms themselves will provide the context or whether it will come from the rapid advances being made in Assyrian studies is a question that remains to be answered.

Extra-canonical Eponyms

There is at least one Neo-Assyrian eponym from the eighth century that is not found in the canon for reasons that are unknown. A text from Kalaḫ is dated to the eponymate of Paqaḫa, who has the title governor of Libbi-āli ('Inner City', another name for Assur).[26] As the text is dated in the first month of the year, it is possible that Paqaḫa died early in his term and was replaced by someone else whose name now appears in the canon.

For the sake of completeness, two eponyms from Babylonian texts, Aqarâ[27] and Ubāru, have been included in the catalogue although not part of the Assyrian Eponym Canon, nor post-canonical in date. Both of these eponyms had the title governor of Babylon, although Ubāru is designated *šākin ṭēmi* while Aqarâ is called *bēl pāḫiti*. The date of Ubāru has been placed early in the reign of Esarhaddon,[28] while Aqarâ is apparently to be dated to the time of Šamaš-šumu-ukīn, shortly before the latter's revolt against his brother, Aššurbanipal, in 652.[29] Although no compelling reason can be given for the use of eponyms to date Babylonian texts, there is little doubt that it was a result of Assyrian influence after the conquest and resettlement of Babylon.

---

26 See above, n. 3.

27 Or Aqarāya, but not Aqar-aplu; for spellings of the name see SAA 4 (1990), Index of Names, *s.v.* Aqarāia (all the same person).

28 See B. Landsberger, *Brief des Bischofs von Esagila an König Asarhaddon* (Amsterdam 1965) 28-29. G. Frame, RA 76 (1982) 157-58, n. 5, suggests a date around 679-678 BC.

29 Frame, *loc. cit.* 164-66.

CATALOGUE OF EPONYM-DATED TEXTS

Abī-[...] 905

Abī-ina-ekalli-lilbur 854

Abī-rāmu 677

d 9:ii: ^{m}*abī-ra-mu* 82-5-22,43.5,6 ADD 701.
h 20:vi: " ^{amēl}*sukkallu rabû*^{ú} Esar. prism Nin. G, date.
d 1:x: ^{m}*abī-ra-mi*$^{!}$ 83-1-18,328.r.5′,6′ ADD 194 SAA 6 267.
d 1:xii: ^{m}*abī-ra-a-mu* RA 24 p. 116 no. 5.5,6 BaM 15 p. 247.
d 6:xii: ^{m}*abī-ra-mu* K4283.r.13′,14′ ADD 576 SAA 6 225.
d 7:xii: " *sukkallu rabû* Bu.91-5-9,138.11,12,r.8′,9′ ADD 72 SAA 6 272.
d Assur8614b A1779 ALA N20:6.

Abu-ilāya 887

Adad-aḫu-iddin 897

h *ina li-me* ^{md}*adad*$_2$*-aḫu*$_2$*-iddin*$_2$ *šá-kìn* ^{āl}*libbi-āli* Adn. II annals, exp. VAT8288.61 KAH II 84 RIMAP 2 A.O.99.2.

Adad-bēlu-ka''in 748

d o:iv: ^{m}*adad*$_2$*-bēlu-ka''in*$_2$ ND205.12 GPA 104.
s *ṣa-lam* ^{md}*adad-bēlu-ka''in*$_2$ / ^{amēl}*šá-kìn* ^{āl}*libbi-āli* / ^{āl}*kar-tukul-ti-*^{d}*ninurta*$_2$ / ^{āl}*ekallāte* / ^{āl}*i-tú* / ^{māt}*ru-qa-ḫa* St. 37.

Adad-bēlu-ka''in 738

d 13:i: ^{md}*adad-bēlu-ka''in*$_2$ *ina* 2 *pu-ri-šú* ND215.10-12 GPA 106.
d 13:i: ^{m}*adad*$_2$*-bēlu-ka*[*''in*$_2$] / [ ] 2 *pu-ri* ND218.15-17 GPA 98.
l 20:vii (^{araḫ}*lu-lu-bé-e*): ^{md}*adad-bēlu-ka''in*$_2$ ^{amēl}*šá-kìn* ^{āl}*libbi-āli ina šanê*^{e} *lim-me-šú* Kh. King List JNES 13 p. 222 pl. XV ABK 350.

Adad-dān 896

h *ina li-me* ^{md}*adad-dān*^{an} Adn. II annals, exp. VAT8288.62 KAH II 84 RIMAP 2 A.O.99.2.

Adad-milki-na'id PC see Daddî

Adad-mušammer 788

d 18:i: ^{m}*adad*$_2$*-mu-šá-mer* ND217.r.16,17 GPA 103.
d 23:i: " ND234.r.15′,16′ GPA 52.
d 12:viii: ^{m}*adad*$_2$*-mu-šam-mer* ND254.r.10,11 GPA 94.

d o:ix: ^{md}*adad-mu-šá-mer* ND704.25 BaM 24 16.
d 27:xi: ^{md}*adad-mu-šam-mer* ND711.r.13,14 BaM 24 19.
d 7:xIi: [ ] ^{amēl}*šá-kìn* ^{āl}*kili-zi* Assur1545(+)4720(+)2599.r.13′ VAT9869(+)9626(+)9658(+)A32 KAV 94 NARGD 29 ALA N1:6.
d o:xiia$^{?}$:[*ad*]*ad-mu-šá-mer* ND678.29 BaM 24 6.

Adad-nādin-aḫi **PC**
d 20:iv: ^{md}*adad-nādin-aḫi*$_2$ K4692.r.2,3 ADD 45.

Adad-nāṣir-apli **PC see Adad-rēmanni**

Adad-nērārī **910**

Adad-nērārī **809**
d 4:xii: [ ] VAT9585 AfO 21 p. 39 NARGD 43.
d 6:xii: [*ad*]*ad-nērārī šar*$_4$ ^{māt}*aš+šur* VAT8920+.r.22 AfO 21 Taf. III NARGD 42.
d [ ]: [*-nērā*]*rī* " VAT9824.r.16 AfO 21 Taf. IV NARGD 44.

Adad-rēmanni **841**

Adad-rēmanni **PC**
d 15:i: ^{md}*adad-rém-a-ni* ‘Assur 4.32’.
d 11:ii: ‘Adad-rimanni’ ND3448 Iraq 15 p. 144.
d 4:iv: ^{md}*adad*$_2$*-rém-a-ni* Gir84/84.r.9′ SAAB 2 p. 20.
d 6:vi: ^{md}*adad*$_2$*-rém-a-ni* RA 24 p. 112 no. 2.13 BaM 15 p. 226.
d 5:vii: ^{md}*adad-rém-a-ni* ND2079.12,13 Iraq 16 pl. V.
d 9:vii: ^{m}*adad*$_2$*-rém-a-ni* K313.11 ADD 622.
d 15$^{?}$:viii:^{md}*adad-rém*$^{?}$*-a-ni* ‘Assur 22.10’.
d 15:ix: ‘Adad-rimanni’ ND3451 Iraq 15 p. 144.
d o:xi: ^{m}*adad*$_2$*-rém-a-ni* Borowski C39.11.
d 3:xi: ^{m}*adad*$_2$*-rém-a-ni* K318a,b.10,11 ADD 38,39.

Adad-uballiṭ **785**

Aḫu-ilāya **649**
h [ ]:iii:[ ] / ^{amēl}*šá-kìn* ^{ā}[^{l}] Asb. prism B, date A7997 AS 5 p. 90.
d 4:iii: ^{m}*aḫu*$_2$*-ila-a*[*ya*] Assur12069i A2576 WVDOG 23 Blatt 29B 4 ALA N30:9.
h [ ]:v: ^{m}*aḫu-ila-aya* / ^{amēl}*šá-kìn* ^{āl}*gar-ga-miš* Asb. prism B, date A7938 AS 5 p. 89 JCS 32 p. 148.
e 11:v: [ ]*-aya* ^{amēl}*rēš m*[*ār*] K4696.r.1,2 PRT 135 SAA 4 300; see M. Dietrich, AOAT 7 p. 110 n. 4.
d [ ]:vii: ^{m}*aḫu*$_2$*-ila-aya* Ki.1904-10-9,197.r.5,6 ADD 1199.
e 1:viii: " C. F. Lehmann-Haupt, Hilprecht FS pp. 256f. LAS 352.r.4,5 SAA 10 140.
d 4:xi: " ^{amēl}*šá-kìn gar-ga-miš* Gezer I no. 2.r.5-7.
d 7:xii: " " " ND3426.39,39a Iraq 15 pl. XII.
h [ ]: [ ]*-aya* " " Asb. prism B, date A7935 AS 5 p. 89.
e [ ]: ^{m}*aḫu*$_2$*-li-ia*$^{!}$ 83-1-18,263.r.2 ABL 1151; see Dietrich, *loc. cit.*

Amyānu **655**

d 19:ii$^{?}$: ^{m}*a-ú-ia-a-nu* IM76892.11,12 TIM 11 17.
l 27:iii: ^{m}*a-ú-ia-nu* K2411.iii.38 Iraq 26 p. 21.
h o:vii: ^{m}*u_8-a-nu* / ^{amēl}*bēl pāḫiti* ^{māt}*qu-e* Assur900.24,25 AfO 13 p. 206 Taf. XII.
d 28:vii: ^{m}*ú-aya-nu* Assur14067g.r.18,19 VAT8241 AfO 21 p. 69 ALA N32:7.
d 12:viii: ^{m}*a-ú-ia-nu* ND2342.11,12 Iraq 16 pl. IX.
d ^{m}*ú-aya-nu* Assur14724b.r.5 AfO 13 p. 207.
d ^{m}*e-me-aya-nu* Assur14724c.r.1 AfO 13 p. 207.

Ana-bēli-taklāk **758**

Ana-ilīya-allak see Ina-ilīya-allak

Aplāya **768**

s *ṣa-lam* ^{m}*apla-a* ^{amēl}*šá-kìn* / ^{māt}*za-mu-u*$^{!}$*-a* / ^{āl}*a-me-di* / ^{āl}*aššur* St. 34.

Aqarâ **?**

d 5:v: ^{m}*a-qar-a* ^{amēl}*bēl pāḫiti bābili*$_2$^{KI} BM118973.43,44 RA 76 p. 160.
d 18:xi: ^{m}*a-qar-a bēl pā[ḫiti]* ‘80-B-10’ JCS 35 p. 62 S.2.

Arbailāyu **661**

d [ ]:i: ^{māl}*arba-ila-ayu* / ^{amēl}*masennu rabû* RT 20 p. 205 ADD 782.
d 1:ii: ^{māl}*arba-ila-*[ ] Rm.127.r.10,11 ADD 586.
d 21:v: ^{m}*arba-ila-ayu* Assur13846an.9,10 VAT8643 ALA N33:32.
d 25:vii: " K23.iv.25,26 ADD 993 SAA 7 118.
d o:i,vii: " K23.iii.22,23 ADD 993 SAA 7 118 (not date-line).
d 27:xii: ^{m}[ ]*-ila-ayu* / ^{amēl}*masennu* ND5449.13-15 Iraq 19 pl. XXIX.
d 27:xii: ^{māl}[ ]*-ila-ayu* " ND5454.15-17 Iraq 19 pl. XXXI.
d 28:xii: ^{māl}*arba-ila-ayu* " ND5447.16-18 Iraq 19 pl. XXVII.
d 28:xii: " " ND5452.18-20 Iraq 19 pl. XXXII.
d 28:xii: " " ND5456.11-13 Iraq 19 pl. XXXI.
d 28:xii: " " ND5459.13,14 Iraq 19 pl. XXVIII.
d [ ]:xii: ^{māl}[ ] ND5469.24,25 Iraq 19 pl. XXIX.
d 27:[ ]: [ ]*arba-ila-ayu* / [ ]*masennu* ND5455.15-17 Iraq 19 pl. XXXIII.
d [ ]: [ ]*-ayu* / [ ]*masennu* ND5458.13-15 Iraq 19 pl. XXVII.
? d 10:x: ^{m}*ma-nu-ki-arba-ìl* IM76894.8,9 TIM 11 10.

Aššur-balti-ekurri **802**

d 18:xii: ^{m}*aš+šur-balti-ekurri* ND401+402.27,28 GPA 14.

Aššur-bāni **713**

d 3:iii: ^{m}*aš+šur-b[a-*] / ^{amēl}*šá-kìn* ^{āl}*kal-*[ ] Rm.189.e.1,2 ADD 248 SAA 6 6.
d 5:iii: ^{m}*aš+šur-ba-*[*ka*]*l-ḫi šatti* 9^{kám} ^{m}*šarru*$_2$*-kēn*$_2$ *šar*$_4$ ^{māt}*aš+šur*^{KI} K1989.62 ADD 809 NARGD 32.
d [ ]:x: ^{m}*aš+šur-bāni* [ ] *šàr* [ ] Ki.1904-10-9,190.28,29 ADD 1195.
d 18:o: ^{m}*aš+šur-ba-ni* K403.16 ADD 677.
d 24$^{?}$:[ ]: " K391.2 ADD 765.
d [ ]: [ ]*aš+šur-ba-ni* ND2650.r.2 Iraq 23 pl. XXI.
d : ^{m}*aš+šur-ba-n[i]* Sm.736.6′ ADD 926 SAA 7 34 (not date-line).
l : ^{m}*aš+šur-ba-ni* ^{amēl}*šá-kìn* ^{āl}*kal-ḫa* KAR 252.iv.57 ABK 236.

Aššur-bēlu-ka”in **856**

h 13:ii: ^{m}*aš+šur-bēlu-ka-in* Shalm. III Mon.ii.30, exp. III R 8.

Aššur-bēlu-uṣur **796**

Aššur-bēlu-uṣur **772**

Aššur-bēlu-uṣur **695**

d 12$^{!}$:i: ^{m}*aš+šur-bēlu-uṣur*$_{2}$ 81-2-4,15.14,15 ADD 34 SAA 6 36.
h 29:iv: ^{m}*aš+šur-bēlu-uṣur*$_{2}$ ^{amēl}*šá-kìn* ^{māt}*kat-mu-ḫi* Senn. prism, exp. IM56578.v.29 Sumer 9 p. 250.
h 3:v: ^{md}*aš+šur-bēlu-ú-ṣur* ^{amēl}*šá-kìn* ^{āl}*šá-ḫu-up-*[*p*]*a* Senn. prism, date BM128219.viii.15-17 AfO 24 p. 72.
d 3:v$^{!}$: ^{m}*aš+šur-bēlu*$_{2}$*-uṣur*$_{2}$ K290.7,8 ADD 31 SAA 6 63.
d [ ]:vi$^{?}$: ^{m}*aš+šur-bēlu*$^{?}$-[ ] EPHE 353.r.7′,8′.
d [ ]:viii: ^{m}*aš+šur-*[ ] ^{ā}[^{l}] 80-7-19,49.r.18-20 ADD 244 SAA 6 96.
d 4:x: ^{m}*aš+šur-bēlu*$_{2}$*-uṣur*$_{2}$ Th.1905-4-9,58.2,3 Iraq 27 p. 16 no. 22.
d [ ]:xi: ^{m}*aš+šur-bē*[*lu-*] / ^{amēl}*šá-kìn* [ ] K1478.r.11′-13′ ADD 569 SAA 6 131.
d 1:xii: ‘Ašur-bêl(U)-uṣur’ Assur MDOG 36 p. 24.
d 15:[ ]: ^{m}*aš+šur-bēlu*$_{2}$*-uṣur*$_{2}$ K917.e.1,2 ADD 616 SAA 6 132.
h [ ]: ^{m}*aš+šur-bēlu-uṣur*$_{2}$ ^{amēl}*šá-kìn* [ ] Senn. prism E1, exp. BM103000.v.1 CT 26 17.

Aššur-būnāya **844**

Aššur-būnāya-uṣur **855**

h *ina šanīte*^{te} *šatti*^{te} *ina li-me* ^{m}*aš+šur-būna-aya-uṣur*$_{2}$ Shalm. III Mon.ii.69, exp. III R 8.

Aššur-būnāya-uṣur **825**

Aššur-būnāya-uṣur **816**

Aššur-dān **771**

d 20:vii: ^{m}*aš+šur-dān*^{an} *š*[*ar*$_{4}$ ^{m}]^{āt}*aš-šur*^{KI} ND210(a).r.5,6 GPA 54.

Aššur-da”inanni **908**

Aššur-da”inanni **733**

d 1:viii: ^{m}*aš+šur-da”in-an-ni* ND497.4,5 GPA 134.
d [ ]: " ND479(c) GPA 174.
l 5$^{?}$:[ ]: ^{m}*aš+šur-da”in*^{in}-[ ] / ^{amēl}*šá-kìn* ^{māt}*za-mu-a* LKA 36.r.9,10 ABK 290.

Aššur-da”inanni **685**

d 27:i: ^{m}*aš+šur-da”in*^{in}*-nan*(MAN) K340.r.1,2 ADD 131 SAA 6 71.
d o:i: ^{m}*aš+šur-da”in*^{ni}*-a-ni* BT140.10,11 Iraq 25 pl. XXVI.
d 16:ii: ^{m}*aš+šur-da”in*^{in}*-an-ni* Ki.1904-10-9,182.5,6 ADD 1190 SAA 6 170.
d 16:ii: ^{m}*aš+šur-da”in*^{in}*-an-ni* Ki.1904-10-9,183.2′,3′ ADD 1191 SAA 6 171 (envelope of previous text).

d o:vii$^{!}$: ^{m}*aš+šur-da”in^{in}-a-ni* K406.8,9 ADD 135 SAA 6 72.
d 26:vii: ^{m}*aš+šur$^{!}$-da”in^{in}-a-ni / ša ^{māt}qu-e* 80-7-19,53.r.3′-5′ ADD 274 SAA 6 172.
d [ ]:viii: ^{m}*aš+šur-d[a”in-]-ni* K1430.r.4′,5′ ADD 430 SAA 6 173.
d 6:x: ^{m}*aš+šur-da”in^{in}-a-ni* K1232.9,10 ADD 753.
d 20:xii: [*-da”i]n^{ni}-a-ni* : *ina šatti* 21 ^{m}*sîn-aḫḫē$_2$-erība šar$_4$ ^{māt}aš+šur^{KI}*
Ki.1904-10-9,139^{+}.r.16-e.1 ADD 1170 SAA 6 174.
d 8:[ ]: ^{m}*aš+šur-da”in-a-ni* K395.r.1′ ADD 36 SAA 6 175.

Aššur-dēnī-amur 907

Aššur-dūru-uṣur 652

e 23:ii: ^{m}*aš+šur-dūru-uṣur$_2$* K84.43 ABL 301.
e 17:iv: ^{md}*aššur-d[ūr]u-uṣur$_2$* K8904.r.8′ PRT 102 SAA 4 279.
d x:iv: ^{m}*aš+šur-dūru-uṣur$_2$* K455.29 ADD 86.
e 3:vii: ^{m}*aššur$_2$-dūru-uṣur$_2$* 81-2-4,117.r.10,11 ABL 1210.
e 5:vii: ^{m}*aš+šur-dūru-uṣur$_2$* 83-1-18,85.r.5,6 ABL 944.
d 12:vii: ^{m}*aš+šur-dūru-uṣur$_2$ ^{amēl}šá-kìn ^{māt}hal-za* 83-1-18,329.r.4-6 ADD 533.
d 12:x: ‘Aššur-dura-uṣur’ ND3440 Iraq 15 p. 143.
d 17:xi: ^{m}*aš+šur-dūru-uṣur$_2$* ND5468.8,9 Iraq 19 pl. XXXII.
e [ ]: ^{m}*aššur-dūru-uṣur$_2$* K4728.r.8 PRT 103 SAA 4 316.
e [ ]: [*]-dūru-uṣur* [ ] K10882.r.2′ PRT 104 SAA 4 323.

---

d 17:iii: *lim-mu ša arki ^{m}aš+šur-dūru-uṣur$_2$ ^{amēl}bēl pāḫiti ^{āl}bar-ḫal-zi* Gezer I no. 1.r.5,6.

Aššur-gārūa-niri PC

d 23:i: ^{m}*aš+šur-gar-ru-a-ni-ri* K411.11,12 ADD 98.
d 25:i: " ND2316.16,17 Iraq 16 pl. VII.
d 1:iv: ^{m}*aš+šur-gar-niri*(SÌG) BM103392.4,5 CT 33 19.
d ^{m}*aš+šur-gar-u-a-ne-ri* " " envelope.
d 13:v: ^{m}*aš+šur-ga-ru-a-ni-*[ ] Bu.91-5-9,55.e.2,3 ADD 340.
d 16:v: ^{m}*aš+šur-gar-u-⌜ní⌝-ri* Assur9570i.13,14 VAT20378 SAAB 5 9.
d 16:vi: ^{m}*aš+šur-gar-ni-ri* RA 24 p. 116 no. 6.9,10.
d 13:vii: ^{m}*aš+šur-gar-u-a-ni-ri ^{amēl}ráb šāqê* K397.17,18 ADD 105.
d 12:viii: ‘Aššur-garua-niri’ ND3463 Iraq 15 p. 146.
d 15$^{?}$:xi: ^{m}*aš+šur-gar-ru-u-a-niri$^{!}$*(ZALÁG) ND7094.13,14 IM75794 TFS 37.
d [ ]:xi: ^{m}*aš+šur-gar-u-a-ni-ri ^{amēl}ráb šāqê* Assur11770a.20,21 A2692 ALA N29:1 BaM 18 p. 223.
d 1x:[ ]: ^{m}*aš+šur-g[ar-]* Assur9572l.16,17 VAT9380 SAAB 5 39.
d ^{m}*aš+šur-ga-ri-ni-ri* Assur14512 AfO 13 p. 312.
d *blʾm srgrnr* AO25,341.4 Semitica 23 pl. I ArEp 58.
d Assur9573a VAT16531$^{?}$ ALA N9:64.

Aššur-gimillī-tirri PC

d 10:ii: ^{md}*aššur$^{?}$-gimillī-tirri* ‘Assur 30.24’.
d 11:ii: ^{m}*aš+šur-gimillī-tirri* K364.9,10 ADD 16.
d 16:ii: ^{md}*aššur-gimillī-tirri* ‘Assur 12.38’.
d 18:ii: ^{m}*aš+šur-gimillī-tirri* ND3443.11 Iraq 15 pl. XII.
d 26:ii: " VAT9865.6,7.
d 1:iii: ‘Aššur-gimil-tirri’ ND2078 Iraq 16 p. 33.

d o:iv: ^{m}*aš+šur-gimillī-tirri* K362.14 ADD 163.
d 3:vi: 'Aššur-gimil-tirri' ND2343 Iraq 16 p. 47.
d 11:vi: ^{m}*aš+šur-gimillī-tirra*^{ra} Assur9570u.11,12 VAT20338 (formerly 16512) SAAB 5 18.
d 18:vi: [ ]-*šur-gi-mil-tir-ri* / ^{amēl}*masennu rabû*^{u} K382.37,38 ADD 640.
d 2:vii: ^{m}*aš+šur-gimillī-tirri rab ašlāki*(azlag) VAT5606.21,22 VS I 96.
d 12:vii: 'Aššur-gimil-tirri' ND2082 Iraq 16 p. 34.
d 14:vii: ^{m}[-*š*]*ur-gimillī-tirri* ND7093.8 IM75793 TFS 32.
d 23:viii: 'Aššur-gimil-tirri' ND2314 Iraq 16 p. 40.
d 1:xi: ^{m}*aš+šur-gimillī-tirri* ND7089.21,22 IM75789 TFS 34.
d 22:xi: ^{m}*aš+šur-gimillī-tirri rab ašlāki* Assur9966a A2600 ALA N10:21 AfO 13 p. 312 AfO 17 p. 101.
d 22:xi: ^{m}*aš+šur-gimillī-tirri rab x* [ ] 'B. 79 (Div. 316)' JCS 35 p. 62 Sn.1.
d x4:[ ]: " ND409.r.11,12 GPA 219.
d *ina lim-me* ^{m}*aš+šur-gimillī-tirra*^{ra} SU52/331.r.9 STT 48 (not date-line).
d Assur8476f VAT9703 ALA N17:6.
d Assur13955q A4158 ALA N4:20.
Eponym List A7 [ ]-*gimillī-tirra*^{ra}.

Aššur-iddin **881**
h *ina li-me* ^{m}*aš+šur-i-din* Asn. annals ii.23 AKA 302 RIMAP 2 A.O.101.1.
h *ina li-me* ^{m}*aš+šur-iddin*$_{2}$ Asn. 'Great Monolith' rt.e.77 H. Genge, Stelen p. 58 RIMAP 2 A.O.101.17.
d : ^{m}*aš+šur-i-din* Assur4463.r.10 VAT10789 KAV 135.r.10.

Aššur-ilāya **861 see Nergal-ilāya**

Aššur-ilāya **653**
d 16:ii: 'Aššur-ili-a-a' ND2302 Iraq 16 p. 36.
d 20:ii: ^{m}*aš+šur-ila-aya* K13133.r.1,2 ADD 96.
d 17:v: " *sukkallu rabû* BM103206.r.4,5 ZA 73 p. 240 no. 9.
d 8:ix: " / [*sukka*]*llu rabû*[ ] 80-7-19,52.r.14-16 ADD 387.
d 3:xii: " / ^{amēl}*sukkallu dan-nu* Assur2282g VAT9776b.9-11.
" VAT9776a.12,13 (tablet) ALA N2:24.
d 2:[ ]: ^{m}*aš+šur-ila*$^{?}$-*a*$^{?}$-[*a*$^{?}$] ND7020.13,14 IM74495 TFS 63.
d [ ]: ^{m}*aš+šur-ila-aya* / ^{amēl}*sukkallu* K328.r.2,3 ADD 379.
d [ ]: ^{m}*aš+šur-ila*-[ ] Assur9557.r.10 VAT14451 ALA N9:1.
d Assur9571x A2627 ALA N9:48.

Aššur-nīrka-da''in **720**

Aššur-išmânni **724**
d 21:ii: ^{m}*aš+šur-išme-a-ni* ND2303.4 Iraq 23 pl. IX.

Aššur-lā-kēnu-ubāša **890**
h [*l*]*i-mu* ^{m}*aš+šur-la-ke-nu*-[ ] Tn. II annals, date VAT9631.r.12 KAH II 89 RIMAP 2 A.O.100.2.

Aššur-lē'i **871**

Aššur-mātu-taqqin PC

d 5:ii: ^{m}*aš+šur-mātu-taqqin* BT26.
d 5:ii: " BT34.
d 16:ii: ^{m}*aš+šur-mātu-taqqin*^{in} ND7001.6-8 IM74477 TFS 6.
d 18:v: ^{m}*aš+šur-mātu-taqqin* BM139950.r.3,4 NALK Appendix I.
d 20:v: ^{m}*aš+šur-mātu-taqqin*^{in} BM103202.lo.e.3,r.1 ZA 73 p. 239 no. 8.
d 1:vi: ^{m}*aš+šur-mātu-taqqin* K295.43 ADD 307.
d 25:vi: 'Aššur-mata-taqqin' ND3453 Iraq 15 p. 144.
d 15:vii: ^{m}*aš+šur-mātu-taqqin* Assur13846k.12,13 VAT8656 ALA N33:9.
d 21:vii: " K368.7,8 ADD 23.
d 18$^{?}$:viii:^{m}⌜*aššur-mātu-tuq-qin*⌝ *bēl pāḫiti šá* ^{al}*bu-um-mu* Ni.2534 Unger IAMN 9 p. 24 JCS 35 p. 62 Sn.2.
d 26:viii: ^{m}*aš+šur-mātu-taqqin* ND7010.8,9 IM74486 TFS 12.
d o:ix: " ND3457.9 Iraq 15 pl. XIII.
d 1:ix: 'Aššur-mata-taqqin' ND3461 Iraq 15 p. 145.
d 7:x: ^{m}*aš+šur-mātu-taqqin* K330.26 ADD 621.
d 6:xi: " ^{amēl}*bēl pāḫiti* ^{al}[ ] K302.e.1,2 ADD 361.
d o:xii: " ND2334.24 Iraq 16 pl. VIII.
h [ ]:[ ]-*taqqin*^{in} / [*pā*]*ḫiti* [ ] Ssi. prism, date VA7518.a.3-5 KAH II 132.
d Assur11634e VAT9339 ALA N27:5.
d Assur11770b A346 ALA N29:2.
d Assur14325q VAT8908 ALA N24:un.
d Assur14671u ALA N31:41.

Aššur-nāṣir 654

d 14:ii: ^{m}*aš+šur-nāṣir*$_{2}^{ir}$ Rm.177.7,8 ADD 76.
d 28:ii: ^{m}*aš+šur-nāṣ*[*ir*$_{2}^{i}$]^{r} Ki.1904-10-9,195.10 ADD 1198.
e *lim-me* ^{m}*aš+šur-nāṣir*$_{2}^{ir}$ K553.20 ABL 176 (not date-line).
d Assur8642c A2492 ALA N18:7.
d Assur8645d A2488 ALA N18:14.
d Assur13486u VAT8651 ALA N33:19.

Aššur-nāṣir-apli 882

h *ina li-me* ^{m}*aš+šur-nāṣir*$_{2}$*-apli* Asn. White Obelisk 7 Iraq 36 pl. XLI RIMAP 2 A.O.101.18.
(*cf. ina li-me šatti šumi-a-ma* Asn. annals i.99, 'Great Monolith' 124.)

Aššur-natkil 870

Aššur-nērārī 753

Aššur-rēmanni PC

d 22:i: ^{m}*aš+šur-rém-a-ni* ^{amēl}*rab šarēši šá mār šarri*$_{2}$ VAT9767.r.6,7.
d 24:i: " " VAT5393.24-26 VS I 94.
d 24:i: " " VAT5603.18-20 VS I 98.
d 10:ii: " K305.28 ADD 327.
d 17:ii: ^{m}*aššur*$^{!}$*-rém-a-ni* ^{amēl}*rab šarēši* VAT5387.19,20 VS I 91.
d [ ]:ii: *aš+šur-ré*[*m-*] PSBA 30 p. 137 no. II.38.
d 4:iii: ^{m}*aš+šur-rém-a-ni* ND7072.12 IM75779 TFS 30.

d [ ]:iv: ^{m}*aš+š[ur]-rém-an-[ ] / ^{amēl}rab šarēši šá mār šarri$_2$* VAT5392.26-28 VS I 92.
d 10:vi: ^{m}*aš+šur-rém-a-ni* VAT5605.12 VS I 97.
d 22:vii: " RA 24 p. 118 no. 8.9,10.
d [ ]:vii: " ND7016.26 IM74492 TFS 48.
d 4:viii: " Assur9644e.9,10 VAT20367 (formerly 16537) SAAB 5 62.
d 6:viii: " Assur9661h.8,9 VAT14435 SAAB 5 47.
d 10:viii: " MAH16154.14, env.13,14 Assur 2,4 p. 11.
d 11:viii: " Assur9644b.10,11 VAT20372 (formerly 16538) SAAB 5 60.
d 13:viii: " Assur9644a.28,29 VAT14454 SAAB 5 59.
d 20:ix: " Assur9570f VAT20347 (formerly 16525) SAAB 5 6 ALA N9:7; *cf.* SAAB 5 p. 32 n. 98.
d 14:xii: [*r]ém-a-ni / [šarē]ši mār šarri$_2$* BM121123.8,9 Iraq 32 pl. XXVI no. 17.
d Assur9661k? VAT16552? ALA N9:80; *cf.* SAAB 5 p. 103 n. 113.
d Assur13058iz* ALA N31:57.
d Assur15426s VAT10020 ALA N6:17.
d Assur22158i VAT10050 ALA N3:32.

Aššur-šallimanni 735

d 13:i: ^{m}*aš+šur-šallim-ni* ND2612.4,5 Iraq 23 pl. XIX.
d 1:xii: [*-ša]l-lim-an-ni* ND10047.1 NWL 8; *cf.* TFS p. 22.
d 28:[ ]: ^{m}*aš+šur-[ša]l-lim-an-ni* ^{am}[^{ēl}] / ^{āl}*ár-*Ú?[ ] ND251.26-28 GPA 6.

Aššur-šar-aḫḫē PC see Aššur-šarru-uṣur

Aššur-šarru-uṣur PC

d 14:ii: ^{m}*aš+šur-šarru$_2$-uṣur$_2$* ND3452.9,10 Iraq 15 pl. XII.
d 3:xii: ^{m}*aš+šur-šarru$_2$-uṣur$_2$ / ša ^{āl}mar-qa-si* ND3421.24-26 (BM131984) Iraq 15 p. 140.
? d 14:[ ]: ^{m}*aš+šur-šarru$_2$-uṣur$_2$*^{MEŠ} Ki.1904-10-9,165.r.3 ADD 1183.

Aššur-šēzibanni 883

Aššur-taklāk 904

Aššur-taklāk 805

Atar-ilu 673

d [ ]:i!: ^{m}*[i]t!-ri-ilu / ^{am}[^{ēl}šá-k]ìn ^{āl}la-ḫ[i-r]a* 83-1-18,698.r.15,16 ADD 431 SAA 6 280.
d 1:ii: ^{m}*a-tar-ilu / ^{amēl}bēl pāḫiti ^{māt}la-ḫi-ra* 83-1-18,333.7,8 ADD 8 SAA 6 216.
d 7:ii: ^{m}*a-tar-ilu*^{MEŠ} K376.15,16 ADD 118 SAA 6 243.
h o:iv (^{araḫ}*pēt bābi*): ^{m}*a-tar-ilu ^{amēl}šá-kìn ^{āl}la-ḫi-ri* VAT3826 Esar. prism Nin. A^{16}, date, *cf.* A^{2}(48-11-4,315).
h o:xii: ^{m}*a-tar-ilu ^{amēl}bēl pāḫiti šá ^{māt}la-ḫi-ra* Esar. prism Nin. A^{1}, date 1929-10-12,1.
d 21:xiia: ^{m}*at-ri-ilu* Bu.91-5-9,27.5′ ADD 53 SAA 6 281.

Balaṭu **786**

d 21:[ ]: [-*l*]*a-ṭu* / [*ā*]*lši-ba-ni-ba* K2829.r.1-3 ADD 653 NARGD 3.

Banbâ **676**

d 24:i: *mba-an-ba-a amēlsukkallu šanûu* / *ina tar-ṣi maš+šur-aḫu₂-iddin₂ šar₄ mātaš+šur* 83-1-18,337.34-36 ADD 330 SAA 6 210.

d 25:i: 5 *šattu₂* / [ ]-*aḫu₂-iddinna šar₄ mātaššur* / [ ] *mban-b*[*a-*] 83-1-18,269.r.6-8 ADD 502 SAA 6 212.

d 25:i: *mban-ba-a* / *amēlsukkallu amēlšanûu* K410.r.10′-12′ ADD 256 SAA 6 239.

h 22:ii: *mban-ba-a amēlsukkallu šanû* Esar. prism Nin. B[7], date.

d 4:iii: [ ] " K1397.14,15 ADD 11 SAA 6 240.

d 11:iii: " K350.9,10 ADD 40 SAA 6 214.

h 21:v: " *amēlsukkallu šanû*[ ] Esar. cyl. date ND7100.44 Iraq 23 p. 177.

h 10:vi: " " Esar. cyl. date ND7097, 7098 Iraq 23 p. 176.

d 1:vii: " K356.4,5 ADD 37 SAA 6 273.

d 17:viii: " / *amēlsukkallu amēlšanûú!* 83-1-18,340.17′-19′ ADD 175 SAA 6 274.

d 1:ix?: *mba-ab-aya* S3566.e. Sendschirli V p. 136f. Taf. 73.

d 10:xi: *mban-ba-a* 83-1-18,366.6,7 ADD 167 SAA 6 215.

d 1:xii: *mban-ba* ND2301.9,10 Iraq 16 pl. VI.

Barmu **906**

Bēl-abūa **840 see Šamaš-abūa**

Bēl-aḫu-uṣur **PC**

d 16:i: *mbēl-aḫu₂-uṣur₂ šá pān ekalli₂* ND7087.12,13 IM75786 TFS 41.

h o:iv: " *amēlšá pān* [*ekal*]*li₂* Ssi. Cyl. C, date, IM3209+3249.r.14 Winnett FS p. 163.

d 27:vi: " " Assur9723.36,37 VAT14436 SAAB 5 52.

d 1:vii: " Assur9644o.6,7 VAT16530? ALA N10:14.

h 5:vii: " *amēlšá pān ekalli₂* Ssi. Cyl. A, date LB1323+Assur13595.45 Böhl, Chrestomathy no. 25+KAH II 128.

d 20:vii: " Assur9661i.12,13 VAT20382 SAAB 5 48.

d 28:vii: " Assur9466h.12,13 VAT20362 (formerly 16501) SAAB 5 64.

d 25:viii: " ND2308.35 Iraq 16 pl. VII, 17 pl. XXIV.

d o:viii: " 'Assur 33A.7'.

d 17:ix: " VAT5396.r.9,10 VS I 100.

d 3:xi: " Syria 60 pp. 49-51; quasi-duplicate of ADD 780.

d 1:[ ]: " Iraq Museum TIM 11 8.8,9.

l 13:[ ]: " *amēlšá p*[*ān ekal*]*li₂* SU51/84.r.25 STT 300.

d Assur8473a VAT9693 ALA N19:1.

d Assur9573b+c VAT16529? ALA N9:65.

d Assur9966c A2635 ALA N10:23.

d Assur10070 A2641 ALA N10:27.

Bēl-ēmuranni **737**

d 9:ii: [ ]*bēl-ēmur₂*-[ ] Sm.649.r.7,8 ADD 320 SAA 6 2.

d 11:ii: ^{m}*bēl-ēmur$_2$-ni* ND255.13,14 GPA 96.
d 1:xii: ^{m}*bēl-ēmur$_2$-a-ni* ^{amēl}*šá-kìn* ^{māt}*ra-[ṣ]a-pa* ND489.6-8 GPA 107.

Bēl-ēmuranni 691

d o:vii: ^{m}*bēl-ēmur$_2$-ni* BT102.11 Iraq 25 pl. XX.
h 20:xii: ^{m}*bēl-ēmur$_2$-a-ni* / ^{amēl}*bēl pāḫiti* ^{āl}*gar-ga-miš* Senn. prism H1 (Taylor), date.
d Assur11634k VAT9352 ALA N27:10.

Bēl-ēmuranni 686

d 1:ii: ^{m}*bēl-ēmur$_2$-a-ni* / ^{amēl}*tur-ta-nu* BM103391.8-10, A.8-10 CT 33 18.
d 15:ii: " " 81-7-27,25.r.16′-18′ ADD 453 SAA 6 163.
d 9:iii: " " K1576^{+}.r.17,18 ADD 612 SAA 6 164.
d 1:iv: ^{md}*bēl-ēmur$_2$-an-ni* / ^{amēl}*tur-tan-nu* K308.r.9′,10′ ADD 285 SAA 6 166.
d 2:v: ^{m}*bēl-ēmur$_2$-a-ni* / ^{amēl}*tur-tan* K343.5-7 ADD 28 SAA 6 107.
d 12:vi: ^{m}*bēl-ēmur-a-ni* VAT9697.7,8.
d 29:vi: " / ^{amēl}*tur-tan-nu* 83-1-18,406.8-10 ADD 134 SAA 6 70.
d 1:vii: ^{md}*b[ēl-]-an-ni* BT117.6,7 Iraq 25 pl. XXII.
d 19:vii: ^{m}*bēl-ēmur$_2$-[-n]i* BT123.8,9 Iraq 25 pl. XXII.
d 1:viii: ^{m}*bēl-ēmur* 'Assur 20.8'.
d 20:viii: ^{m}*bēl-ēmur-a-ni* 79-7-8,189.r.6,7 ADD 9 SAA 6 167.
d 7:x: ^{m}*bēl-ēmur$_2$-a-ni* ^{amēl}*tur-ta-[ ]* Bu.91-5-9,209.35,36 ADD 374 SAA 6 161.
d 1:xi: ^{m}*bēl-ēmur$_2$-a-ni* ^{amēl}*tur-ta-nu* BT124A.18,19, BT124.16,17 (omits title) Iraq 25 pl. XXII.
d 18:xii: " ^{amēl}*tur-tan* 81-2-4,149.27,28 ADD 232 SAA 6 89.
d 12:[ ]: [ ]*-ēmur$_2$-an-ni* ^{amēl}*tur-tan* Bu.91-5-9,95.r.15′,16′ ADD 443 SAA 6 169.
d [ ]: ^{m}*bēl-ēmur-a-ni* BT136.29 Iraq 25 pl. XXIV.
d [ ]: [*-ēm]ur$_2$-an-ni* / [ ]*-ta-a-nu* K1864.e.1,2 ADD 482 SAA 6 168.
d Assur12069p+q A1794 MDOG 36 p. 24 ALA N30:15.
d Assur10559a A2651 ALA N23:2.
? d Assur10559d A2806 ALA N23:5.

Bēl-būnāya 850

h 20:i: ^{m}*bēl-bu-na-aya* Shalm. III Balawat Gates.iv.6.

Bēl-būnāya 823

Bēl-dān 820

e 3:ii: ^{m}*bēl-dān^{an}* ^{amēl}*nāgir ekalli* VAT9897.13,14 KAV 75.

Bēl-dān 807

Bēl-dān 750

l 27:v: ^{md}*bēl-dān^{an}* ^{amēl}*ráb šāqê* K2987b^{+}.iv.5 BBR Taf. 51 ABK 563.

Bēl-dān 744

d 14:i: ^{m}*bēl-dān^{an}* ^{amēl}*šá-kìn* / ^{āl}*kal-ḫi* ND701.22-24 BaM 24 15.
d 28:i: " " " ND472.28-30 GPA 25.
d [ ]:iii: ^{m}[*b]ēl-dān^{an}* ND708.38 BaM 24 18.

d 8:viii: ^{m}*bēl-dān^{an}* / ^{amēl}*šá-kìn* ^{āl}*kal-ḫi* ND699.28-30 BaM 24 14.
l 6:[ ]: " " [ ] LKA 37.r.6 ABK 259.3.

Bēl-dān 734

d 26:ix: ^{m}*bēl-dān^{an}* / ^{amēl}*šá-kìn* ^{āl}*kal-ḫi ina šanê^{e} pu-ri-šú* Rm.2,19.r.12′,13′ ADD 415 SAA 6 19.
d [ ]:ix: " " BT106.2-4 Iraq 25 pl. XX.
d 6:[ ]: " / *ina šanê^{e} pu-ri-šú* K378.24-26 ADD 90 SAA 6 21.
d Assur11393bu A962 ALA N25:1.

Bēl-Ḫarrān-bēlu-uṣur 741

Bēl-Ḫarrān-bēlu-uṣur 727

d 6$^{!}$:x: ^{m}*bēl-ḫarrān-bēlu$_{2}$-uṣur$_{2}$* Ki.1904-10-9,43.23,24 ADD 1156 SAA 6 23.
d [ ]: ^{m}*bēl-ḫarrān-bēlu-u[ṣur$_{2}$]* / ^{amēl}*šá-kìn* ^{āl}*gu-za-na* ND276.26,27 GPA 29.
d ^{m}*bēl-ḫarrān-bēlu$_{2}$-uṣur* ^{amēl}*ša-kìn* ^{āl}*gu-za-na* Assur14966; *cf.* AfO Beiheft 6 p. 1 n. 7, AfO 13 p. 313.

Bēl-Ḫarrān-šadûa 650

l 18:[ ]: ^{m}*bēl-šadû-u-a* / ^{amēl}*šá-kìn* ^{māt}*ṣur-ri* K1292.r ZA 24 p. 169.
(Zimmern argued for month vi, *ibid.*, n. 12; Bezold's Catalogue has i; the month is no longer legible.)
d 23:i: 'Bêl-šadua' ND3435 Iraq 15 p. 142.
e 23:i: [*bē*]*l-ḫarrān-šadû-u-*[ ] K3742^{+}·r.9′,10′ PRT 124 SAA 4 305.
d 28:i: 'Bēl-Ḫarran-šadua' ND3430 Iraq 15 p. 142.
e 5:ii: ^{m}*bēl-ḫarrān-šadû-u-a* K312.r.10,11 ABL 289.
d 7:ii: " Bu.91-5-9,120.9,10 ADD 705=859.
d 12:ii: ^{m}*bēl-ḫarrān-šadû-a* Ki.1904-10-9,244.2,3.
e 13:ii: ^{m}*bēl-ḫarrān-šadû-u-a* 82-5-22,91.31,32 ABL 517.
d 22:ii: ^{m}*bēl-šadû-u-a* K291.8,9 ADD 147.
d 26:ii: 'Bêl-šadua' ND3437 Iraq 15 p. 142.
d 11:iii: ^{m}*bēl-ḫarrān-*[ ] K417.13,14 ADD 696.
d 6:iv: ^{m}*bēl-šadû-*[ ] Borowski C40.r.4′,5′ Garelli FS p. 358.
d 11:iv: ^{m}*bēl-šadû-u-a* AO4515.9,10 TCL 9 62; env.8,9 SAAB 5 pp. 133-34 (env. dated 18$^{?}$:iv).
d o:iv: ^{m}*bēl-šadû-u-a* Th.1905-4-9,48.r.2,3 ADD 1245.
e [ ]:v: ^{m}*bēl-*[ ] K4537.r.5 PRT 120 SAA 4 333.
d 1:vi: ^{m}*bēl-šadû-u-a* Assur14671n.7 A1880 ALA N31:34 SAAB 2 p. 15.
d 22:vi: " K402.11,12 ADD 7.
e 8:vii: ^{md}*bēl-ḫarrān-*[ ] K10532.r.2′ PRT 121 SAA 4 334.
e 2:viii: ^{m}*bēl-ḫarrān*^{KI}*-an* YBC11893.32 SAAB 2 p. 4, n. 6.
d 15:viii: ^{m}*bēl-šadû-u-a* ND7006.env.13,14 IM74482 TFS 10.
e 1:xi: ^{m}*bēl-ḫarrān-šadû-u-a* K297.18,19 ABL 829 SAA 10 139.
d o:xi: ^{m}*bēl-šadû-u-a* ND3455.14,15 Iraq 15 pl. XIII.
d 26:xi: " Gir78/294.r.5′,6′ SAAB 2 p. 25.
d 5:xii: 'Bēl-(ḫarrān-)šadua' ND2305 Iraq 16 pp. 36f.
d 14:xii: 'Bēl-šadua' ND3465 Iraq 15 p. 146.
l *lim-mu* ^{m}*bēl-ḫarrān-šadû-u-a* A125.i.4 van Driel, Cult p. 122.
d [ ]: ^{m}*bēl-ḫarrān-šadû^{u}* K451.25 ADD 206.

d [ ]: [ ]-*ḫarrān-šadû-u-a* [ ] K8787^{+} ADD 1110f.
e ^{md}*bēl-šadû-u-a* K2077^{+} AfO 25 p. 50.
? 'Bêl-Ḫarrân-šadûa' Assur15087c AfO 13 p. 313.
? 'Bêl-šadûa' Assur9571n AfO 13 p. 313.

(Note: Although there is no doubt that Bēl-šadûa was sometimes used as an abbreviation for Bēl-Ḫarrān-šadûa, it is also likely that there was a post-canonical eponym Bēl-šadûa. [RMW])

Bēl-ilāya **769**

d 13:i: ^{m}*bēl-ila-aya* ND265.25 GPA 4.

Bēl-iqbi **PC**

d 21:i: ^{m}*bēl-iqbi*$_{3}$ Iraq Museum TIM 11 25.r.5′,6′.
d 11:ii: ^{m}*bēl-iqbi*$_{3}$ *ša* ^{māt}*za-man* Assur9644c.34,35 VAT14437 SAAB 5 61.
d 20:ii: 'Bel-iqbi' ND2319 Iraq 16 p. 41.
d o:ii: ^{m}*bēl-iq-bi* Australian Institute of Archaeology, Melbourne.
d 24:iii: " Assur13424 AfO 13 p. 313 AfO 17 p. 102.
d 25:iv: " Assur13846ag.6,7 VAT8645 ALA N33:28.
d [ ]:v: ^{m}*bēl-iqbi*$_{3}$ IM76887.12 TIM 11 13.
d 1:vi: " *šá tuš-ḫa-an* ND7074.18 IM75786 TFS 44.
d 25:vii: " ^{amēl}*šá-kìn* ^{āl}*tuš-ḫa-an* ND5550.46,47 Iraq 19 pl. XXXIII.
d 25:vii: ^{m}*bēl-iqbi*$_{3}$ Assur5847e.6,7. VAT9620(a) ALA N11:5.
d ^{m}*bēl-iq-bi* VAT9620(b).7,8 (envelope of previous text).
d 11:ix$^{?}$: ^{m}*bēl-iqbi*$_{3}$ VAT10702.6,7.
d 1:xiia: ^{m}*bēl-iq-bi* Assur13319a AfO 13 p. 313 AfO 17 p. 102 ALA N31:1.
d 20:xiia: ^{m}*bēl-iqbi*$_{3}$ IM76884.13,14 TIM 11 11.
? d 10:[ ]: [ ]-*kìn bīt-z*[*a*$^{!}$-] K1573.e.2,3 ADD 481.
d 'Bēl-[Iqbi$^{?}$]' ND3429 Iraq 15 p. 141.
d Assur8520g VAT9690 ALA N15:4.
d Assur8642b A2016 ALA N18:6.
d Assur9644d VAT16541$^{?}$ ALA N10:4.
d Assur9966b A2633 ALA N10:22.

Bēl-iqīšanni **791**

d 15:vii: ^{m}*bēl-iqīš-a-ni šá-kìn* ^{āl}*šib-ḫi-ni-iš* ND203.51 GPA 15.
d 3:xi: ^{m}*bēl-iqīš*$_{2}$*-a-ni* ND253.30,31 GPA 3.
d 25:xii: ^{m}*bēl-iqīš*$_{2}$*-an-ni* K412.r.4,5 ADD 526.
d [ ]: ^{m}*bēl-*[ ] ^{amēl}*šá-kìn* ^{āl}*šib-ḫ*[*i-*] ND247^{+}.r.7 GPA 16.

Bēl-lēšer **778**

d 11:i: ^{m}*bēl-lēšer* ND6214.1 NWL 5.
d 15:i: " / [^{am}]^{ēl}*nāgiru ša* ^{m}*šùl-ma-nu-ašarēd*$_{3}$ / [*šà*]*r* ^{māt}*aš+šur* ND209.28-30 GPA 18.
d 20:iii: ^{m}*bēl-lēš*[*er*] / [ ] *e*[*kal*]*li* ND235.15,16 GPA 53.

Bēl-lū-balaṭ **814**

s *ṣa-lam* ^{m}*bēl-lu-balaṭ* / ^{amēl}*tur-ta-a-ni* / ^{amēl}*nāgiru rabû*^{ú} ^{amēl}*šà-tam ekurrāte* / ^{amēl}*ráb ummāni ràp-šú* / ^{amēl}*šá-kìn* ^{āl}*ta-bi-ti* / ^{āl}*ḫarrān-ni* / ^{āl}*ḫu-zi-ri-na* / ^{āl}*dūru* ^{māt}*qí-pá-ni* / ^{māt}*za-al-lu* ^{āl}*ba-li-ḫu* St. 44.

Bēl-lū-dāri **730**

d 7:viii: ^{m}*bēl-*[ ] / [ ]-*kìn* ^{āl}*til-*[ ] Rm.2,194.10,11 ADD 658 NARGD 7.

Bēl-lū-dāri **PC**

d 11:i: ^{m}*bēl-lu-dà-ri* K384.8,9 ADD 1.
d 15:i: " K369.e.1,2 ADD 295.
d 25:vi: 'Bēl-ludari' ND3420 Iraq 15 p. 140.
d 16:vii: " ND3456 Iraq 15 p. 145.
d [ ]: [*b*]*ēl-lu-dà-ri* IM3214.r.12′ TIM 11 32.
d *lim-me* ^{m}*bēl-lu-u-dà-ri* SU52/331.r.14 STT 48 (not date-line).
? d Assur13319k A1936 ALA N31:9.
? d Assur13319z ALA N31:16.

Bēl-mudammiq **869**

Bēl-na'id **663**

d 26:ii: ^{m}*bēl-na'id* K319a.7,8; K319b.8,9 ADD 153; ADD 154.
d 3:iv: ^{m}*bēl-n*[*a'id*] RT 20 p. 203.1.13,14 ADD 780.
d 18:vi: [-*na*]'*id* ^{amēl}*tur-tan-nu* K3491.7,8 ADD 56.
d 5:ix: ^{m}*bēl-na'id* Assur14067e.36 VAT8270 ALA N32:5.
d 25:x: ^{m}*bēl-na-a'-di* ^{amēl}*tur-ta-*[ ] K324.r.23′ ADD 470 SAA 6 325.
d 4:[ ]: 'Bēl-na'id' ND2315 Iraq 16 p. 40.
d : ^{m}*bēl-na'id* K23.iii.17 ADD 993 SAA 7 118 (not date-line).

Bēl-qātē-ṣabat **810**

Bēl-šadûa **756**

d 26:ii: ^{m}*bēl-šadû-ú-a* [^{am}]^{ēl}*šá-kìn* ^{āl}*tam-nūn-na* ND495.30 GPA 22.
(for other dates by ^{m}*bēl-šadûa* see Bēl-Ḫarrān-šadûa)

Bēl-šarrāni **699**

d 16:i: ^{m}*bēl-šar*$_{4}$*-a-ni* ND5457.17,18 Iraq 19 pl. XXVII.
d 10:v: " Ki.1904-10-9,133.38,39 ADD 1167 SAA 6 119.
d 22$^{?}$:vii:[ ] / ^{amēl}*šá-kìn* ^{āl}*kur-ba-ìl* K450.e.1,2 ADD 371 SAA 6 120.
d 23:viii: ^{m}*bēl-šar*$_{4}$*-a-ni* Th.1905-4-9,54.2,3 Iraq 27 p. 16 no. 21.
d 5:xii: 'Bêl-šar-an-ni' Assur MDOG 36 p. 24.
d 21:xii: ^{md}*bēl-šar*$_{4}$*-a-ni* / ^{amēl}*šá-kìn* ^{āl}*kur-ba-ìl* K316.r.14,15 ADD 328 SAA 6 124.

Bēl-šarru-na'id **PC see Daddî**

Bēlšunu **PC (648)**

d 20:i: ^{m}*bēl-šú-nu* MAH16602.7,8 JSS 28 155 ALA N22:3.
e 2:iv: ^{m}*bēl-šú-nu* / ^{amēl}*pāḫiti* ^{āl}*ḫi-in-da-nu* K78.15-17 ABL 671 SAA 10 141.
e 25:iv: ^{m}*bēl-šú-nu* Bu.91-5-9,5.r.4,5 ABL 1170.
h o:iv: ^{m}*bēl-šu-nu* / ^{amēl}*šá-kìn* ^{āl}*ḫi-in-da-na* Asb. prism D, date K1741 Iraq 30 pp. 103-104.
d 12:v: ^{m}*bēl-šú-n*[*u*] Assur22821.12,13 VAT9758 ALA N2:26.
d 8:vi: " MAH20613 RA 22 p. 147.
d o:vii: " TH107.11.

d 8:x: ^{m}*bēl-šu-nu* / ^{amēl}*šá-kìn* ^{āl}*ḫi-in-da-na* Asb. prism D, date K2732; 83-1-18,602 Iraq 30 pl. XXIII.

h 8:x: [ ]*be-el-šú-nu* ^{amēl}*bēl* [ ]*ḫi-in-d*[*a-*] Asb. prism, date BM134464 Iraq 30 pl. XXI.

d 22:x: ^{m}*bēl-šú-nu* Rm.2,22.r.5,6 ADD 197.

d 1:xi: *bēl-šú-nu* / ^{amēl}*pāḫiti* ^{māt}*ḫi-in-dan* 80-7-19,262^{+}.r.iii.14-16 ADD 943^{+} JNES 42 pp. 12-16 SAA 7 49; *cf.* AnSt 30 p. 76.

d 29:xii: ^{m}*bēl-šú-nu* 82-5-22,533.r.ii.1,2 ADD 1053 SAA 7 51; see JNES 42 p. 20.

d 'Bēlšunu' Assur8448b VAT8737 ALA N18:2 Deller, Volterra FS 642.

Bēl-tarṣi-iluma **797**

d o:i: ^{m}*bēl-tarṣi-ilu-ma* / ^{amēl}*šá-kìn* ^{āl}*kal-ḫi* ND263.14,15 GPA 51.

d 24:iii: ^{m}*bēl-tarṣi-i*[*lu-m*]*a* ^{amēl}*šá-*[ ] AAA 20 pl. C.r.35,36 NARGD p. 117.

d 27:xii: ^{m}[*b*]*ēl-tarṣi-ilu-ma* ND261.38,39 GPA 91.

d [ ]: [*b*]*ēl-tarṣi*^{ṣi}*-ilu-ma* ^{amēl}*šá-kìn* [ ] K2800^{+}.23 NARGD 51.

Bulluṭu **PC**

d 6:i: ^{m}*bu-luṭ* [^{amēl}]*rab nāri* K459^{+}.r.15-17 ADD 384+528.

d 4:ii: ^{m}*bul-lu-ṭu* K293.e.2 ADD 373.

d 22:ii: ^{m}*bu-luṭ* IM76888.12,13 TIM 11 16.

d 23:vi: 'Buluṭu' ND3460 Iraq 15 p. 145.

d 8:vii: ^{m}*bu-luṭ* BM103393.13,14; env.12,13 CT 33 17.

d 14:xii: ^{m}*bul-luṭ* ND2332.21,22 Iraq 16 pl. VIII.

d 11:[ ]: ^{m}*bu-luṭ-ṭu* K418.27,28 ADD 641.

d [ ]: ^{m}*bu-luṭ* IM76883.39 TIM 11 15.

d Assur11634l VAT9332 ALA N27:11.

d Assur11682l ALA N28:11.

Bur-Rammān **847**

Bur-Saggilê **763**

Daddî **PC**

d 10:i: ^{d}20-*i* 'Assur 9.23'.

d 13:i: ^{m}[ ] ^{amēl}*masenni rabî*^{i} ND7017.r.16′,17′ IM74493 TFS 53.

d 1:iv: ^{m}20-*i* ^{amēl}*masennu rabû*^{u} Assur8900b.7-9 VAT14442 ALA N21:11.

d 4:v: " (^{amēl})*masennu* Assur9634+9661k.10,11 (omits ^{amēl}) env.r.2′,3′ VAT20371+20400 (formerly 16544) SAAB 5 49.

d 8:v: " Assur13846ab.9,10; env.8,9. VAT15457 ALA N33:23; *cf.* BaM 15 p. 232(h).

d 14:v: " TH112.8,9.

d 20:v: " K7682.24,25 ADD 210.

d 14:vi: 'Da-di-i' ND2076 Iraq 16 p. 33.

d o:vi: ^{m}20-*i* Assur9570t.17 VAT14450 SAAB 5 17.

d 27:vii: ^{m}20-*i masennu* Assur9571d.8,9 VAT20353 (formerly 16527) SAAB 5 23.

d 21:viii: " ^{amēl}*masennu* K374a,b.10,11 ADD 87, 88.

d 28:viii: 'Šarru-na'id' ND3450 Iraq 15 p. 144.

d 4:ix: 'Šarru(?)-Na'id' ND3427 Iraq 15 p. 141.

d 14:ix: ^{m}20-*i masennu* MAH16601.8,9.

d 26:x: m20-*i* ^{amēl}*masennu rabû*^{u} Assur14067f.31-33 VAT8266 AfO 17 p. 103 ALA N32:6.
d 18:xi: " *masennu* IM76885.10,11 TIM 11 6.
d 21:xi: 'Šarru-na'id, abarakku' ND2096 Iraq 16 p. 36.
d 28:xi: m20-*i* ^{amēl}*[mas]en[nu] rabû*^{u} ND7091.23,24 IM75791 TFS 36.
d 8:xii: " *masennu* ND2307.58 Iraq 16 pl. VI.
h 3:[ ]: m*da-ad-di-i* ^{amēl}*masennu* Ssi. cyl. B, date K1662.45 CT 34 5; ND4323 Iraq 26 p. 124.
d [ ]: m20-*i* " 82-5-22,1011.e.2 ADD 221.
d [ ]: [ ]20-*i ma[sennu]* Assur9661l.r.1′ VAT20377 SAAB 5 50.
d 'U.U.I abarakku rabû' Assur11634b VAT9351 AfO 13 p. 311 ALA N27:2.
d *yrḫ.t*[ ] / *l'm ddy mšn* O.3656.8,9.
d *yrḫ.zb*[ ] / *l'm d*[ ] O.3657.5,6.
d *yrḫ smnh.l*[ ]*y* / *mšn* O.3716.8-10.
d Assur11634a VAT9344 ALA N27:1.
d Assur11634g VAT9358 ALA N27:7.
d Assur13319i ALA N31:8.
d Assur14671h A1869 ALA N31:29.

(For the reading Daddî of 20-*i* see O. Pedersén, OrSu 33-35 [1984-86] 313-15.)

Dagan-bēlu-nāṣir 878

h 22:iii: ^{md}*da-gan-bēlu-nāṣir*$_2$ Asn. annals iii.1, exp. AKA 346 RIMAP 2 A.O.101.1.

Danānu 680

d 10:i: m*da-na-nu* ^{amēl}*šá-kìn* ^{āl}*man-ṣu*^{MEŠ} / *ina tar*-IṢ m*aš+šur-aḫu*$_2$*-iddin*^{na} *šar* ^{māt}*aššur*^{KI} Ki.1904-10-9,189.35,36 ADD 1194 SAA 6 257.
d 28:i: m*dan-na-nu* / *šá* ^{āl}*mar-qa-sa* K322.r.6′-8′ ADD 631 SAA 6 258.
d 16:ii: m*da-na-a-nu* / *ša* ^{māt}*man-ṣu-a-te* K3789b.14-16 ADD 74 SAA 6 259.
d 28:ii: m*da-na-nu* / *ina tar-ṣi* m*aš+šur-aḫu*$_2$*-iddin*$_2$ *šar*$_2$ ^{māt}*aš+šur*^{KI} 83-1-18,460.34,35 ADD 360 SAA 6 201.
d 22:iii: " DT167.r.4′,5′ ADD 298 SAA 6 261.
d o:iii: m*da-na-ni* Bu.89-4-26,32.12,13 ADD 119 SAA 6 222.
d [ ]:iii: m*da-na-a-nu* 83-1-18,201.14,15 ADD 113 SAA 6 221.
d 18:iv: m*da-na-nu* / *ša* ^{āl}*man-ṣu-a-te* K332.24-26 ADD 359 SAA 6 202.
d 21:vii: " 82-5-22,41.6,7 ADD 3 SAA 6 263; 83-1-18,371.6,7 ADD 26 SAA 6 262 (envelope).
d o:vii: " K76.21 ADD 229 SAA 6 111.
d 15:xi: m⌜*da*?⌝*-na-nu* BT107.29,30 Iraq 25 pl. XXI.
d 27:xi: m*da-na-nu* 82-5-22,38.22,23 ADD 164 SAA 6 264.

Dayān-Aššur 853

h 14:ii: ^{md}*dayān-aš+šur* Shalm. III Mon.ii.78, exp. III R 8.
h *i-na lim-mu* m*dayān-aš+šur* Shalm. III Bl. Ob.45, exp. ICC 89.
d *ša li-me* m*dayān-aš+šur* Bi77.4 JCS 7 p. 172 Tax. p. 350 (not date-line).

Dayān-Aššur 826

Dayān-Ninurta 868

Dūr-Aššur **728**

d 11:viii:^{m}*dūr-aš+šur* ND433.14,15 GPA 108.

Dūr-māti-Aššur **901**

h *ina li-me* ^{m}*dūr-māti-*^{d}*a-šur* Adn. II annals, exp. VAT8288.39 KAH II 84 RIMAP 2 A.O.99.2.

Gabbaru **667**

e 15:i: ^{m}*gab-ba-ru* 83-1-18,847.r.8′,9′ CT 53 957.
d 21:i: ^{m}*ga-ba-ru* ND5460.14,15 Iraq 19 pl. XXX.
d [ ]:i: ^{m}*gab-ba-ru* Bu.91-5-9,179.r.16,17 ADD 200 SAA 6 309.
d 7:ii: ^{m}*ga-ab-bar*? K13146.4,5 ADD 139.
d 26:ii: ^{m}*gab-ba-ru* K309b.6,7 ADD 27.
d 20:vii: ^{m}*gab-ba-ri* Ki.1904-10-9,178.10,11 ADD 1186;
d Ki.1904-10-9,179.7 ADD 1187 (envelope).
d 2:xi: ^{m}*gab-ba-ru / šá* ^{āl}*dūr-*^{d}*sîn-aḫḫē*$_{2}$*-erība* 83-1-18,363.r.6-8 ADD 315.
d 16:xii: " K372.17,18 ADD 185 SAA 6 310.

Giḫilu **689**

h o:iv: ^{m}*ga-ḫi-lu /* ^{amēl}*bēl pāḫiti* ^{āl}*ha-ta-rík-ka* Senn. prism H1 (Chicago) vi.84.
d 15:viii:^{m}*gi-i-lu* BT100.6,7, env.7,8 Iraq 25 pl. XIX.
d [ ]: [ ] ^{amēl}*šá-kìn* / [*-r*]*ik*$^{!}$*-ka* Bu.89-4-26,33.r.8′,9′ ADD 432 SAA 6 149.

Girṣapūnu **660**

d o:ii: ^{m}*gi-ri-ṣa-pu*$^{!}$*-ni* Bu.89-4-26,14.10 ADD 148.
d 26:iv: ^{m}*gír-ṣa-pu-nu* K317.42 ADD 444 SAA 6 329; duplicate Bu.91-5-9,162.r.15 ADD 445 SAA 6 330.
d 3:v: ^{m}*gír-ṣa-pu-*[ ] Rm.183.r.7′,8′ ADD 362 SAA 6 331.
d 6:xii: ^{m}*gír-ṣa-pu-na* ND3436.14 Iraq 15 p. 142 Iraq 17 pl. XXVII 3.

Ḫadi-lipūšu **849**

h 20:v (^{d}*bē*[*lat-ekalli*]): ^{m}*iḫ-ta-d*[*u*] ^{āl}*si-*[ ] Shalm. III boss Assur11429.19′-22′ VA Ass2102 FuB 22 171 no. 87 RIMS 1 pp. 48f.
h 20:v: ^{m}*iḫ-ta-di-li-pu-šu šá* ^{māt}*na-i-ri* Shalm. III boss Assur5657.19′-22′ VA Ass2103 FuB 22 171 no. 88 RIMS 1 pp. 48f.
h [ ]:v: [ ]*-ta-du-li-pu-šu* [ ] ^{māt}*na-i-ri* Shalm. III boss Assur3975.4′-6′ A3397 RIMS 1 no. 220.
h 2$^{!}$:vii: [*i*]*ḫ-ta-du-*[^{amē}]^{l}*šá-kìn* ^{māt}*na-i-*[ ] Shalm. III boss Assur9490.3′-5′ A3472 RIMS 1 no. 222.
d [ ]*ḫa-di-li-p*[*u-*] Bi77.8 JCS 7 p. 172 Tax. p. 351 (not date-line).

Ḫanānu **701**

d 1:i: ^{m}*ḫa-na-*[*n*]*a* ^{amēl}*bēl pāḫiti* ^{āl}*tíl-bar-si-íp*[ ] KAR 111.r.9 ABK 233.
l 8:x: ^{m}*ḫa-na-an* ^{amēl}*šá-kìn* ^{āl}*til-bar-si-bi* : [*-ṣ*]*i* ^{md}*sîn-aḫḫē-erība šar*$_{4}$ ^{māt}*aš+šur* STT 192.r.26 ABK 353.
l 21:xii: *ḫa-na-ni /* ^{amēl}*šá-kìn* ^{āl}*til-bar-si-b*[*i*] STT 38.iv.9,10 ABK 354.
l [ ]: ^{m}*ḫa-na-nu* ^{amēl}*šá-kìn* ^{āl}[ ] K3163.r.14 ABK 293M.
l [ ]: ^{m}*ḫa-na-ni* [ ] / [ ]*bar-si-*[ ] STT 203.r.3.

Ḫubāyu **829**

Iddin-aḫḫē **693**

d [ ]:i: ^{m}*iddin*-[ ] / ${}^{am\bar{e}l}$*šá-kìn* ^{m}[${}^{\bar{a}t}$] 81-7-27,27.31-33 ADD 240 SAA 6 41.
d o:i: ^{m}*iddin-aḫḫē*$_2$ ${}^{am\bar{e}l}$*š*[*á*!-] 82-3-23,134.39 ADD 238 SAA 6 40.
d 9:v: ^{m}*iddin*^{ni}*-aḫḫē*$_2$ K414.17,18 ADD 66 SAA 6 97.
d 12:[ ]: [ ]*iddin*$_2$*-aḫḫē*$_2$ 79-7-8,287.7,8 ADD 32 SAA 6 139.
d 20:[ ]: ^{m}*id-di*[*n*]-⌜*a*!⌝-[ ] Rm.2,18.34,35 ADD 243 SAA 6 138.
d : ^{m}*iddin*$_2$-[ ] K3501.7 ADD 29 SAA 6 64.
d [ ]: ^{m}*iddin*^{na}*-aḫḫ*[*ē*$_2$] Ki.1904-10-9,148.r.6′ ADD 1177 SAA 6 137.
d [ ]: ^{m}*iddin*$_2$*-aḫḫē*$_2$ [-*šarr*]*u*!-⌜*u*!⌝-*k*[*in*!] Bu.91-5-9,59.r.7,8 ADD 264 SAA 6 106.

Iddin-aḫḫē **688**

d o:i: ^{m}*iddin-aḫḫē*$_2$ / *ša* ${}^{\bar{a}l}$*ṣi-me-ra* Sm.461.r.11′,12′ ADD 491 SAA 6 66.
d 23:iv: ^{m}*iddin*^{na}*-aḫḫē*$_2$ / ${}^{am\bar{e}l}$*šá-kìn* ${}^{\bar{a}l}$*ṣi-me-ra* 83-1-18,407.7-9 ADD 133 SAA 6 67.
d 23:iv: " " ${}^{\bar{a}l}$*ṣi-me-er* 83-1-18,408.r.1-3 ADD 145 SAA 6 68.
d [ ]:ix: " *ša* ${}^{m\bar{a}t}$*ṣi-mir-ra* BT126.23-25 Iraq 25 pl. XXIV.
d 25:xii: " Bu.91-5-9,4.13 ADD 17 SAA 6 150.
d 6:[ ]: ^{m}*iddin*$_2$*-aḫḫē*$_2$ / ${}^{am\bar{e}l}$*šá-kìn* ${}^{\bar{a}l}$*ṣi-me-ra* Ki.1904-10-9,292^{+} ADD 1213^{+} SAA 6 69.

Illeqāyu **900**

h *ina li-me* ^{m}*ile-e-qa-a-iu* Adn. II annals, exp. VAT8288.42 KAH II 84 RIMAP 2 A.O.99.2.

Ilu-issīya **804**

s *ṣa-lam* ^{m}*ilu-it-ti-ia* / ${}^{am\bar{e}l}$*šá-kìn* ${}^{\bar{a}l}$*libbi-āli* / ${}^{\bar{a}l}$*kar-tukultī-ninurta*$_2$ / ${}^{\bar{a}l}$*ekallāte* / ${}^{\bar{a}l}$*i-tú* / ${}^{m\bar{a}t}$*ru-qa-ḫa* St. 38.

Ilu-issīya **694**

d 24:i: ^{m}*ilu-issi-ia* BM123360.26,27 Iraq 32 pl. XIX no. 2 SAA 6 133.
d o:iv: " BT115.12 Iraq 25 pl. XXIII.
d 15:v: " / ${}^{am\bar{e}l}$*šá-kìn* ${}^{\bar{a}l}$*di-maš-qa* K389.r.14′-16′ ADD 281 SAA 6 134.
d 29:v: " " " 81-2-4,157.r.6′,7′ ADD 272 SAA 6 135.
d 1:vii: " " ${}^{\bar{a}l}$*dim-maš-qa* K346.34,35 ADD 427 SAA 6 37.
h o:vi: " " ${}^{\bar{a}l}$*di-maš-qa* Senn. prism E1, date BM103000.viii.88 CT 26 37.
d 12:vii: " Bu.89-4-26,120.20,21 ADD 201 SAA 6 103.
d 1:viii: ^{m}*ilu-issi-ia* ${}^{am\bar{e}l}$*šá-kìn* ${}^{\bar{a}l}$*di-maš-qa* 80-7-19,48.r.9,10 ADD 58 SAA 6 81.
h o:x: " " " Senn. prism E1 IM56578.viii.91 Sumer 9 p. 176.
d 10:xii: ^{m}*ilu-issi-e-a* K370.9,10 ADD 162 SAA 6 83.
d 10:xii: " 83-1-18,330.9,10 ADD 120 SAA 6 84.
l 23:xii: ^{m}*ilu-issi-ia* ${}^{am\bar{e}l}$*šá-kìn* ${}^{\bar{a}l}$*šá-i-me-ri-šú ù šatti* 11${}^{k\acute{a}m}$ ^{md}*sîn-aḫḫē-erība*^{ba} *šàr* ${}^{m\bar{a}t}$*aš-šur*^{KI} K75+237.r.25 III R 2,20 ABK 305.
d [ ]: ^{m}*ilu-issi-i*[*a*] K1867.r.1′ ADD 140 SAA 6 136.

Iluma-lē'i **782**

Ilu-milkī **886**

h 1:iii: ᵐ*ilu-mil-ku* Tn. II annals, exp. BiOr 27 pl. I.13 RIMAP 2 A.O.100.5.

Ilu-mukīn-aḫi **828**

Ilu-napišti-uṣur **893**

h 17:v: ᵐ*ilu-napišti-uṣur*$_2$ *šá-rēši šá* ᵐᵈ*adad-nērārī šar*$_4$ ᵐᵃᵗ*aš-šur* Adn. II annals, date VAT8288.134 KAH II 84 RIMAP 2 A.O.99.2.

Ilu-šumu-uṣur **PC**

d 6:xii: ᵐ⌜*ilu-šumu*?⌝*-uṣur*$_2$ MAH16328.r.5 Assur 2,4 p. 12.

Ina-iliya-allak **895**

h 15:iii: ᵐ*i-na-ili-ia-a-lak* Adn. II annals, exp. VAT8288.91 KAH II 84 RIMAP 2 A.O.99.2.

Iqbi-ilāni **PC**

d o:i: ᵐ*iqbi*$_3$*-ilāni* IM76886.17,18 TIM 11 5.
d 14:v: " VAT5395.7,8 VS I 99.
d 14:v: ᵐ*iqbi*$_3$*-ilāni*ⁿⁱ Assur13846v VAT15532a.11,12; b(envelope).r.2,3 ALA N33:un.
d 21:viii: ᵐ*iqbi*$_3$*-ilāni* Copenhagen SAAB 1 p. 24 no. 10.
d 11:xii: ᵐ*iqbi*$_3$*-ilāni*ⁿⁱ ND7021.8′,9′ IM74496 TFS 52.
d Assur11682af⁺ ALA N28:31.
d Assur13058iv* ALA N31:55.
d Assur13846ai VAT8641 ALA N33:29.
? d Assur14671an A1887 ALA N31:51.

Iqīsu **755**

Issi-Adad-anēnu **679**

d 8:ii: ᵐ*issi-*ᵈ*adad-a-ni-nu / ša* ᵃˡ*ma-gi-du-ú* Assur11820.r.7-9 KAV 208.
d 12:iii: ᵐ*issi-adad*$_2$*-ni-nu* K400.18 ADD 83 SAA 6 223.
h [ ]:iii: ᵐ*issi-*ᵈ[ ] / ᵃᵐᵉˡ[ ] / ᵃᵐᵉˡ[ ] Esar. Assur A⁴ KAH II 127.vii.9-12.
h 19:iv: ᵐ*issi-*ᵈ*adad-a-n*[*i-*] / ᵃᵐᵉˡ*bēl pāḫiti* / ᵃˡ*ma-gi-du-u* Esar. Assur A¹c UM32-22-5 JAOS 71 p. 12.
d 13:vii: ᵐ*issi-*ᵈ*adad-a-ni-nu* K341.e.1 ADD 364 SAA 6 204.
d o:viii: ᵐ*šá-*ᵈ*adad-a-ni-nu* Ki.1904-10-9,180.6 ADD 1188 SAA 6 247.
d 20:viii: ᵐ*issi-adad*$_2$*-a-ni-nu* BT138.9,10 Iraq 25 pl. XXIII.
d 10:ix: " ND2331.12 Iraq 16 pl. VIII.
d 1:x: ᵐ*issi-*ᵈ*adad-a-ni-nu* Ki.1904-10-9,29.r.7,8 ADD 1154 SAA 6 268.
d 15:xi: " Bu.91-5-9,10.9,10 ADD 150 SAA 6 206.
d [ ]:xi: ᵐ*issi-*[ ] K1421.r.1,2 ADD 114.
d 10:xii: ᵐ*issi-*ᵈ*adad*$_2$*-an-ni* Rm.165.23 ADD 161 SAA 6 265.
d 17:[ ]: ᵐ*issi-adad*$_2$*-a-ni-nu* Bu.91-5-9,173.e.2 ADD 462 SAA 6 269.
d [ ]: [ ]*issi-*ᵈ*adad-a-*[ ] 83-1-18,362.e.1 ADD 534 SAA 6 270.
d [ ]: [ ]*-a-ni-nu* K3496.r.1′ ADD 84 SAA 6 224.

Iššiak-Aššur-lilbur **875**

Ištar-dūrī **774**

Ištar-dūrī **714**

l 22:x: ^{md}*ištar-dūrī* ^{amēl}*šá-kìn* ^{āl}*arrap-ḫa* / [ ] 9 *ša* ^{md}*šarru-kēn šar*$_4$ ^{māt}*a-šur* ND1120.r.22,23 Iraq 14 pl. XXIII ABK 314.

h *i-na li-i-mi* ^{md}*ištar-dūrī* ^{amēl}*šá-kìn* ^{āl}*arrap-ḫa* Letter to Aššur, date TCL 3 22.430.

Ištar-emūqāya **867**

s *ṣa-lam* / ^{md}*ištar-emūq-a-ia* / ^{amēl}*šá-kìn* / ^{āl}*tu-uš-ḫa*$^?$*-an* St. 99.

Itti-Adad-anīnu see Issi-Adad-anēnu

Kakku-rēmanni **PC see Marduk-rēmanni**

Kanūnāyu **671**

d 1:i: ^{maraḫ}*kanūn-ayu* ^{amēl}[ ] K6107.11,12 ADD 121 SAA 6 296 (or 666, SAAB 1 p. 95 n. 9).

d 22:v$^?$: ^{maraḫ}*kanūn-ayu* 'Assur 6.36'.

d 29$^!$:viii: ^{maraḫ}*kanūn-ayu* Rm.175.8 ADD 41 SAA 6 235.

d 1:xii: ^{maraḫ}*kanūn-ayu* / ^{amēl}*sar-ten-nu* K416.r.11′,12′ ADD 266 SAA 6 297 (or 666, SAAB 1 p. 95 n. 9).

d 16:xii: ^{maraḫ}*kanūn-ayu* Rm.179.r.11,12 ADD 627.

d 26:xii: " 83-1-18,338.r.21,22 ADD 257 SAA 6 284.

d [ ]: ^{araḫ}*kanūn-ayu* 'Assur 42'.

d Assur11789 Deller, Volterra FS 640.

———

d o:i: *lim-mu ša arki* ^{maraḫ}*kanūn-ayu* 80-7-19,301.r.8 ADD 499$^+$ SAA 6 286.

Kanūnāyu **666**

d 16:ii: [ ] / [ ] *bēl pāḫiti ša bīti* [ ] Rm.53.e.1,2 ADD 338.

d 20:iv: ^{maraḫ}*kanūn-ayu* / *šá bīti ešši* K347.r.4′-6′ ADD 258 SAA 6 313.

d 20:iv: " *ša* " K399$^+$.r.17-19 ADD 192$^+$ (= ADD 801) SAA 6 312 (duplicate of previous text, see SAAB 1 p. 95).

d o:x: " AO4511.14 TCL 9 65.

d 1:xi: " ^{amēl}*pāḫiti bīti ešši* 83-1-18,461b.r.8,9 ADD 331 SAA 6 311.

d 1:xii: ^{maraḫ}*kanūn-*[ ] / *bīti ešši* K306.r.8′,9′ ADD 420 SAA 6 315.

d 1:xii: [^{ara}]^{ḫ}*kanūn-ayu* " 81-7-27,28.e.1,2 ADD 421 SAA 6 316 (duplicate of previous text).

d 16:[ ]: ^{m}*ka-nun-ayu* [ ] *bīti ešši* K15424.e. ADD 1274.

d x4:[ ]: ^{maraḫ}*kanūn-a*[*yu*] / [*eš*]*ši* Bu.89-4-26,7.r.8,9 ADD 60 SAA 6 317.

d 'Kanunaia' ND3479 Iraq 15 p. 147.

d *yrḫ ʾs*[ ]*ʾm knny* O.3713.8-7.

(Note also: *i*-BAL[A-*e ša*] ^{maraḫ}*kanūn-ayu* 'during the "ter[m" of] Kanūnāyu' Assur9572h.e.1 VAT9367 SAAB 5 37 [not date-line].)

Kanūnāyu **PC**

d 9:i: ^{maraḫ}*kanūn-ayu* ^{amēl}*pāḫiti ša* ^{āl}*dūr-(šarru)-kēn* ND7058.16-18 IM75765 TFS 11.

d o:i: 'Kanun-a-a' ND2063 Iraq 16 p. 32.

d 5:ii: 'Kanunaia' ND3464 Iraq 15 p. 146.

d 14:ii: $^{m⌜arah̬^{!}}$*kanūn*$^{!}$⌝-[ ] / *ša* ^{āl}*dūr-*^{m}*šarru*$_2$*-kēn*$_2$ K441.28,29 ADD 400 (collated J. N. Postgate).

d o:iv: $^{marah̬}$*kanūn-ayu* ND7083.23 IM75782 TFS 33.

d 4:vii: " Assur9661b.7,8 VAT16558$^{?}$ ALA N9:72 SAAB 5 p. 135.

d 12:vii: " Assur13846ac.10,11 VAT8657 ALA N33:24.

d 21:xi: 'Kanunaia' ND2321 Iraq 16 p. 41.

d 8:xii: 'Kanun-a-a' ND2317 Iraq 16 p. 40.

d *ṣib-tú ša lim-mu* $^{marah̬}$*kanūn-ayu* ND7001.2 IM74477 TFS 6 (not date-line).

Lā-bāši **657**

d 21:i: ^{m}*la-ba-si* VAT14444.14,15.

d 24:i: " Assur9571o.e.31 VAT16523$^{?}$ ALA N9:40.

d 3:iv: ^{m}*lā-bāši* K289.29,30 ADD 618.

d 11$^{?}$:iv: ^{m}*la-ba-si* Assur9571q.12,13 VAT16526$^{?}$ ALA N9:42.

d 9:viii: " ^{amēl}*rá*[*b*] K211.72 ADD 647 NARGD 9.

d 9:viii: " ^{amēl}*ráb kar* ^{m}[$^{āt^{?}}$*h̬*]*al-ṣ*[*u*$^{?}$] K2729.72 ADD 646 NARGD 10; see Or. 42 p. 444.

e 14:vii: [ ]-*ba-si* 83-1-18,286.r.9 RMA 136B SAA 8 186.

d ^{m}*la-ba-*[ ] BT109.8 Iraq 25 pl. XXVI.

e ^{m}*la-ba-si* / ^{amēl}*rab ka-a-ri* 83-1-18,287.21,22 RMA 264 SAA 8 8.

e [ ]: " Ki.1904-10-9,10.l.e. SAA 4 272.

? d Assur9572i ALA N9:59.

d Assur11682h ALA N28:8.

Lā-qīpu **760**

Likberu **898**

h *ina li-me* ^{m}*lik-be-ru* Adn. II annals, exp. VAT8288.49 KAH II 84 RIMAP 2 A.O.99.2.

Liph̬ur-ilu **729**

d 3:iii: ^{m}*lip-h̬ur-ilu* / ^{amēl}*šá-kìn* ^{māt}*hab-ru-ri* Rm.187.r.2′-4′ ADD 195 SAA 6 5.

d 17$^{!}$:x: ^{m}*líp-h̬ur-ilu* Ki.1904-10-9,147^{+}.r.10,11 ADD 1176^{+} SAA 6 22.

Mah̬dê **725**

Mannu-dān-ana-ili **865**

Mannu-kī-Adad **773**

Mannu-kī-Adad **683**

d 25:i: ^{m}*man-nu-ki-*^{d}*adad* / *ša* ^{āl}*ṣu-pi-te* 83-1-18,370.8,9 ADD 51 SAA 6 108.

d 1:ii: ^{m}*man-nu-ki-adad*$_2$*-milki* / *šá* ^{āl}*ṣu-pi-te* : *šatti* 23 ^{md}*sîn-ah̬h̬ē*$_2$*-erība* / *šar*$_4$ ^{māt}*aš+šur*^{KI} 82-5-22,34.r.16-18 ADD 447 SAA 6 90.

d 7:iii: ^{m}*man-nu-ki-adad*$_2$ Sm.475.8,9 ADD 155 SAA 6 178.

d 25:x: " K380.10,11 ADD 697.

d 25:x: ^{m}*man-nu-ki-*^{d}*adad* K361a.9,10; b(envelope).9 ADD 122 SAA 6 182; ADD 123 SAA 6 181.

d 7$^{?}$:[ ]: [ ]*ṣu-ba-te* K1856.r.8′,9′ ADD 278 SAA 6 109.

d [ ]: ^m^*man-nu-ki-adad*$_2$ K394.r.2′ ADD 47 SAA 6 183.
d [ ]: " ND7008.4 IM74484 TFS 76.

Mannu-kī-aḫḫē **PC**
d 20:ii: ^m^*man-nu-ki-aḫḫē*$_2$ / ^amēl^*šá-kìn* ^āl^*ṣi-mir* K336.21,22 ADD 50.

Mannu-kī-Aššur **793**
d 26:iii: ^m^*man-nu-ki-*^māt^*aš+šur* ^amēl^*šá-kìn* ^āl^*[g]u-za-[n]a* ND211.r.6,7 GPA 93.
d o:v: " K2800⁺.33 NARGD 51 (see note, p. 103).
d " K3042.viii.10 ADD 1077 NARGD 54 (not date-line).

Mannu-kī-Aššur-lē'i **709**
d 20:v: ^m^*man-nu-ki-i-aš+šur-lē'i* K383.33,34 ADD 234 SAA 6 34.
d 13:viii: ^m^*man-nu-ki-aš+šur-lē'i* ^amēl^*šá-kìn* ^āl^*til-e* / *šatti* 12^kám^ ^m^*šarru-kēn šàr* ^māt^*aš+šur* NIII3157.r.27-29 TCL 9 58 SAA 6 31.
l 12:x: [ ]-*i* ^amēl^*šá-kìn* ^āl^*til-*[ ] / *šàr* ^māt^*aš+šur*^K^[^I^] Sm.2090.
d 15:[ ]: ^m^*man-*[ ]*x x-lē'i* K427.15,16 ADD 351.
l ^m^*man-nu-ki-*^d^*aš+š[ur-*] / *šatti* 13^kám^ ^m^*šarru-kēn arkû*[ ] K2688 III R 2,9 ABK 293F.
l ^m^*man-nu-ki-*^d^*aš+šur-lē'i* [ ]*šá-kìn* ^āl^*til-*[ ] / *šatti* 1*x*[ ] K5280.r.7,8 AAT 12a ABK 293C.
l [*t*]*il-le-e* / [ ] *šatti* 1^kám^ *šàr bābili*^KI^ K5277.r.3,4.

Mannu-kī-šarri **665**
d 20^?^:ii: ^m^*man-nu-ki-šarri* ND5451.14,15 Iraq 19 pl. XXX.
d 17:viii: ^m^*man-nu-ki-šarri*$_2$ *rēš šarri*$_2$ Sm.957.13,14 ADD 128.
d 22:x: " K365.13 ADD 35 SAA 6 318.
d 10:xi: ^m^*man-nu-ki-i-šarri* 82-5-22,29.31,32 ADD 237 SAA 6 319.
d 16:xi: 'Mannu-ki-šarri' ND3424 Iraq 15 p. 120.
d 30:xi: ^m^*man-nu-ki-šarri*$_2$ BM134554.9,10 Iraq 32 pl. XXV no. 15.
d *yrḫ smn.l'm* / *mngsr* O.3655.4,5.

Manzernê **684**
d 10:i: ^m^*man-za-ár-ni-e* K337.10,11 ADD 19 SAA 6 43.
d [ ]: [ ]-*ni-e* K1429.8,9 ADD 20 SAA 6 44 (duplicate of previous text).
d 8:ii: ^m^*man-za-ar-ni-e* ^amēl^*bēl pāḫiti* / ^māt^*kul-la-ni-a* / *šatti* 22^kám^ ^md^*sîn-ahhē*$_2$*-erība šàr* ^māt^*aš+šur*^KI^ Rm.167.r.16-20 ADD 230 SAA 6 177.
d 1:iii: 'Ma-an-zi-ni-e ša (mat) Kul-ni-a' ND2340 Iraq 16 p. 46.
d 21:iii: ^m^*ma-za-ar-ni-e* 83-1-18,405.3,4 ADD 142 SAA 6 73.
d 28:vii: ^m^*man-nu-zi-*[ ] *šá* ^āl^*kul-la-*[ ] SU51/43A.r.6-8 AnSt 7 p. 139.
d 12:ix: ^m^*man-za-ni-e* BT139.9,10 Iraq 25 pl. XXV.
d [ ]:ix: ^m^*ma-an-za-ni-e* Rm.176.7,8 ADD 149 SAA 6 74.
l 30:x: ^m^*ma-za-a[r-*] / ^amēl^*šá-kìn* ^āl^*kul-la-*[ ] / *šatti* 22^kám^ ^md^*sîn-aḫḫē-erība*^ba^ *šàr* ^mātd^*aš-*[ ] K2760.r.10-12 III R 2,22 ABK 299.
d 14:xiia: ^m^[ ] / ^amēl^*šá-kìn* ^āl^*ku*^!^*-l[a-*] 83-1-18,334.r.17′,18′ ADD 255 SAA 6 59.

Marduk-bēlu-uṣur 726

d 26:i: ^{md}[ ]-*bēlu-uṣur*$_2$ ^{amēl}[ ] ND252(q) GPA 175.
d 12:xii: ^{md}*marduk-bēlu-uṣur*$_2$ ND2764.5,7 Iraq 23 pl. XXVI.

Marduk-išmânni 799

s *ṣa-lam* ^{md}*marduk-išma*$_3$*-ni* / ^{amēl}*šá-kìn* ^{māt}*na-ʾi-ri* / ^{āl}*an-di* ^{āl}*si-na-bu* / ^{āl}*mal-la-ni* / *x x x-še*$^?$ / ^{māt}*su-uḫ-ni* St. 39.

Marduk-rēmanni 779

d 21:iii: [ ]*marduk-réme-ni* ND262.13,14 GPA 68.
d 1:x: ^{md}*marduk-réme-ni* ND675.r.18,19 BaM 24 4.
d 20:xii: ^{md}*marduk-r*[*ém*]*e-ni* ND207.26,27 GPA 19.
d 11:[ ]: []^{d} " ND230(a).l.e.4 GPA 20.

Marduk-rēmanni PC

d o:iii: [ ]^{d}KU-*rém-an-ni* K344.7,8 ADD 22.

(A reading of the name as Kakku-rēmanni was proposed in TFS p. 272, n. 43, but see SAA 6 119 *ad* r.12, and note that Marduk is written ^{d}KU in Eponym List A6 for the name of Marduk-šadûni [795] and Marduk-šarru-uṣur [784]. [RMW])

Marduk-šadûni 795

d 9:iv: ^{md}[*mard*]*uk-šadû-ni* ND493.19 GPA 92.
d 9:[ ]: ^{m}[*mar*]*duk-šadû-ni* ND477.8,9 GPA 102.

Marduk-šallimanni 751

Marduk-šarru-uṣur 784

d 22:xiia: ^{md}*marduk-šarru*$_2$*-uṣur*$_2$ ND6218.i.2 NWL 3.

Marduk-šarru-uṣur PC

d [ ]:ii: ^{md}*marduk*$_2$*-šarru*$_2$*-uṣur*$_2$ Iraq Museum TIM 11 12.9,10
d 18$^?$:iii: ^{d}*marduk*$_3$*-šarru*$_2$*-uṣur*$_2$ VAT15579.19 Deller, Volterra FS 641.
d 26:v: ^{md} " Ṣar 146.14 SAAB 2 p. 24.
d 14:viii: " K3721.38,39 ADD 311.
d 27:viii: " ND7092.14 IM75792 TFS 43.
d 14 :xii: " / *šá-kìn qu-u-e* K386.25-27 ADD 619.
d 18:[ ]: ^{md}*marduk*$_2$*-šarru*$_2$*-uṣur*$_2$ K345.17,18 ADD 166.
? d [ ]: " K436.e.2 ADD 352 (possibly not eponym).
d Assur9661d VAT16528$^?$ ALA N9:74.
? d Assur13319aq ALA N31:20.
d Assur13846af VAT8653 ALA N33:27.
d Assur14671l A1879 ALA N31:33.
d Assur14671o* ALA N31:35.

Marlarim 668

d 22:i: ^{m}*mar-la-rim* ^{amēl}*t*[*ar-*] Rm.158.r.9,10 ADD 190.
e 23:i: ^{m}*ma-ri-la-rim* K11478.28 AGS 149 SAA 4 262.
d 10$^!$:ii: ^{m}*mar-la-ar-*[ ] K387.17,18 ADD 65 SAA 6 307.
d 18:ii: ^{m}*mar-la-ri-me* BT35.
d 21:ii: ^{m}*mar-la-rim* AO4510.6,7 TCL 9 61.

d 1:v: ^{m}*mar-la-rim* VAT9864.17,18.
d 27:v: " ^{amēl}*tur-tan ku-*[ ] / *ina tarṣi*^{iṣ} ^{m}*aš+šur-bāni-apli šar*$_{4}$ ^{māt}*aššur*$_{2}$ K321.34-36 ADD 208.
d 19$^{!}$:vi: ^{m}*mar-la-rim-me* / ^{amēl}*tur-tan* ^{āl}*ku-mu-ḫi* Rm.171.r.20 22 ADD 472.
d o:vii: ^{m}*mar-la-rim* BT23.37,38.
d 25:x: ^{m}*mar-la-rim*$^{!}$ ND7064.32,33 IM75771 TFS 57.
d 28:x: ^{m}*mar-la-rim* 83-1-18,358.r.12 ADD 284.
d o:xi: " K1474.r.6 ADD 204.
d [ ]:xi: ^{m}[*m*]*ar-la-*[ ] ND7063.14,15 IM75770 TFS 56.
d o:xi$^{?}$: ^{m}*mar-la-rim* BT33.
d 16:xii: ^{m}*mar-la-*[ ] 83-1-18,356.19 ADD 184.
d 16:xii: ^{m}*mar-la-rim* ND5461.14,15 Iraq 19 pl. XXIX.
d Assur11393dd A3202 ALA N25:5.
d Assur11393dd^{II} ALA N25:6.

Metūnu 700

h o:ii: ^{m}*mi-tu-nu* ^{amēl}*šá-kìn* ^{āl}*i-sa-na* Senn. Cyl. B (Rassam) 80-7-19,1.95.
d 1:v: 'Mi-tú-nu' Assur MDOG 36 p. 24.
d 5:v: ^{m}*mi-tu-nu* / ^{amēl}*šá-kìn* ^{āl}*i-sa-na* K304^{+}.r.5-8 ADD 176^{+} SAA 6 61.
d 2x:vi: ^{m}*mi-t*[*ú-*] Rm.160.r.10′,11′ ADD 294 SAA 6 116.
d 15:xii: 'Me-tú-nu' Assur MDOG 36 p. 24.
d 30:[ ]: ^{m}*me-tú-*[ ] 82-5-22,47.15,16 ADD 112 SAA 6 35.
d [ ]: [ ]*mi-tu-nu* K12976.r.1′ ADD 144 SAA 6 117.
l 11:[ ]: ^{m}*mé-tu-nu* ^{amēl}*šá-kìn* [ ]*i-sa-na* / [ ] 6^{kám} ^{md}*sîn-aḫḫē-erība*^{ba} / *šar*$_{x}$ (^{giš}*gišimmar*) ^{mātd}*aš-šur* K2856^{+}.iv.12-15 BiOr 30 pl. II ABK 501.
l ^{m}*me-tu-ni* ^{amēl}*šá-kìn* ^{āl}*i-sa-ni* SU51/23A.r.2 STT 4 ABK 403.

Milkī-rāmu 656

d 26:i: ^{m}*mil-ki-ra-me* / ^{amēl}*rab kiṣri*$_{2}$ ND5448.27-29 Iraq 19 pl. XXVIII.
d 20:v: 'Milki-rame, <u>rab</u> <u>(amēl) ka-ṣir</u>' ND2330 Iraq 16 p. 43.
d 1:vi: ^{m}*mil-ki-ra*$^{!}$*-mu* IM76895.9,10 TIM 11 19.
d 4:ix: 'Milki-ramu <u>(amēl) rab</u> <u>kaṣir</u>' ND2328 Iraq 16 p. 43.
? d Assur6212V^{II} A2618 ALA N12:7.

Miqti-adur 880

h *ina li-me* ^{m}*miqti-a-dúr* Asn. annals ii.49 AKA 311 RIMAP 2 A.O.101.1.
h *ina li-me* ^{m}*miqti-a-dúr* Asn. 'Great Monolith' r.27 H. Genge, Stelen p. 62 RIMAP 2 A.O.101.17.

Mukīn-abūa 794

d 14:i: ^{m}*mukīn-abu-u-a* ND680.19,20 BaM 24 8.

Mušallim-Aššur PC

d 5:i: 'Mu-šallim-Aššur' Assur MDOG 36 p. 24, see Streck, Asb I p. CDLIV n. 3.
d 11:ii: 'Mušallim-Aššur' ND3447 Iraq 15 p. 144.
d 22:ii: ^{m}*mu-šallim-aš+šur* Assur1327.24,25 VAT9844 ALA N2:17.
d 25:ii: ^{m}*mu-šal-lim-aš+šur* ND7015.7,8 IM74491 TFS 15.
d 25:ii[bis]: " ND9904.8,9 IM75890 TFS 16.
d x:ii: ^{m}*m*[*u-*] ND7057.12,13 IM75764 TFS 14.
d 13:iv: ^{m}*mu-šal-lim-aš+šur* Assur8476c.9,10; env.11,12 VAT9700 ALA N17:3.

d 22:v: ^{m}*mu-šallim-aš+šur* ^{amēl}*pāḫiti* ^{āl}*dūr-sîn-aḫḫē-erība eššì* Assur11682a AfO 13 p. 315f. AfO 17 p. 103 ALA N28:1.

d o:v: ^{m}*mu-šallim-aš+šur* ND7054.10,11 IM75760 TFS 13.

d 12:vi: ^{m}*mu-šallim-*^{d}*aš+šur* K279.14 ADD 160.

d 20:vi: ^{m}*mu-šallim-aš+šur* Assur9570e.r.1,2 VAT14449 SAAB 5 5.

d 6:x: " Assur9570h.6,7 VAT14448 SAAB 5 8.

d 18:x: ^{m}*mu-šal-lim-aš+šur* K331.r.2,3 ADD 250.

d 22:xi: ^{m}*mu-šal-lim-aš+šur* / ^{amēl}*šá-kìn* ^{āl}*a-li-ḫi* K353.30-32 ADD 173.

d 22:xi: ^{m}*mu-šal-*[ ] ND2320.14 Iraq 16 pl. VII.

d *ina lim(-me)* ^{m}*m*[*u-ša*]*l-lim-aš+šur* SU52/331.r.4 STT 48 (not date-line).

d Assur6212e A1866 ALA N12:5 AfO 13 p. 315.

d Assur11682s ALA N28:18.

Mušallim-Ninurta 792

d 26:x: ^{m}*mu-šal-lim-*^{d}*ninurta*$_{2}$ K310.r.11 ADD 651 NARGD 1.

d 20:xii: " Assur11911 WVDOG 23 Taf. CVIII AfO 13 p. 316.

d 24:xii: " ND237.12,13 GPA 78 (or 766).

Mušallim-Ninurta 766

Mušekniš 813

Mutakkil-Aššur 706

e 20:vii: ^{m}*mu-tak-kil-*^{d}*marduk*$^{!}$ Th.1905-4-9,257.r.9 ABL 1406 (see RCAE comm.).

d 1$^{?}$:x: ^{m}*mu-ta*[*k-*] K4288.r.8′,9′ ADD 484 SAA 6 33.

d 9:xi: ^{m}*mu-tàk-kil-aš+šur* ND3488.11,12 Iraq 15 pl. XV.

l 24:xi: ^{m}*mu-ta*[*k-*] / *šatti* 16^{kam} *šarru-kēn*$_{2}$ [ ] / *ù šatti* 4^{kam} [ ] K3044.r.7-9 AAT 13a ABK 293E.

l 24?:xi: ^{m}*m*[*u-*] / [ ]*-kēn*$_{2}$ *arkû*^{u} K5281.r.5′,6′.

l [ ]: [*-t*]*ak-k*[*i*]*l-aš+šur* ^{amēl}*šá-kìn* ^{āl}*gu-*[ ] K5279.r.

Mutakkil-Marduk 798

d [ ]: ^{m}*m*[*u*$^{?}$*-* *-ki*]*l-*^{d}*marduk* ND268.r.12,13 GPA 101.

(For ABL 1406 see Mutakkil-Aššur.)

Na'id-ilu 885

h 26:i: ^{m}*na-a'-di-ilu* Tn. II annals, exp. BiOr 27 pl. II.41 RIMAP 2 A.O.100.5.

h 9:viii: " Tn. II annals, date BiOr 27 pl. VI.r.65 RIMAP 2 A.O.100.5.

Nabû-aḫḫē-ēreš 681

d 10:i: ^{md}*nabû*$_{2}$*-aḫu*$_{2}$*-ēreš*$_{2}^{eš}$ Assur9571c.13,14 VAT14439 ALA N9:29.

d 12:ii: ^{md}*nabû*$_{2}$*-aḫḫē*$_{2}$*-*[ ] / [ ]*-kìn ša sa-ma*$^{!}$*-*[ ] K354.r.11′-13′ ADD 277 SAA 6 193.

d 12:ii: ^{md}*nabû*$_{2}$*-aḫu*$_{2}$*-ēreš*$_{2}^{eš}$ PSBA 30 p. 111-12 no. I.

d 13:ii: [ ] *ša* ^{āl}*sa-am-a-al-l*[*a*] BM128026^{+}.17,18 Iraq 32 pl. XXXI no. 6 SAA 6 194.

d 10:iv: ^{md}*nabû*$_{2}$*-aḫu*$_{2}$*-ēreš*^{eš} Assur9570q.4,5 VAT20368 (formerly 16505) SAAB 5 7A, B.

(Note: According to O. Pedersén [private communication], the tablet published as Assur9570g in SAAB 5 is actually Assur9570q [ALA N9:17] while Assur9570g [ALA N9:8] is dated to the eponymate of Nabû-bēlu-uṣur. [RMW])

d 21:v: ^{md}*nabû$_2$-aḫḫē$_2$-ēreš$_2$^{eš} / ša ^{āl}sa-ma-al-la* K288.7,8 ADD 127 SAA 6 46.
d 25:v: ^{md}*nabû$_2$-aḫu$_2$-ēreš^{eš}* Sm.218.r.7′,8′ ADD 269 SAA 6 195.
d 27:vi: ^{md}*nabû$_2$-aḫu$_2$-ēreš^{eš} / ^{amēl}šá-kìn ^{āl}sa-am-al-la* K333.r.5′,6′ ADD 59 SAA 6 91.
d 4:vii: ^{md}*nabû$_2$-aḫu$_2$-ēreš$_2$^{eš}* 83-1-18,36.5,6 ADD 30 SAA 6 47.
d 14:viii: ^{md}*nabû$_2$-aḫu$_2$-ēreš^{eš} / ^{amēl}šá-kìn ^{āl}šam-al-li* 83-1-18,345.r.8′-10′ ADD 279 SAA 6 196.
d 22:viii?: ^{md}*nabû-aḫḫē-ēreš* Sm.1037.r.5,6.
d o:ix: ^{md}*nabû$_2$-aḫu$_2$-ēreš^{eš}* K348.r.1 ADD 635^{+} SAA 7 94.
d 1:x: 'Nabû-aḫê-ereš' Assur MDOG 36 p. 24.
d 16:xii: ^{md}*nabû$_2$-aḫu$_2$-ēreš$_2$^{eš}* 82-1-14,150.28,29 ADD 231 SAA 6 110.
d [ ]: [ ]^{d}*nabû$_2$-aḫḫē$_2$-ēreš^{eš}* Assur9571b.l.e.1 VAT16521? ALA N9:28.

Nabû-aḫḫē-iddin **675**
d 20:i: ^{md}*nabû$_2$-aḫḫē$_2$-[ ]* Assur9570m.8,9 VAT14453 ALA N9:13.
d 5:ii: ^{md}*nabû$_2$-aḫu$_2$-iddin$_2$ ^{amēl}masennu* Ash.1926,397.19,20 Iraq 32 pl. XVIII no. 1.
d 1:iii: ^{md}*nabû$_2$-aḫḫē$_2$-iddin$_2$ ^{amēl}⌈ma!⌉-se!-nu* Ki.1904-10-9,192 ADD 1196 SAA 6 275.
d 1:xii: ^{md}*nabû$_2$-aḫḫē$_2$-iddin$_2$ ^{amēl}masennu / rabû^{u}* Bu.91-5-9,94.r.10′-12′ ADD 186 SAA 6 227.
d 5:xii: " 81-2-4,151.13,14 ADD 124 SAA 6 232.
d 1:[ ]: " Ki.1904-10-9,46.r.14,15 ADD 1158 SAA 6 229.
d [ ]: " K1575.12 ADD 95 SAA 6 276.
d Assur8476y VAT9694 ALA N17:11.

Nabû-bēlu-uṣur **745**
d 1:i: ^{md}*nabû$_2$-bē[lu*] ND10048.1 NWL 9, see TFS pp. 22, 274.

Nabû-bēlu-uṣur **732**

Nabû-bēlu-uṣur **672**
d 26:i: ^{md}*nabû$_2$-bēlu-uṣur$_2$ ^{amēl}ša-kìn ^{āl}dūr-šarru-kēn$_2$* K13015.3′-5′ ADD 14 SAA 6 282.
h [ ]:i: " *am*[*ēl*] BM127879 Esar. prism Nin. A, date.
d 1:ii: [ ] / *^{amēl}šá-kìn ^{āl}dūr-šarru$_2$-u[k-*] K1601^{+}.r.23,24 ADD 425 SAA 6 283.
d 4?:ii: ^{md}*nabû-bēlu-[*] Assur9570g VAT16547? ALA N9:8.
(Note: According to O. Pedersén [private communication], the tablet published as Assur9570g [SAAB 5 7] and dated to the eponymate of Nabû-aḫḫē-ēreš [681] is actually Assur9570q [ALA N9:17]. The date of ALA N9:8 is given erroneously as 681 in ALA II p. 67. [RMW])
h 16:ii: ^{md}*nabû$_2$-bēlu-uṣur$_2$ ^{amēl}šá-kìn ^{āl}dūr-šarru-uk-k[a]* ND4336C.669-70 Iraq 20 pl. 43 SAA 2 6.
h 16:ii: ^{md}*nabû-bē[lu*] ND4354B Iraq 20 pl. 44.
h 18:ii: [ ] ND4354D Iraq 20 pl. 49.
h 18:[ ]: [*-bē]lu-uṣur$_2$* [ ] ND4354F Iraq 20 pl. 49. (these two texts are duplicates of previous two)
h 18:ii: ^{md}*nabû$_2$-bēlu-uṣur$_2$ ^{amēl}šá-kìn dūr-šarru-uk-ka ki-i a-de-e ina muḫḫi ^{m}aš-šur-bāni-apli mār šarri rabî šá bīt redûti^{ti} šak-nu-u-ni* Esar. Trb. A.40, date.

h 18:ii: ^{md}*nabû-be-lí-ú-ṣur*$_2$ ^{amēl}*šá-kìn* ^{āl}*dūr-šarru-uk-ka* Esar. cyl. ND11308.63 Iraq 24 pl. XXXV.
d 29:iii: ^{md}*nabû*$_2$*-bēlu-uṣur*$_2$ K284.13,14 ADD 15 SAA 6 234.
h 5:v: ^{md}*nabû-be-lí-ú-ṣur*$_2$ ^{amēl}*šá-kìn* ^{āl}*dūr-šarru-uk-ka* Esar. Cyl. Klkh A ND1126.63 Iraq 14 pl. XXI.
d 5:vi: ^{md}*nabû*$_2$*-bēlu*-AŠ$^!$ K334.r.9′,10′ ADD 178 SAA 6 244.
e 3:xi: 'Nabû-bêl-uṣur' 80-7-19,73+76 PRT 100 (p. 96).
d 9:xi: 'Nabu-bel-uṣur' ND2333 Iraq 16 p. 44.
d 4:xii: ^{md}*nabû*$_2$*-bēlu*$_2$*-uṣur*$_2$ / *ki-ṣir* ^{md}*aš*$^!$*+šur-aḫḫē*$_2$*-iddin*$_2$ [ ] ^{māt}*aš+šur* K349.r.13-16 ADD 64 SAA 6 245.
d 27:xii: " K7499.10,11 ADD 829.
e [ ]: [*nab*]*û*$_2$*-bēlu-uṣur*$_2$ 83-1-18,526.e.2 AGS 99 SAA 4 183.
d [ ]:xii: ^{md}*nabû*$_2$*-bē*[*lu-*] / ^{amēl}*šá-kìn d*[*ū*]*r-*[ ] BM30190.r.2-4.
h [ ]: [*šar*]*ru-uk-*[ ] Esar. Cyl. Klkh A, dup. ND5404C Iraq 26 pl. XXVII.

Nabû-da››inanni **742**

d 5:i: ^{md}*nabû*$_2$*-da››in-a-ni* ^{amēl}*tur-ta-nu* ND677.34,35 BaM 24 5.
d 24:i: ^{md}*nabû*$_2$*-da››in-a-ni* ^{amēl}*tu*[*r-t*]*a-*[ ] ND498.8,9 GPA 105.
d 26:xi: [*na*]*bû*$_2^!$*-da››in*^{in}*-an-ni* ^{amēl}*tur-*[ ] / *ina tar-ṣi* ^{m}*tukul-ti-apil-é-*[ ] / [ ] K422.33-36 ADD 75 SAA 6 1.

Nabû-da››inanni **PC**

d 1:ii: ^{md}*nabû*$_2$*-da››in*^{in}*-an-ni* VAT9749.r.24 AfO 21 p. 69 ALA N24:11.
? d 5:ii: ^{md}*nabû*$_2$*-dān*^{an} 83-1-18,354.19,20 ADD 61; *cf.* AfO 17 pp. 112-13.
d [ ]:ii: ^{md}[*d*]*a››in-ni* [^{amē}]^{l}*šá-kìn* ^{āl}*q*[*u-›e*] ND7030.19′,20′ IM75758 TFS 54.
d 1:iii: ^{md}*nabû*$_2$*-da››in*^{ni}*-an-ni* / ^{amēl}*šá-kìn* ^{āl}*qu-e* K314.27-29 ADD 329.
d 20:viii: ^{md}*nabû*$_2$*-da››in-a-ni* BT24.
d 16:[ ]: [ ]*nabû*$_2$*-da››in*^{in}*-a-ni ša* ^{āl}*qu-e* 82-5-22,44.e.1,2 ADD 593.

Nabû-dēnī-ēpuš **704**

d 1$^?$:i: ^{md}*nabû*$_2$*-de-e-nu-ēpuš*^{uš} K325.5,6 ADD 141 SAA 6 60.
l 1:xii: ^{md}*nabû-dēnī-e-p*[*u*$^?$*-*] SU52/3 STT 108.105 ABK 355.
l 22:xii: [*n*]*abû*$_2$*-de-ni-ēpuš*^{uš} ^{amēl}*šá-kìn ninua*^{KI} / [ ] *sîn-aḫḫē-erība*^{ba} *šàr* ^{mātd}*aš+šur*^{KI} K3068.r.4,5 CT 30 25 ABK 294B.

Nabû-dūru-uṣur **697**

d 2:i: ^{md}*nabû*$_2$*-dūru-uṣur*$_2$ BT114.6,7 Iraq 25 pl. XXII.
h 27:i: ^{md}*nabû-dūru-uṣur*$_2$ ^{amēl}*šá-kìn* ^{āl}*tam-nun-na* Senn. Cyl. C, date Bu.89-4-26,177.
d 7:ii: 'Nabû-dûr-uṣur' Assur MDOG 36 p. 24.
d 10:vi$^?$: ^{md}*nabû*$_2$*-dūr*[*u-*] K4674.r.13′,14′ ADD 381 SAA 6 126.
d 7:x: ^{md}*nabû*$_2$*-dūru-uṣur*$_2$ K300.r.7′,8′ ADD 179 SAA 6 127.
d 14:xii: " BT113.5,6 Iraq 25 pl. XXI.
h x8:[ ]: [ ]*-ú-ṣur* / [*-n*]*un-na* Senn. prism, date K1674.viii.18-20 CT 26 38.
h 23:[ ]: [*-dūr*]*u-ú-ṣur* / [ ]*-nun-na* Senn. prism, date BM127985.viii.4-6.

Nabû-ēṭiranni 740

d 27:x: [ ]^{d}*nabû$_2$-ēṭir^{ir}-a-ni* [^{am}]^{ēl}*ráb šāqê* ND219.19-21 GPA 95.

Nabû-išdēya-ka''in 777

d 26:[ ]: [ ]^{d}*nabû$_2$-išdē-ia-ka''in$_2$* / [*sukk*]*allu rabû^{ú}* TR4001.30-32 Iraq 32 pl. XI.

Nabû-kēnu-uṣur 690

d 14:i: ^{md}*nabû-kēnu$_2$-uṣur$_2$* / ^{amēl}[*-kì*]*n* ^{āl}*sa-mir-i-na* BM121054.r.7′,8′ Iraq 32 pl. XXIV no. 13 SAA 6 147.

d 2:iii: ^{md}*nabû$_2$-kēnu$_2$-uṣur$_2$* / [ ]*šá-kìn* ^{āl}*sa-mir-*[*n*]*a* BM121104.r.3′-5′ Iraq 32 pl. XXV no. 14 SAA 6 148.

d [ ]:vii: " K911.7,8 ADD 55 SAA 6 104.

h 25:viii: ^{md}*nabû-kēnu$_2$-uṣur* [ ]*bēl pāḫiti* ^{āl}*sa-me-ri-na šatti* 14 ^{md}*sîn-aḫḫē-erība šar$_4$ kiššati šar$_4$* ^{māt}*aššur*^{KI} Senn. slab, date Walters Art Gallery 41,109.126 AfO 20 Taf. IV.

d 8$^{!}$:xii: ^{md}*nabû$_2$-kēnu$_2$-uṣur$_2$* Ki.1904-10-9,12.r.11′,12′ ADD 1152 SAA 6 105.

d Assur14325l VAT8767 ALA N24:2.

d Assur14325b VAT8766 ALA N24:2 (envelope of previous text).

Nabû-lē'i 702

d 25:v: ^{md}*nabû$_2$-lē'i* Rm.174.r.6′,7′ ADD 365 SAA 6 113.

h o:vii/viii (^{araḫ}*se-bu-ti*): ^{md}*nabû-lē'i* ^{amēl}*šá-kìn* ^{āl}*er-ba-ìl* Senn. Bellino Cyl. 64, date.

d 27:[ ]: [ ]^{d}*nabû$_2$-lē'i* ^{amēl}*šá-kìn* ^{āl}*ár-ba-ìl* BM134582.r.1′,2′ Iraq 32 pl. XXV no. 12 SAA 6 114.

? d : ^{m}*nabû$_2$-lē'i$_2$* (^{m}pa-da x[ ]) BM116320.57 Carchemish II 136 Tax. p. 362.

Nabû-mār-šarri-uṣur PC

d [ ]:i$^{?}$: ^{md}*nabû$_2$-mār$_2$-šarri$_2$-uṣur$_2$* ^{amēl}*tur-tan* TH105.5,6.

d [ ]:ii: ^{md}*nabû$_2$-mār$_2$-šarri$_2$-*[ ] TH103.e.2.

d [ ]:ii: ^{md}*nabû$_2$-mār$_2$-šarri$_2$-uṣur$_2$* TH101.9.

d [ ]: ^{md}[*-š*]*arr*[*i$_2$-*] TH104.1,2.

Nabû-mukīn-aḫi 761

Nabû-nādin-aḫi PC

d 5:vi: ^{md}*nabû$_2$-nādin$_2$-aḫi$_2$* K355.10,11 ADD 63.

e 13:vi: ^{md}*nabû$_2$-nād*[*in$_2$-*] Liverpool Museum 1976-159-312.e AAA 20 pl. C no. 106.

d 28:vii: ^{md}*nabû$_2$-nādin$_2$-aḫi$_2$* RA 65 p. 85.9; *cf.* RA 68 p. 93 no. 6.

e o:xi: " BM132980.r.21.

h 25:[ ]: ^{md}*nabû-nā*[*din$_2$-*] / ^{am}[^{ēl}]*-kìn* ^{āl}*kar-*^{md}*šùl-ma-nu-ašar*[*ēd$_3$*] Asb. prism C, date ND5518 Iraq 29 pl. XXIII.

h 20:[ ]: [*nab*]*û$^{?}$-nādin$_2$-aḫi$_2$* / [*ka*]*r-šul-ma-nu-ašarēd$_2$* Asb. prism C, date A8104 XXVth Or. Cong. I p. 240.

d Assur11634m VAT9317 ALA N27:12.

d Assur14325s* VAT9142 ALA N24:7.

Nabû-sagib **PC**

d 14:i: ^{md}*nabû*$_2$*-sa-g[íb]* IM76893.10,11 TIM 11 9.

d 15:i: ^{md}*nabû*$_2$*-sa-gíb* K367.12 ADD 151.

d 3:ii: 'Nabū-sakip' ND3458 Iraq 15 p. 145.

d 30:ii: ^{md}*nabû*$_2$*-sa-gíb* 'Assur 26.7'.

d 24:iv: 'Nabū-sakip' ND3442 Iraq 15 p. 143.

d 1:vi: ^{md}*nabû*$_2$*-sa-gíb* Assur9570n.13-15 VAT20342 (formerly 16503) SAAB 5 13.

d 11:via$^?$: " 'Assur 34A.9,10'.

d 1:viii: " Assur9661f.12,13 VAT20396 (formerly 16557) SAAB 5 46A.

d 24:x: " ND9901.11,12 IM75888 TFS 70.

d 20:xi: " 'Assur 29.14'.

d o:xi: " Th.1905-4-9,395.r.7 Iraq 32 pl. XXVIII no. 25 SAA 7 81.

d 1:xii: " 'Assur 35A.7,8'.

d 22:[ ]: " AO4513.5,6 TCL 9 64.

d [ ]: [*na]bû*$_2$*-sa-gíb* / [ ] *ráb ālāni* K3498.e.3,4 ADD 193.

d 'Nabû-s[agib]' Assur10783c. Deller, Volterra FS 641.

d Assur8476h VAT9686 ALA N17:8.

d Assur11634h VAT9319 ALA N27:8.

d Assur11634p VAT9318 ALA N27:15.

Nabû-šar-aḫḫēšu **PC**

d 11:ii: ^{md}*nabû*$_2$*-šar*$_4$*-aḫḫē*$_2$*-šú* VAT15533a.8,9; b.10,11.

e 24:ii: ^{md}*nabû*$_2$*-šar*$_4$*-aḫḫē*$_2$*-šú* 83-1-18,27.10,11 ABL 518.

h 24:ii: ^{md}*nabû-šar*$_4$*-aḫḫē-*[ ] / ^{amēl}*bēl pāḫiti* ^{āl}*sa-mir-*[ ] Asb. prism A^A Assur825a.5,6 AfO 13 p. 208.

d 28:ii: ^{md}*nabû*$_2$*-šar*$_4$*-aḫḫē*$_2$*-š[ú]* SAAB 3 p. 66.

d 11:iii: 'Nabū-šar-aḫe' ND3434 Iraq 15 p. 142.

h 21:iii: ^{md}*nabû-šar*$_4$*-aḫḫē-šú* / ^{amēl}*bēl pāḫiti* ^{āl}*sa-mir-i-na* Asb. prism A^A 1913-4-16,147.vii.46,47 IWA Taf. 5.

d 9:iv: ^{md}*nabû*$_2$*-šar*$_4$*-aḫḫē-šú* 82-5-22,176a.8,9 ADD 24.

e 26:iv: ^{md}*nabû-šar*$_4$*-aḫḫē-*[ ] K359.r.9 ABL 879.

h 6:v: ^{md}*nabû*$_2$*-šar*$_4$*-aḫḫē*$_2$*-šú* / ^{amēl}*pāḫiti* ^{māt}*sa-mir-i-na* Asb. prism T K1729.iii.7-9 III R 34.

d 23:v: ^{md}*nabû*$_2$*-šar*$_4$*-aḫḫē*$_2$*-šú* Assur8520e.5 VAT9689 ALA N15:un.

d 13:vi: " K323.13,14 ADD 68.

h 24:vi: ^{md}*nabû*$_2$*-šar*$_4$*-aḫḫē*$_2$*-šú* ^{amēl}[ ] / ^{māt}*sa-mir-i-*[ ] Asb. prism T BM121006.vi.51-53 PEA pl. 18.

d 7:vii: " Sm.469.r.ii.6′ ADD 818 SAA 7 61.

e 27:ix: [*nab]û*$^!$*-šar*$_4^!$*-aḫḫē*$_2$*-š[ú*$^!$] Bu.91-5-9,165.r.8,9 ABL 1262 (collated S. Parpola).

h 23:[ ]: ^{d}*nabû*$_2$*-šar*$_4$*-aḫḫē*$_2$*-šú* / ^{amēl}*šá-kìn* ^{māt}*sa-mir-i-na* Asb. prism F BM134431.vi.23,24 Iraq 7 fig. 14 no. 29.

e [ ]: ^{md}*nabû*$_2$*-šar*$_4$*-aḫḫē*$_2$*-šú* 83-1-18,156.r.6 ABL 1142.

h [ ]: ^{d}*nabû*$_2$*-šar*$_4$*-aḫḫē*$_2$*-šú* / [ ] ^{āl}*sa-m[ir-*] Asb. prism F AO19,939.vi.74,75 Aynard, Le Prisme pl. XVIII.

h [ ]: [ ] ^{āl}*sa-mir-*[ ]*-na* Asb. prism F BM134447 Iraq 7 fig. 14 no. 26.

d *a-di lim-me* ^{m}[ ]*-šar$_4$-aḫḫē$_2$-šú* K4773.ii.3 ADD 927 SAA 7 59 (not date-line).
d Assur9570v ALA N9:22.
d Assur13846aa VAT8663 ALA N33:22.

Nabû-šarru-uṣur 786

Nabû-šarru-uṣur 682

d 21:i: ^{md}*nabû$_2$-šarru$_2$-*[ ] K373.8,9 ADD 132 SAA 6 75.
d 30:i: ^{md}*nabû$_2$-šar*[*ru*]*-uṣur$_2$ ša ^{āl}ma-ra-qa-si* BT108.7,8 Iraq 25 pl. XXI.
d 10$^{!}$:ii: ^{md}*nabû$_2$-šarru$_2$-uṣur$_2$* K1058.5,6 ADD 143 SAA 6 76.
d 24:ii: " 81-2-4,162.r.6′,7′ ADD 437 SAA 6 187.
d 25:ii: " *ša ^{āl}mar-qa-si* Rm.180.r.5′ ADD 363 SAA 6 188.
d 25:ii: " K338.9,10 ADD 136 SAA 6 77.
d 7:v: ^{md}*nabû$_2$-šarru$_2$-*[ ] / ^{amēl}*šá-kìn ^{āl}mar-qa-*[ ] K379.r.5-7 ADD 679 SAA 6 190.
d 5:vii: ^{md}*nabû$_2$-šarru$_2$-uṣur$_2$* K339.6,7 ADD 21 SAA 6 189.
d 20:ix: " BT116.10,11 Iraq 25 pl. XXIII.
d 7:xi: ^{md}*nabû-šarru$_2$-uṣur$_2$* / ^{amēl}*šá-kìn ^{āl}mar-qa-si* 80-7-19,353.25-27 ADD 215 SAA 6 98.
d 16:xi: ^{md}*nabû$_2$-šar*[*ru$_2$-*] ^{āl}*mar-qa-si* BT128.9-11 Iraq 25 pl. XXVI.
d 17:xi: ^{md}*nabû$_2$-šarru$_2$-uṣur$_2$* ND2080.9,10 Iraq 16 pl. V.
d o:xi: " BT103.7,8 Iraq 25 pl. XX.
d 11:[ ]: [*-šar*]*ru$_2$-uṣur$_2$* ^{amēl}*šá-kìn ^{āl}mar-qa-si* K445.r.2′,3′ ADD 370 SAA 6 191.
d 25:[ ]: " / *šá-kìn ^{āl}mar-ḫa$^{!}$-si* 83-1-18,344.r.5-7 ADD 222 SAA 6 45.
d [ ]: ^{md}*nabû$_2$-šarru$_2$-uṣur$_2$* / [^{ā}]^{l}*mar-qa-sa* Rm.147.e.1,2 ADD 276 SAA 6 192.

---

d 5:ii: *lim-*[ ] / *ár-kàt* ^{md}*nabû$_2$-šarru$_2$-uṣur$_2$* / ^{amēl}*šá-kìn mar-qa-sa* Sm.701.r.8-10 ADD 213 SAA 6 197.

Nabû-šarru-uṣur PC

d 1:i: ^{md}*nabû$_2$-šarru$_2$-uṣur$_2$* ND2091.9,10 Iraq 16 pl. V.
d 5:i: " ^{amēl}*ṭupšar$_3$ ekalli$_2$* BT104.9,10 Iraq 25 pl. XX.
d 10:i: " *ṭupšar$_3$ ekalli$_2$* BM103396.8,9 CT 33 15.
d 13:i: ^{md}*nabû$_2$-šarru$_2$-uṣur$_2$* Assur9570b.15,16 (= 9515?) VAT20345 (formerly 16509) SAAB 5 2 ALA N9:3.
d 14:i: " Assur9570k.8,9 VAT1444 SAAB 5 10.
d 19:i: " *ṭupšar$_3$ ekalli$_2$* K320.r.14-16 ADD 711.
d 27:i: $^{md⌜}$*nabû*$^{⌝!}$*-šarru$_2$-uṣur$_2$* BM103017 SAAB 3 p. 70.
d [ ]:i$^{?}$: ^{md}*nabû$_2$-ša*[*rru$_2$-*] ND7028.24-26 IM75756 TFS 51.
d 1:ii: ^{md}*nabû$_2$-šarru$_2$-uṣur$_2$* / ^{amēl}*ráb šarēši* ND5465.13-15 Iraq 19 pl. XXXI.
d 2:ii: " *ráb šarēši* Assur9165.10,11 VAT9609 AfO 17 p. 104.
d 13:ii: ^{md}*nabû-šarru-uṣur* ^{amēl}DUB *e*[*kalli*] DK$_5$-18 IM63773 JCS 35 p. 62 S.3.
d 13:ii: [*-šar*]*ru-uṣur$_2$* ^{amēl}DUB *eka*[*lli*] DK$_5$-18 IM63773 JCS 35 p. 62 S.4 (env. of previous tablet?).
d 1:iii: ^{md}*nabû$_2$-šarru$_2$-uṣur$_2$ ṭupšar$_3$ ekalli$_2$* Assur9570o.6-8 VAT20346 (formerly 16514) SAAB 5 14.

d 1:iii ^{md}*nabû*$_2$-*šarru*$_2$-*uṣur*$_2$ Assur9571y$^?$.6-8 VAT20348 (formerly 16546) SAAB 5 32.
d 25:iii " Assur8603c.5,6 VAT9702 ALA N20:4.
d 22:iv: 'Nabū-šar-uṣur amēl GAL.SAG' ND3423 Iraq 15 p. 140.
d 23:iv: ^{md}*nabû*$_2$-*šar*[*ru*$_2$]-*uṣur*$_2$ *ṭupšar*$_3$ *ekalli*$_2$ ND7022.12,1 IM75751 TFS 59.
d 25:iv: 'Nabu-šar-uṣur the palace scribe' ND2325 Iraq 16 p. 42.
d 10:v: ^{md}*nabû*$_2$-*šarru*$_2$-*uṣur*$_2$ *ṭupšar*$_3$ *ekalli*$_2$ *aš+šur-ayu* VAT9930.29,30 Or. 33 p. 258 no. 7.
d [ ]:v: " *ṭupšar*$_3$ *ekalli*$_2$ ND2093.13 Iraq 16 pl. V.
d 23:vi: " ND7095.10,11 IM75795 TFS 45.
d 23:vi: " *ṭupšarru*$_3$ Assur5847d.9,10 VAT9622 ALA N11:4.
? d 1:vii: [-*u*]*ṣur*$_2$ Assur9571f VAT20343 (formerly 16513) SAAB 5 56 ALA N9:un.
d 21:vii: 'Nabu-šar-uṣur' ND2322 Iraq 16 p. 41.
d o:vii: ^{md}*nabû*$_2$-*šarru*$_2$-*uṣur*$_2$ Assur8876.r.6 VAT16508$^?$ ALA N16:1.
d o:vii: " */ l'm rbsrs / nbsrṣr* 81-2-4,147.7,8 ADD 129 CIS II 38.6,7 ArEp 3.
d 9:vii: " Assur9571g.14,15 VAT14441 SAAB 5 25.
d 15:viii: " ^{amēl}*sar-ten* TH111.8,9.
d 22:viii: 'Nabū$^?$-šar-uṣur' ND3438 Iraq 15 p. 142.
d 5:x: ^{md}*nabû*$_2$-*šarru*$_2$-*uṣur*$_2$ Assur8473c.11,12 VAT9696 ALA N19:3.
d 22:x: " ND7018.r.7,8 TFS 49.
d 4:xi: " *ṭupšar*$_3$ *ekalli*$_2$ ND2338.11,12 Iraq 16 pl. IX.
d 14$^?$:xi: " Assur9644n.15 VAT14438 SAAB 5 66 ALA N10:13.
d 14:xi: " *ṭupšar*$_3$ *ekalli*$_2$ ND2335.15, env.16 (tablet omits title) Iraq 16 pl. IX.
d 28:xi: " Assur9661e.8,9 VAT20395 (formerly16543) SAAB 5 45.
d 10:xii: " *ṭupšar*$_3$ *ekalli*$_2$ *aš+šur-ayu* ND3441.13,14 Iraq 15 pl. XII.
d 24:[ ]: [ ]*nabû*$_2$-*šarru*$_2$-*uṣur*$_2$ ^{amēl}*ráb šarēši* VAT5399.31 33 VS I 88.
d 26:[ ]: ^{md}*nabû*$_2$-*šarru*$_2$-*uṣur*$_2$ / *ṭupšar*$_3$ *ekalli*$_2$ VAT9866.5-7.
d [ ]: [ ]-*uṣur*$_2$ ^{amēl}*ráb šarēši* K443.r.5,6 ADD 177.
d [ ]: ^{md}*nabû*$_2$-*šarru*$_2$-*uṣur*$_2$ 'Assur 48'.
d Assur9648 VAT16539$^?$ ALA N9:70.
d Assur9966e A2634 ALA N10:25.
d Assur9966f A2636 ALA N10:26.
d Assur11634c VAT9355 ALA N27:3.
d Assur11682ab ALA N28:27.
d Assur11682r ALA N28:17.
? d Assur13319g A309 ALA N31:6.
d Assur13850p VAT15506 ALA N33:42.

---

d 1:i$^?$: *lim-mu šá arki /* [-*š*]*arru*$_2$-*uṣur*$_2$ *ṭupšar*$_3$ *ekalli*$_2$ VAT5400.28,29 VS I 84.
d 18:i: *lim-mu / šá arki* ^{md}*nabû*$_2$-*šarru*$_2$-*uṣur*$_2$ BM103394.10,11; A.8,9 (env.) CT 33 16.
d o:i: *lim-mu šá arki* " / ^{amēl}*ṭupšar*$_3$ *ekalli*$_2$ VAT5390.28,29 VS I 85.

d 10:iii: *lim-mu arki šá* ^{md}*nabû*$_2$-*šarru*$_2$-*uṣur*$_2$ *ṭupšarru*$_3$ Assur9570w.9,10 VAT20335 (formerly 16518) SAAB 5 19.
d 20:x: *lim-mu arki* ⌈*šá*⌉ ^{md}*nabû*$_2$-*šarru*$_2$-⌈*uṣur*$_2$⌉ Assur9581.9,10 VAT20405 (formerly 16535) SAAB 5 43.
d 10:xi: " " " " *ṭupšar*$_3$ *ekalli*$_2$ Assur9572n.13,14 VAT9365 SAAB 5 41.
d 10:xi: " " " " Assur9570l.8 VAT20339 (formerly 16517) SAAB 5 11.

(Note: The reference to Assur9571l in AfO 13, p. 316, is probably an error for Assur9570l. Assur9571l is dated to the eponymate of Ṣalmu-šarru-iqbi.
There are at least two post-canonical eponyms named Nabû-šarru-uṣur, one who was chief eunuch [*rab šarēši*] and one who was palace scribe [*ṭupšar ekalli*]. The *ša arki* eponym follows the latter. [RMW])

Nabû-tappûtu-alik PC

d 20:ii: ^{md}*nabû*$_2$-*tap-ut-alik* ND7004.12 IM74480 TFS 9.
d 28:ii: ^{md}*nabû*$_2$-*tap-pu-te-a*[*lik*] ND7023.10,11 IM75752 TFS 60.
d o:ii: ^{md}*nabû*$_2$-*tap-pu-ti-alik* Manchester Mus. Iraq 34 p. 135.
d 20$^?$:iv: ^{md}*nabû*$_2$-*tap-pu-t*[*ú-*] Assur9466l.7,8 VAT20370 (formerly 16502) SAAB 5 65.
h o:iv: ^{md}*nabû-tap-pu-ti-a-*[ ] Ssi. cyl. C, date Ki.1904-10-9,352.20 CT 34 3.
d 17:v: ^{md}*nabû*$_2$-*tap-pūtu-alik* / ^{amēl}*ráb šarēši* VAT5384.32-34 VS I 87.
d 15:vi: ^{md}*nabû*$_2$-*tap-pu-tú-alik* / ^{amēl}*ráb šarēši* VAT5391.30-32 VS I 93.
d 27:vii: ^{md}*nabû*$_2$-*tap-pu-ti-a-lik* TH110.15.
d 10:x: ^{md}*nabû*$_2$-*tap-*[ ]*-tú-a-lik* Assur8900e.5,6 VAT14445 ALA N21:14 AfO 13 p. 316.
d 1:xiia: ^{md}*nabû*$_2$-*tap-pu-ti-alik* K1361.18,19 ADD 102.
d 14:xiia: ^{md}*nabû*$_2$-*tap-pu-tú-alik* RA 24 p. 114 no. 3.11,12 ALA N21:15 BaM 15 p. 240.
d x5:[ ]: ^{md}*nabû*$_2$-*tap-pu-te-a-lik* ND7019.10 IM74494 TFS 64.
d [ ]: ^{md}*nabû*$_2$-*tap-pu-tú-ali*[*k*] / ^{amēl}*ṭupšarru*$_3$ *x* KAL TH109.e.
d : ^{md}*nabû-tap-putu-alik*^{ak} *ráb šarēši* RT 24 p. 25 no. 3.
d Assur2282m VAT9780 ALA N2:un.
d Assur9644m VAT16566$^?$ ALA N10:12.

Nabû-tāriṣ 721

Nādin-aḫḫē see Iddin-aḫḫē

Nasḫur-bēl 705

l 2:i: [ ] *šatti* 17^{kám} ^{m}*šarru-*[ ] K10084 AAT 31 ABK 294A.
l [ ]: [ ]*-kìn* ^{āl}*si-na-bu* / [ ] *šàr bābili* K14934 ABK 294S.
h [ ]: ^{m}*na-as-ḫur-bēl* ^{am}[^{ēl}] Sg. knob Assur2927b.7 A3380 KAH I 41 RIMS 1 no. 230; *cf.* AfO 3 p. 2.9 and RIMS 1 p. 54.
h [ ]: [*-a*]*s-ḫur-bēl* ^{amēl}*šá-kìn* ^{āl}*si-na-bu* Sg. knob Assur16007.7 A3582 RIMS 1 no. 233; *cf.* AfO 3 p. 2.9 and RIMS 1 p. 54.

Nergal-ālik-pāni 848

d *ša li-me* / ^{md}*nergal*$_5$-*a-lik-pa-ni* Bi77.12,13 JCS 7 p. 172 (not date-line).

Nergal-āpil-kūmūa **873**

s *ṣa-lam* / ^{md}*nergal*$_5$*-a-píl-ku-/mu-ia* ^{amēl}*ráb ekalli* / *šá muḫḫi āli šá* ^{āl}*kal-ḫi* / ^{amēl}*šá-kìn* ^{āl}*ir*$^?$*-me-ri-ti* St. 50.

Nergal-ēreš **803**

d 26$^?$:ii: ^{md}*ne[rg]al*$_3$*-ēreš* ND216.33,34 GPA 90.
d 29:vi: " ND269.8,9 GPA 80.
d [ ]: " ND252(h).r.6 GPA 21.

Nergal-ēreš **775**

h ^{md}*nergal*$_3$*-ēreš* ^{amēl}*šá-kìn* ^{māt}*ru-ṣa-pi* ^{māt}*la-qe-e* ^{māt}*su-ḫi i-na šanê*^{e} *lim-me-a* Assur10274, mace-head AfO 13 p. 318.

Nergal-ilāya **861**

Nergal-ilāya **830**

d 14:vi: [ ]^d*nergal*$_3$*-ila-aya* Bi68.16,17 JCS 7 p. 169, *cf.* p. 116.
d *ina* ⸢*lim-mi*⸣ ^{md}*nergal*$_3$-⸢*ila*⸣*-aya* *ibid.*9,10 (not date-line).

Nergal-ilāya **817**

d o:xii: ^{md}*nergal*$_5$*-ila-aya* ND492.22,23 GPA 2.

Nergal-ilāya **808**

d x4:[ ]: ^{md}*nerg[al*$_4$*-i]la-aya* ND252(k) GPA 170.

Nergal-nīrka-da''in **860**

Nergal-mudammiq **834**

h [*-mu]dammiq* ^{amēl}*bēl* [ ] Shalm. III boss Assur10248f.1′ A3502 RIMS 1 no. 224.

Nergal-nāṣir **746**

d :vii: ^{md}*nergal-nāṣir*^{ir} / ^{amēl}*šá-kìn* ^{āl}*na-ṣi-bi-na* ND693.29-31 BaM 24 13.
d 27:xi: ^{md}*nergal-[nā]ṣir*^{ir} [ ]*šá-kìn* [$^{\bar{a}}$]^l*na-ṣi-bi-na* ND473.30-32 GPA 24.

Nergal-šarru-uṣur **678**

d 14:v: ^{md}*nergal-šarru*$_2$*-uṣur*$_2$ BT118 env. Iraq 25 pl. XXIII.
d 3:vi: ^{m}*ner[gal-*] Rm.173.7 ADD 18 SAA 6 208.
d 15:viii: ^{m}*nergal-šarru-uṣur*$_2$ VAT10491.8.
l 26:ix: ^{md}*nergal-šarru*$_2$*-uṣur*$_2$ / ^{amēl}*ráb šāqê* SU51/19.v.12-15 STT 301.
d 7:[ ]: [*ner]gal-šarru*$_2$*-uṣur*$_2$ " K1617.r.3′,4′ ADD 301 SAA 6 255.
d 3:[ ]: [ ]*-šarru*$_2$*-uṣur*$_2$ " K449.r.16,17 ADD 630 SAA 6 271.
? d 'Nabu-šar-uṣur, échanson' EPHE 151.

Nergal-uballiṭ **731**

Nergal-zar[...]me$^?$ **892**

Ninuāyu **899**

h *ina li-me* ^{m}*ni-nu-a-iu* Adn. II annals, exp. VAT8288.45 KAH II 84 RIMAP 2 A.O.99.2.

Ninurta-ālik-pāni **711**

d 21:i: ^{md}*ninurta$_2$-ālik-pāni* / ^{amēl}*šá-kìn* ^{āl}*si-me-e* K287.r.6-8 ADD 5 SAA 6 26.
d 15:ii: ^{md}*ninurta$_2$-ālik-pāni* K351.4,5 ADD 676 SAA 7 79.
l 25:vi: ^{md}*ninurta-a-lik-pa-ni* ^{amēl}*šá-kìn* ^{āl}*si-ʾi-im-me-e šatti* 11^{kám} ^{m}*šarru-ú-kin a*[*rkû*] *šàr* ^{mātd}*a-šur$_4$*^{KI} K2678.r.4-9 III R 2,5 ABK 297A.
l [ ]:vi: the same except ^{d}*aš+šur*^{KI} at end K2692.r. ABK 297C.
d 30:x: [ ]^{d}*ninurta$_2$-ālik-pāni* ND223.5,6 GPA 144.
l [ ]: [*nin*]*urta-a-lik-pa-ni* ^{amēl}[ ] *šàr* ^{mātd}*a-šur$_4$*^{KI} K2683 III R 2,6 ABK 297B.
l [ ]^{amēl}*šá-kìn* ^{āl}*s*[*i-*] *šatti* 11^{kám} ^{m}*šarru-ú-*[ ] [ ] K2690.r.1-3 III R 2,8.

Ninurta-ašarēd **812**

l 19:iii: ^{md}*ninurta-ašarēd* VAT5744. AfO 11 Taf. VIII.17 ABK 231.

Ninurta-bēlu-uṣur **876**

Ninurta-ēṭiranni **862**

Ninurta-iddin **757**

Ninurta-ilāya **863**

Ninurta-ilāya **837**

Ninurta-ilāya **801**

Ninurta-ilāya **736**

d 10:xi: ^{md}*ninurta-ila-aya šá-kìn* ^{āl}*na-ṣi-pi-na* ND686.r.26′ BaM 24 11.

Ninurta-ilāya **722**

Ninurta-kibsī-uṣur **838**

s *ṣa-lam* ^{md}*ninurta-kib-si-uṣur$_2$* / ^{amēl}*šāqû$_3$ rabû*^{ú} / *ša* ^{md}*šùl-ma-nu-ašarēd$_3$ šar$_4$* ^{māt}*aš+šur* / ^{amēl}*šá-kìn* ^{māt}*na-i-ri* / ^{āl}*an-di* ^{āl}*si-na-bu* / ^{āl}*su*$^{?}$*-uḫ*$^{?}$*-na*$^{?}$ / ^{āl}*mal-la-a-ni* / ^{māt}*al-zi* St. 47.

Ninurta-mukīn-aḫi **789**

Ninurta-mukīn-nišī **846**

d [ ]^{d}*ninurta$_2$-mu-kín-nišī* Bi73+74.1 JCS 7 p. 171.

Ninurta-mukīn-nišī **765**

Ninurta-nādin-šumi **845**

d [ ] *li-me* / [ ]^{d}*ninurta$_2$-nādin*^{na}*-šumi* Bi77.21 JCS 7 p. 172 (not date-line).
d [ ]:iii: (*ša kināte*):^{md}*ninurta-nādin-šumi* ^{am}[^{ēl}] Shalm. III boss Assur16567.13,14 A3589 RIMS 1 no. 144.

Ninurta-nāṣir **783**

d 6:ii: [ ]^{d}*ninurta$_2$-nāṣir$_2$*^{ir} ND496.48 GPA 17.
d 24:(iv):^{md}*ninurta$_2$*$^{?}$*-nāṣir$_2$*^{ir} ND3483.15,16 Iraq 15 pl. XV; *cf.* AfO 17 p. 113.
d 13:viii/ix:^{md}*ninurta$_2$*$^{?}$*-nāṣir$_2$*^{ir} ND230(b).5,6 GPA 79.

d 29:xi: ^{md}*ninurta*$_2$-*n*[*āṣi*]*r*$_2$^{ir} ND3414.12,13 Iraq 15 pl. XI; *cf.* AfO 17 p. 113.

Ninurta-pīya-uṣur **877**

Ninurta-šēzibanni **754**

d 19:vii: ^{md}*ninurta*$_2$-*še-zib-an-ni* ^{amēl}*šá-kìn* ^{āl}*tal-mu-si* ND270.10-12 GPA 81.
d 20:vii: ^{md}*ninurta*$_2$-*še-zib-a-n*[*i*] ND212.18,19 GPA 5.
d 13$^?$:[ ]: [ ]-*še-zib-an-ni* ND229.31,32 GPA 23.

Ninurta-ubla **819**

Nuḫšāya **703**

Nūr-ṣalam-kaspi **PC**

d 15:xii: ^{m}*nū*[*r-ṣ*]*a-lam-kaspi* ND7009.14,15 IM74485 TFS 17, see p. 276 n. 61.

Pān-Aššur-lāmur **776**

Pān-Aššur-lāmur **759**

d ‘Pān-Aššur-[la-mur]’ ND5420 Iraq 24 p. 29.

Paqaḫa **?**

d 22:i: ^{m}*pa-qa-ḫa* ^{amēl}*šá-kìn* ^{āl}*libbi-āli* ND679.r.12-14 BaM 24 7.

Pašî **PC**

d o:i: [^{m}*pa-ši*]-*i* Assur14232kA.1 VAT8681 ALA N4:463.
d o:iii: ^{m}*pa-ši-*[*i*] Assur14232t.3 VAT8667 ALA N4:469.
d o:iv: ^{m}*p*[*a-ši-i*] Assur14231a.1 VAT8674 ALA N4:457.
d 21:xii: ^{m}*pa-ši-i* Assur8890f.9 VAT16572? ALA N21:9.
d 25:xii: ^{m}*pa-ši-i* Assur8711.r.1 VAT9606 ALA N21:1.
d Assur11682i ALA N28:9.

Qurdi-Aššur **872**

Qurdi-Aššur **836**

Qurdi-Aššur **767**

Q[urdi-ili]ma$^?$ **903**

Sagabbu **651**

e 4:i: ^{m}*sa-gab* K159.r.20 PRT 105 SAA 4 280.
e 9:i$^?$: " K401.r.4′ PRT 119 SAA 4 319.
e 26:ii: " K102.r.1′ PRT 106 SAA 4 317.
d 10:iii & 8:vii: PAB$^!$ *lim-me* ^{m}*sa-gab* K286.10 ADD 698 (collated J. N. Postgate).
e 8:v$^!$: ^{m}*s*[*a-gab*] K1360.r.12′ PRT 128 SAA 4 281.
e 10:v: ^{m}*sa*$_{16}$-*gab* ^{amēl}*pāḫiti ḫarrān*^{KI} K396.r.7 PRT 110 SAA 4 324.
e 11:v: ^{m}*sa-gab* K385.r.1,2 PRT 116 SAA 4 326.
e 11:vii: ^{m}*sa*$_{16}$-[ ] K3791.r.4 PRT 108 SAA 4 327.
e 15:vii: ^{m}*sa*$_{16}$-*gab* K4.r.11 PRT 109 SAA 4 282.
e 16:viii: ^{m}*sa-gab* K3161.e.1 PRT 107 SAA 4 283.
e [ ]:x: [*s*]*a*$_{16}$-*gab* 82-5-22,137.r.4′ PRT 140 SAA 4 329.

e 4:xi: ^{m}*sa-gab* 81-7-27,136.r.3′ PRT 111 SAA 4 318.
e 4:xi: ^{m}*sa*$_{16}$*-gab* 82-5-22,86.r.5 PRT 112 SAA 4 303.
e 11:xi: " K303.r.6′,7′ PRT 113 SAA 4 285.
e 16:xi: ^{m}*sa*$_{16}$*-gab* K392.r.3′ PRT 114 SAA 4 286.
e 1:xii: ^{m}*sa*$_{16}$*-gab*$^{!}$ 83-1-18,12.16,17 ABL 423 SAA 10 138.
d 12:xii: ^{m}*sa-gab* ^{amēl}*šá-*[ ] Rm.182.r.7,8 ADD 333.
d 12:[ ]: " K3494.r.6 ADD 574.
e 13:[ ]: ^{m}*sa*$_{16}$*-gab* K1611.r.16′ PRT 115 SAA 4 293.
e [ ]: ^{m}*sa-gab* K375.r.1′ PRT 117 SAA 4 330.
e [ ]: [*s*]*a*$_{16}$*-gab* Bu.91-5-9,208.r.10 PRT 118 SAA 4 287.
d *ir-bu šá lim-m*[*e* ^{m}]^{d}*sa*$_{16}$*-gab* K4773.ii.2 ADD 927 SAA 7 59 Tax. p. 308 (not date-line).
d Assur8645c A2519 ALA N18:13.

---

d 5:i: *lim-mu šá arki* ^{m}*sa-ga*[*b*$^{!}$] Assur8642e (env. of next text) A2512 ALA N18:8; *cf.* AfO 32 p. 52.
d Assur8642d A2512 ALA N18:8.
d 20:i: *lim-mu šá arki* ^{m}*sa-gab* Assur8448c.10,11 VAT9699 ALA N18:3; *cf.* CCEN p. 15.

Sailu PC

d 3:i: ^{m}*si-i-l*[*i*] ^{amēl}*ráb nuḫatimme* P350.34-36 (now LB851) OLZ 8 p. 131-32 ARU 179.
d 4:i: " " VAT5389.34-36 VS I 86.
d 4:i: ^{m}*sa-i-lu*$_{4}$ Assur5847b.9,10 VAT9619 AfO 17 p. 105 ALA N11:2.
d 11:vi: ^{m}*sa-i-lu* Assur2282h VAT9783 ALA N2:25; *cf.* AfO 32 p. 52.
h o:vii: ^{m}*s*[*a*]*-i-lu* ^{amēl}*ráb nuḫatimme* Ssi. boss, date Assur12727.5 VA8416 KAH II 129 RIMS 1 pp. 55-60b, with duplicates.
d 1:ix: ^{m}*sa* ^{amēl}*ráb nuḫatimme* BM122698.38,39 AfO 32 p. 42 ALA N33:un.
d 15:x$^{?}$: ^{m}*sa-ʾi-i-lu* " ND7002.7-9 IM74478 TFS 7.
d 8:xii: ^{m}*sa* ^{amēl}*ráb nuḫatimme* Assur9687.37,38 VAT15500 SAAB 5 51.
d [ ]: ^{m}*sa-i-lu* " 81-2-4,161.e.3 ADD 435.
d [ ]: ^{m}*sa* ^{amēl}[*rá*]*b nuḫatimme* Braunschweigisches Landesmuseum Wolfenbüttel 11289(a).e.1′,2′ BaM 16 p. 371.
d Assur13319m ALA N31:10.
d Assur14232A VAT8666 ALA N4:un.

Silim-Aššur 659

d [ ]:ii: ^{m}*si-lim-*[ ] / ^{amēl}*sukkallu* 2 ND5464.14-16 Iraq 19 pl. XXIX.
d o:ii: ^{m}*si-lim-aš+šur* *K281.35 ADD 233.*
d 6:vii: " ^{amēl}*sukkalli* 2^{i} Th.1905-4-9,44.e. ADD 1241.
d 5:x: " ND5450.17,17 Iraq 19 pl. XXIX.
d 6:xii: " BM122653.6 Iraq 32 pl. XXVI no. 16.
d : *sil*[*im-*] ‘Assur 27.25’.
d *yrḥ tṣrḥ lʾm šlmʾsr skl* [ ] VA7498.6-9 WVDOG 38 p. 4 ArEp 49.

Sîn-aḫḫē-erība 687

d [ ]:iii: ^{md}[ ] / *šar*$_{4}$ ^{māt}[ ] Rm.161.r.10′-12′ ADD 225 SAA 6 151.
d 16:iv: ^{m}*sîn-aḫḫē*$_{2}$*-erība / šar*$_{4}$ ^{māt}*aš+šur*^{KI} K419.9-11 ADD 218 SAA 6 152.

d [ ]:iv: ^{md}[ ] / *šar*$_4$ ^{māt}*a*[*š*-] K1440.r.4′,5′ ADD 454 SAA 6 153.
d 1:v: ^{m}*sîn-aḫu*$_2$*-erība* BT105.9 Iraq 25 pl. XIX.
d 22:v: ^{md}*sîn-aḫḫē*$_2$*-erība šàr* [ ] K405.e.2,3 ADD 335 SAA 6 154.
d 22:v: 'Sin-aḫḫe-eriba' ND2306 Iraq 16 p. 37.
? d 15:vii: [ ] / *šar*$_4$ ^{māt}[ ] 82-5-22,32.r.8′,9′ ADD 456 SAA 6 155.
d 16:vii: ^{m}*sîn-aḫḫē*$_2$*-erība* / *šar*$_4$ ^{māt}*aš+šur* 83-1-18,364.14-16 ADD 100 SAA 6 156.
d 20:vii: ^{m}*sîn-aḫḫē*$_2$-[ ] K413.17,18 ADD 43 SAA 6 157.
d 3:ix: ^{md}*sîn-aḫḫē*$_2$*-erība* K423.14,15 ADD 125 SAA 6 158.
d 7$^{!}$:x: " / *šàr* ^{māt}*aš+šur*^{KI} 83-1-18,342.31,32 ADD 624 SAA 6 160.
d 12:xi: " *šar*$_4$ ^{māt}*aš+šur* DT12.r.11′,12′ ADD 317 SAA 6 88.
d [ ]: ^{md}*s*[*in*-] Rm.185.9 ADD 353 SAA 6 159.
l [*li*]*-mu* ^{md}*sîn-aḫḫē-ri-bà šarru rab*[*û* *d*]*an-nu* [ ] ^{mātd}*aš-šur* VAT9412 AfO 12 p. 246.
d ^{md}*sîn-aḫḫē*-[ ] Rm.392.r.1 ADD 636.
d Assur8663 A1835 ALA N20:16.

Sîn-ālik-pāni **PC**

d 14:i: ^{md}*sîn-ālik-pāni* ND7086.8,9 IM75785 TFS 38.
d 19:i: ^{md}*sîn-ālik-pāni*^{MEŠ} ND7088.9,10 IM75788 TFS 39.
d 1:ii: ^{md}*sîn-ālik-pāni ša muḫḫi bīt-an-ni* ND7090.7-9 IM75790 TFS 40.
d 1:ii: [*s*]*în-ālik-pāni* [ ] *bīt-an-ni* SAAB 1 p. 20 no. 4.5′-7′.
d 1:iii: ^{m}*sîn-ālik-pa*$^{!}$*-ni*$^{!}$ TH106.18.
d 14$^{?}$:iii: ^{m}*sîn-ālik-pāni* Smith, Canon 100, from Layard copy.
d o:iii: ^{md}*sîn-ālik-pāni* Assur14232p.2 VAT8668 ALA N4:467.
d 16$^{?}$:v: ^{m}*sîn-āl*[*ik*-] / [ ] *muḫḫi* [ ] Assur8890a.36,37 VAT16510$^{?}$ ALA N21:7.
d [ ]:v: ^{md}*sîn-ālik*-[ ] VAT9691.7,8.
d 3:vi: ^{m}*sîn-ālik-pāni* AO4507.20,21 TCL 9 63.
d 9$^{?}$:vi: " ND7024.7,8 IM75753 TFS 61.
d 20:vi: ^{md}*sîn-ālik-pāni* DS32-49.8,9 CTDS 3.
d o:vii: ^{md}*sîn-āl*[*ik*-] Assur14232u.1 VAT8673 ALA N4:un.
d 19:ix: ^{m}*sîn-ālik-pāni* VAT10979 AfO 13 p. 317 AfO 17 p. 105.
d o:ix: ^{m}*s*[*în-ālik-pāni*] Assur14232r VAT8669 ALA N4:468.
d 1:x: ^{md}*sîn-ālik-pāni* Assur11682d ALA N28:4 AfO 17 p. 105.
d 2:x: ^{m}*sîn-ālik-pāni* RA 24 p. 119 no. 9.r.3,4.
d " Assur8900c AfO 13 p. 317 ALA N21:12.
d " VAT11832 AfO 13 p. 317.
d Assur8476g VAT9709 ALA N17:7.
d Assur8614a A2537 ALA N20:5.
? d Assur11682c ALA N28:3.
? d Assur11682m ALA N28:12.
d Assur14232aa VAT8664 ALA N4:un.
d Assur14232bA VAT8586 ALA N4:462.
d Assur14232s VAT8680 ALA N4:un.
d Assur14671v ALA N31:42.

Sîn-kēnu-idi **PC see Sîn-ālik-pāni**

Sîn-kēnu-na'id **PC see Sîn-ālik-pāni**

Sîn-šallimanni 747

d 4:ii: ^{md}*sîn-šal-a-ni* / ^{amēl}*šá-kìn* ^{māt}*ra-ṣa-pi* K326.32-34 ADD 412 SAA 6 17.

Sîn-šarru-uṣur PC

d 8?:i: ^{m}*sîn-šarru*$_2$*-uṣur*$_2$ *ṭup[šar*$_3$*] ekalli*$_2$ TH108.15,16.
d 26:i: 'Sin-šar-uṣur' ND2088 Iraq 16 p. 34.
d 29:i: ^{md}*sîn-šarru*$_2$*-uṣur*$_2$ / ^{amēl}*ṭupšar*$_3$ *ekalli* ND2318.8-10 Iraq 16 pl. VII.
d 2:ii: ^{m}*sîn-šarru*$_2$*-u-ṣú-ur* K179.6,7 ADD 2.
d 19:ii: 'Sin-šar-uṣur' ND2083 Iraq 16 p. 34.
d 20:ii: ^{m}*sîn-šarru*$_2$*-uṣur*$_2$^{amēl}*ṭupšar*$_3$ *ekalli*$_2$ K329.35,36 ADD 318.
d o:ii: 'Sin-šar-uṣur, the palace scribe' ND2341 Iraq 16 p. 46.
d 4:iii: ^{m}*sîn-šarru*$_2$*-uṣur*$_2$ *ṭupšar*$_3$ *ekalli*$_2$ Assur5847c.8,9 VAT9623 AfO 17 p. 105 ALA N11:3.
d 17:iii: " K311.48 ADD 325.
d 4:v: " ^{amēl}*ṭupšar*$_3$ *ekalli*$_2$ ND2339.8-10 Iraq 16 pl. IX.
d 9:v: ^{md}*sîn-šarru*$_2$*-uṣur*$_2$ / [ ] ^{āl}*ḫi-in-dan* Assur8473d.r.15-17 VAT9682 ALA N19:4.
d 18:v: ^{m}*sîn-šarru*$_2$*-uṣur*$_2$ *ṭupšar*$_3$ *ekalli*$_2$ NMC8612.40,41 CTNMC 68 ALA N31:61.
d 21:v: " ^{amēl}*ṭupšar*$_3$ *ekalli*$_2$ Assur14067a.r.11-13 A1840 ALA N32:1.
d 27:v: " [*pā]ḫiti*? *ninua*?KI Th.1905-4-9,356.22-24 ADD 1252.
d 1:vi: ^{m}*sîn-šarru*$_2$*-uṣur*$_2$ ^{amēl}*ṭupšar*$_3$ *ekalli*$_2$ VAT5602.22,23 VS I 95.
d 15:vii: md " *ṭupš[ar*$_3$] ND7031.r.9,10 IM75759 TFS 55.
d 14:viii: m " *ṭupšar*$_3$ *ekalli*$_2$ Assur9570x.8,9 ALA N9:24 SAAB 5 24B.
d [ ]:viii: md " *[ṭupš]ar*$_3$ *ekalli*$_2$ Assur9571f.9,10 VAT9337 ALA N9:32 SAAB 5 24A.
d 4:ix: " ^{amēl}*ṭupšar*$_3$ *ekalli*$_2$ Assur8603b A2528 AfO 13 p. 317 AfO 17 p. 105 ALA N20:3.
d 4:ix: " *arkû*^{ú} Assur8890c.5′,6′ VAT19304 ALA N21:un.
d 11:ix: " VAT15527a.5,6; b2,3.
d o:ix " IM60011.r.2,3 SAAB 6 p. 13 no. 11.
d 6:x: " ^{amēl}*ṭupšar*$_3$ *ekalli*$_2$ K421.r.15,16 ADD 623.
d 6:x: 'Sin-šar-uṣur, palace scribe' ND2327 Iraq 16 p. 42.
d 10:x: 'Sin-šar-uṣur...(A.BA.KUR)' ND3445 Iraq 15 p. 143.
d [ ]:x: ^{m}*sîn-šarru*$_2$*-uṣur*$_2$ [ ] ND7005.9,10 IM74481 TFS 8.
d 3:xi: " [ ] *pāḫiti ḫi-in-dan* K309a.r.19-e.2 III R 46,1 ADD 207.
h 10?:xi?:[ ] " IM59051a,b,c SAAB 6 p. 11 nos. 7-9.
d 13:xi: md " ^{amēl}*arkû*^{u} K420.64 ADD 414.
d 26:xi: " VAT9860.13,14.
d 26:xi: 'Sin-šar-uṣur' ND3432 Iraq 15 p. 142.
d o:xi: ^{m}*sîn-šarru*$_2$*-uṣur*$_2$ IM59048.6 SAAB 6 p. 6 no. 4.
d 7:xii: ^{m}*sîn-šarru*$_2$*-uṣur*$_2$ ^{amēl}*bēl pā[ḫiti]* / ^{āl}*ḫi-in-dà-na* Assur8890t.23-25 VAT16507? ALA N21:10 Deller, Volterra FS 640.
d 16:[ ]: " VAT8930.5,6 KAJ 140.
d [ ]: ^{md}*sîn-šarru*$_2$*-uṣur*$_2$ / [*pā]ḫiti ḫi-in-dan* Assur1319.41,42 VAT9825 ALA N2:15.

d [ ]: ^{md}*sîn-šarru$_2$-uṣur$_2$ šá-kìn $^{māt\ āl}$ḫi-in-da-ni* BM103389.35,36 AfO 32 p. 39.
d [ ]: ^{m}*sîn-šarru$_2$-uṣur$_2$ ṭupšarru$_3$* Ki.1904-10-9,104 ADD 1165.
d [ ]: [ ]^{d}*sîn-šarru$_2$-uṣur$_2$ ^{amēl}bēl pāḫiti ^{māt}ḫi-*[ ] Asb. cyl. BM122613.11 Iraq 30 pl. XXVII.
d [ ] *lim-me* ^{m}*sîn-šarru$_2$-uṣur$_2$* SU52/331.r.13 STT 48 (not date-line).
d [ ]: [*-uṣ*]*ur$_2$ ^{amēl}ṭupšar$_3$ ekalli$_2$* Assur9572d.35 VAT9398 SAAB 5 35.
d Assur8603a A77 ALA N20:2.
d Assur9661g ALA N9:77.
d Assur13319o A1859 ALA N31:12.
d Assur14325cB VAT8901 ALA N24:4.
d Assur14325f VAT8915 ALA N24:5.
d Assur14325sA VAT8893 ALA N24:6.
d Assur14671ac ALA N31:49.
? d Assur14671f ALA N31:27.

(Note: There are at least two post-canonical eponyms named Sîn-šarru-uṣur, one who was governor of Ḫindānu and one who was palace scribe [*ṭupšar ekalli*]. The former belongs to the time of Aššurbanipal and the latter to the time of Sîn-šarru-iškun. A third Sîn-šarru-uṣur, who is designated *arkû*, 'second', may be yet another eponym of this name. [RMW])

Sîn-šarrussu-ka''in PC

d 12:viii: $^{md'}$*sîn-šarru-su-ka''in$_2$* ND7071.17,18 IM75778 TFS 29.

Sîn-šumu-ibni PC

d 26:ix: ^{md}*sîn-šumu-ibni*$^{?}$ K976.r.10,e.1 ADD 67 Assur 2,5 p. 11.

Sîn-taklāk 739

d 19:xii: ^{m}*sîn-tak-lak ^{amēl}masennu* Th.1905-4-9,353.r.6′,7′ ADD 1251 SAA 6 18.
d Assur2282b* VAT9759 Deller, Volterra FS 643 ALA N2:23.

Ṣalmu-šarru-iqbi PC

d 20:i: ^{m}*ṣalmu-šarru$_2$-iq-bi ^{amēl}tur-ta-nu* ND7085.12,13 IM75784 TFS 31.
d 20:ii: " / *^{amēl}tur-ta-nu šumēli*$^{?}$ K301.23-25 ADD 308.
d 10:v: " Assur9661c.7′,8′ VAT20413 (formerly 16545) SAAB 5 44.
d 22:v: ^{m}*ṣalmu-šarru$_2$-i*[*qbi$_3$*] K282.41,42 ADD 349.
d 10:vi: ^{m}*ṣal-mu-šarru$_2$-i*[*qbi$_3$*] RA 24 p. 119 no. 10.10,11.
d 16:vii: ^{m}*ṣalmu-šarru$_2$-iqbi$_3$* Assur13846l VAT15465 ALA N33:10.
d 25:vii: " ND2095.9 Iraq 16 pl. V.
d 14:viii: " Assur9570p.7,8 VAT20384 (formerly 16576) SAAB 5 15.
d 28:viii: ^{m}*ṣalmu-ša*[*rru$_2$- -b*]*i ^{amēl}tur-tan šumēli* Mosul Museum TIM 11 1.54.
d 20:ix: " IM76891.7,8 TIM 11 7.
d 17:xi: " *^{amēl}tur-ta-nu ^{āl}ku-mu-ḫi* K298.49 ADD 446.
d 25:xi: ^{m}*ṣal-mu-šarru$_2$-iqbi$_3$* Assur9571l.7′,8′ VAT20530 (formerly 16519) SAAB 5 28.
d [ ]:xi: ^{md}*ṣalmu-šarru$_2$-iq*[*bi$_3$* K409.17 ADD 81.
d 17:[ ]: ^{m} " K415.r.2 ADD 165.
d [ ]: ^{m}*ṣa*[*lmu-*] / *^{amēl}tur-ta-nu ^{māt}k*[*u-*] K1568.e.1,2 ADD 309.

d Assur5847a A1934 ALA N11:1.
d Assur13319af ALA N31:18.

Ṣidqi-ilu **764**
d o:ii: ^{m}*ṣi-id-qí-ilu ša* ^{māt}*tuš-*[ ] BT22.36,37.

Ṣil-bēli **806**

Ṣil-Ištar **787**
l 4:iv: ^{m}*ṣilli-*^{d}*ištàr* ^{amēl}*šá-kìn* ^{āl}*arba-ili* ND4367 NTT 8.

Ša-Aššur-dubbu **707**
d 28:i: ^{m}*šá-aš-š*[*ur-*] 83-1-18,389.r.8,9 ADD 292.
l 10:iii: ^{m}*ša-*^{d}*aš+šur-du-ub-bu* ^{amēl}[ ] / *šatti* 15^{kám} ^{m}*šarru-kēn arkû*^{ú} *šàr* ^{māt}*aš+šur*^{KI} *šatti* 3^{kám} [ ] Rassam 1.r.11,12 AfO 11 Taf. I.
d 15:vi: ^{m}*šá-aš+šur-*[ ] 83-1-18,335.33,34 ADD 350 SAA 6 32.
d [ ]:via${}^{?}$:^{m}*šá-aš+šur-d*[*u-*] ND2451.1,2,r.6 Iraq 23 pl. XIV.
l 13:viii:^{m}*ša-*^{d}*aš+šur-du-ub-bu* ^{amēl}*šá-kìn* ^{āl}*tu-uš-ḫa-*[ ] / *šatti* 5${}^{!kám}$ ^{m}*šarru-kēn arkû*^{ú} *šàr* [ ] / *ù šatti* [ ] K3074 III R 2,13 ABK 294G.
l 14:viii:[ ]*-kìn* ^{āl}*tu-uš-ḫa-an* / [ ] *aš+šur*^{KI} K3066 III R 2,12 ABK 294F.
d 11:xii: 'šá-Ašur-dúb-bu' Assur MDOG 36 p. 24.
l [ ]: ^{m}*ša-*^{d}*aš+šur-du-ub-*[ ] / [ ] 3[ ] K3055 III R 2,15 ABK 294H.
l [ ]: [ ]*aš+šur-du-ub-bu* ^{amēl}*šá-kìn* ^{āl}*tu-uš-ḫa-an* / [ ] *šatti* 3^{kám} *šàr bābili*^{KI} K3064 III R 2,14.
l [ ]: ^{m}*ša-*^{d}*aš+šur-du-ub-bu* ^{amēl}*šá-kìn* ^{āl}*t*[*u-*] / [ ] ^{māt}*aššur*^{KI} *šatti* 3^{kám} *šàr bābili*^{KI} Sm.2045.r.2,3.
l [ ]: [ ] ^{āl}*tu-uš-ḫa-an* K3075 ABK 294I.

Ša-ilima-damqa **879**
h 1:iii: ^{m}*šá-ili-ma-damqa* Asn. annals ii.86, exp. AKA 326 RIMAP 2 A.O.101.1.
h 1:iii: " Asn. Kurkh Monolith obv.28 III R 6 AKA 225 RIMAP 2 A.O.101.19.
h 1:iii: " Asn. 'Great Monolith' r.131,132 H. Genge, Stelen p. 69 RIMAP 2 A.O.101.17.

Šamaš-abūa **894**
h o:i: ^{md}*ša*[*maš-a*]*bu-ia* Adn. II annals, exp. VAT8288.94 KAH II 84 RIMAP 2 A.O.99.2.

Šamaš-abūa **852**

Šamaš-abūa **840** **(*cf.* Bēl-abūa)**

Šamaš-bēlu-uṣur **893** **(see p. 24, note to 893)**

Šamaš-bēlu-uṣur **864**

Šamaš-bēlu-uṣur **851**
h *ina li-me* ^{md}*šamaš-bēlu-uṣur*$_{2}$ Shalm. III Balawat Gates.iv.1, exp.

d [ ]^{d}*šamaš-bēlu-uṣur$_2$* Bi77.7 JCS 7 p. 172 (not date-line).
s *ṣa-lam* ^{md}*šamaš-bēlu-uṣur$_2$ šá-kìn* ^{āl}*kal-ḫi* ^{māt}*ḫa-me-di* ^{māt}*sir-ga-ni* ^{māt}*ia-lu-na* St. 42.

Šamaš-bēlu-uṣur 710

d 11:i$^{?}$: ^{md}*šamaš-bēlu$_2$-uṣur$_2$* ND252(n).r.1,2 GPA 147.
d 28:i: ^{md}*šamaš-bēlu-uṣur$_2$* / ^{amēl}*šá-kìn* ^{āl}*ár-zu-ḫi-na* Ki.1904-10-9,98.r.8′,9′ ADD 1164 SAA 6 28.
d 17$^{?}$:iii: ^{md}*šamaš-bēlu$_2$-uṣur$_2$* ND221.6,7 GPA 145.
d 17:x: ^{md}*šamaš-bēlu-uṣur$_2$* / *ša* ^{māt}*ur-zu-ḫi-na* Th.1905-4-9,49.14-16 ADD 1246 SAA 6 29.
d 15:xi: " BT101.8,9 env.9,10 Iraq 25 pl. XIX.
d 15:xii: ^{md}*šamaš-bēlu$_2$-uṣur$_2$* K358.e.2,3 ADD 416 SAA 6 30.
d [ ]:xiia: " ND222.3-5 GPA 146.
d [ ]: [ ]*šamaš-bēlu-uṣur$_2$* / [ ] ^{āl}*ár-zu-*[ ]*-na* 82-3-23,143.r.7′,8′ ADD 392 SAA 6 13.

Šamaš-da''inanni PC

d 1:i: ^{md}*šamaš-da-in-a-ni* K1379.9,10 ADD 57.
h 1:i: ^{md}*šamaš-da''in^{in}-an-ni* Asb. prism A K8537.
d 6:ii: ^{md}*šamaš-da-in-a-ni* RA 24 p. 118 no. 7.14,15.
h 15:ii: ^{md}*šamaš-da''in^{in}-an-ni* ^{amēl}*šá-kìn* ^{māt}*akkadi* Asb. prism A Rm.1.x.119-120 III R 26.
d 7:vi: ^{md}*šamaš-da''in^{in}-a-ni* K381.7,8 ADD 4.
h 28:vi: ^{md}*šamaš-da''in^{in}-a-ni* / ^{amēl}*pāḫiti bābili*^{KI} Asb. prism A K1697.
d 2:vii: 'Šamaš-daninani' ND2324 Iraq 16 p. 42.
l 12:xi: ^{md}*šamaš-da''in-a$^{!}$-ni* BM121206.r.ix.50 van Driel, Cult p. 119; *cf.* B. Menzel, AT II T69.
d Assur8448a VAT8738 ALA N18:1.
d Assur8583 A2494 ALA N20:1.
d Assur8889b ALA N21:3.
d Assur11752a A2686 ALA N26:1.

Šamaš-ilāya 818

Šamaš-kāšid-ayābi 669

d 20:i: ^{md}*šamaš-kāšid-*[ ] *ša* ^{āl}*x*[ ] K388.r.6,7 ADD 366 SAA 6 304.
d 21:vii: ^{md}*šamaš-kāšid-aya-bi* IM76889a.10,11; b.8,9 TIM 11 18.
d 23:vii: " K363a.13,14; b.e.1,2 ADD 103 SAA 6 293; ADD 104 SAA 6 292.
d 3:[ ]: [ ]^{d}*šá-maš-kāšid-ay*[*a-*] K1492.e.1,2 ADD 310.
d 14:[ ]: ^{md}*šá-maš-kāšid-aya-bi* BM73164.e. (collated I. L. Finkel).
d 21:[ ]: [ ]*-kāšid-aya-bi* 83-1-18,352^{+}.r.12,13 ADD 183^{+} SAA 6 305.
d Assur14325c* VAT8955 ALA N24:3.

Šamaš-kēnu-dugul 749

d [ ]: ^{md}*šamaš-kēnu$_2$-*⌜*du-gul*⌝ ND9908.15′ IM75893 TFS 68.

Šamaš-kūmūa 811

Šamaš-mītu-uballiṭ PC

d 12:ii: 'Šarru-mitu-balliṭ' ND3459 Iraq 15 p. 145.
d 16:vi: ^{m}*šamaš*$_2$*-mītu-uballiṭ*$_2$ BM103956.5,6 ZA 73 p. 244 no. 11.
d 20:vi: ^{m}*šamaš*$_2$*-mītu*$^{!}$*-uballiṭ*$_2^{!}$ K366.3,4 ADD 703 (collated J. N. Postgate).
d 25:vii: 'Šarru-mitu-balliṭ' ND3454 Iraq 15 p. 144.
d 17:xi: " ND2099 Iraq 16 p. 36.
d 7:xii: ^{m}*šamaš*$_2$*-mītu-uballiṭ*$_2$ AO4514.10,11 TCL 9 60.
d 14:xii: 'Šarru-mitu-balliṭ' ND3449 Iraq 15 p. 144.
? d 24:[ ]: 'Šamaš-zēr-uballiṭ' ND3405 Iraq 15 p. 138; *cf.* AfO 17 p. 117.

Šamaš-nūrī 866

h *ina li-me* ^{md}*šamaš-nu-ri* Asn. annals iii.92, exp. AKA 374 RIMAP 2 A.O.101.1.

Šamaš-šarru-ibni PC

d 11:i: ^{md}*šamaš-šarru*$_2$*-ibni* 'Assur 21.9'.
d 8:vi: " Ki.1904-10-9,57.7,8 ADD 1160.
d 8:[ ]: ^{m}*šá-maš-šarru*$_2$*-ibni* env. of above ADD 1161.
d 28:vi: ^{md}*šamaš-šarru*$_2$*-ibni* IM76890.13 TIM 11 4.
d 11:vii: " 'Assur 28.38'.
d o:vii: " Iraq Museum TIM 11 22.12.
d 22:viii: " 'Assur 18.12'.
d 12:xii: " 'Assur 19.12'.
d 12:xii: " 'Assur 28.38'.
d [ ]: ^{md}*šamaš-šarru*$_2$*-ibni* ^{amēl}*tur-tan* IM76899.38 TIM 11 3.
d : " DS32-17b,c.iii.6 CTDS 1 (not date-line).
d [ ]: " DS32-43c.6 CTDS 4.
d [ ]: [*ša*]*maš-šarru*$_2$*-ibni* DS32-50.e CTDS 8.
d Assur8476x VAT8739 ALA N17:10.
d Assur11682e ALA N28:5.
d Assur11682n ALA N28:13.
? d Assur14671dB ALA N31:25.

Šamaš-šarru-uṣur$^{?}$ 893

Šamaš-ubla see Šamaš-upaḫḫir

Šamaš-upaḫḫir 874

Šamaš-upaḫḫir 708

d 6:i: ^{md}*šamaš-ú-pa-ḫír* Assur1408.r.23 VAT9763 AfO 21 p. 69 ALA N5:25.
l 24:i: ^{md}*šamaš-ú-paḫ-ḫir* ^{amēl}*šá-kìn* ^{m}[^{āt}] / *šatti* 14^{kám} ^{m}*šarru-kē*[*n*] *arkû*^{ú}
šar$_4$ ^{māt}[ ] / [ ] *šatti* 2$^{?kám}$ *š*[*ar*$_4$] K2682+2684.r.5-7.
l x4:i: ^{md}*šamaš-ú-paḫ-ḫir* ^{amēl}*šá-kìn* ^{māt}[ ] / [ ]*-kēn arkû*^{ú}
šàr ^{māt}*aš-*[ ] / *šàr* [ ] K2689 III R 2,10.
l [ ]: ^{md}*šamaš-ú-paḫ-ḫir* ^{amēl}*š*[*á-*] / [ ]4^{k}[^{ám}]^{ú}
šàr [ ] K3070 CT 38 37.

Šamaš-zēru-uballiṭ PC see Šamaš-mītu-uballiṭ

Šamšī-Adad 822

Šamšī-ilu **780**

Šamšī-ilu **770**

Šamšī-ilu **752**

Ša-Nabû-šû **658**

d 21:i: ^{m}*ša-*^{d}*nabû*$_{2}$*-su*(sic!) ND2337.16,17 Iraq 16 pl. IX.
d 29$^{?}$:i: ^{m}*šá-*^{d}*nabû*$_{2}$*-šu-u* BM122653.8 Iraq 32 pl. XXVI no. 16.
d 2:ii: ^{m}*šá-*^{d}*nabû*$_{2}$*-šú-u* 82-5-22,40.6,7 ADD 702 SAA 7 93.
d 16:iii: ^{m}*šá-*^{d}*nabû*$_{2}$*-šu-u* ^{amēl}*rēši* K342a.9,10; b(env.).6,7 ADD 48; ADD 49.
d 8:iv: 'Ša-(d)Nabu-šu' ND2081 Iraq 16 p. 33f.
d 26:iv: ^{m}*šá-*^{d}*nabû*$_{2}$*-šu-u* RA 24 p. 114 no. 4.9,10.
d 1:vi: 'Šá-Nabu-šu' ND2336 Iraq 16 p. 45.
l 9:vi: ^{m}*ša-*^{d}*na*[*bû-*] KAR 267.r.28 ABK 199B.
d 28:vi: ^{m}*šá-*^{d}*nabû*$_{2}$*-šú-u* Rm.190.18,19 ADD 152.
d 16:xii: ^{m}*ša-*^{d}*nabû*$_{2}$*-šu-u* ^{a}[^{mēl}] AO2221.33,34 TCL 9 57.
d 19:xii: ^{m}*šá-*^{d}*nabû*$_{2}$*-su*(sic!) BT32.
e [ ]: ^{m}*šá-*^{d}*nabû-šú-u* K11446.e. AGS 153 SAA 4 271.
d Assur1288 VAT9995 ALA N5:16 Deller, Volterra FS 643.
d Assur9571u VAT16516$^{?}$ ALA N9:46.
d Assur8656c A2521 ALA N20:10.

Šangu-Aššur-lilbur see Iššiak-Aššur-lilbur

Šanta-dameqi **PC**

d 14:i: 'Šanta-dameqi the governor (<u>šakin</u>) of Diḫri' ND3431 Iraq 15 p. 142.

Šarru-ēmuranni **712**

d 11:[ ]: [ ] / [-*k*]*ìn* ^{māt}*lul-lu-mi-e* Sm.2102.
l 12:[ ]: [ ]*šá-kìn* ^{māt}*lul-lu-mi-e* / [ ] *arkû*^{ú} / [-*š*]*ur*^{KI} K2680 III R 2,7 ABK 294U.
d *lim-me* ^{m}*šarru*$_{2}$*-e-mur-an-ni* K403.10 ADD 677 (not date-line).

Šarru-balti-nišī **858**

Šarru-ḫattu-ipēl **831**

d [*l*]*i-me* ^{m}*šarru*$_{2}$*-ḫa-tu-i-pe-la* Bi72.2 JCS 7 p. 170.
d *l*[*i-*] ^{m}*šarru*$_{2}$*-ḫa-tu-*[ ] Bi75.5 JCS 7 p. 171.

Šarru-ḫattu-ipēl **815**

d [ ]: ^{m}*šar-ḫat-*[ ] K14283.r.
s *ṣa-lam* ^{m}*šarru*$_{2}$*-ḫat-ti-pe-li* / *šá-kìn* ^{āl}*aš-šur* / ^{āl}*na-ṣi-pi-na* / ^{āl}*ú-šal-ka* / ^{āl}*ka-ḫat* / ^{āl}*ma-sa-ka* St. 41.

Šarru-kēn **719**

d 10:ii: ^{m}*šarru*$_{2}$*-kēn*$_{2}$ K3781a.4 ADD 767.
d [ ]:iv: " ND1106(b) GPA 261.
d [ ]:viii: ^{m}*šarru*$_{2}$*-kēn* BT131.13,14 Iraq 25 pl. XXV.
d 23:x: ^{m}*šarru*$_{2}$*-kēn*$_{2}$ ND2374.12,13 (see next entry).

d 24:x: ᵐ*šarru₂-kēn₂* *ibid.*15,16 Iraq 23 pl. XII.

Šarru-lū-dāri **664**

? d 4:vi: ᵐ*lu-dà-ri* Assur14067d VAT8280 ALA N32:4.
d 12:vi: 'Šarru-ludari, šakin of Dur-Šarrukin' ND2329 Iraq 16 p. 43.
d 17:x: ᵐ*šarru₂-lu-dà-ri* / [*š*]*á-kìn* ᵃˡ*dūr*-ᵐ*šarru₂-k*[*ēn₂*] 80-7-19,83.r.9,10 ADD 377 SAA 6 320.
d 25:x: " K404.12 ADD 115 SAA 6 323.
d [ ]: [-*r*]*i* ᵃᵐᵉˡ*šá-kìn* ᵃˡ*dūr*-[ ] Rm.172.r.13,14 ADD 398.
d [ ]: ᵐ*šarru-lu-dà-ri* 'Assur 37'.

Šarru-mītu-uballiṭ **PC see Šamaš-mītu-uballiṭ**

Šarru-na'id **PC see Daddî**

Šarru-nūrī **674**

d 16:ii: ᵐ*šarru₂-nūrī* [ ]*šá-kìn* ᵃˡ*bar-ḫal-zi* SU51/43.r.5-7 AnSt 7 p. 144.
d o:ii: ᵐ*šarru-nūrī* Bu.89-4-26,10.11 ADD 126 SAA 6 233.
d 11:iii: [*š*]*arru-nu-ri* ᵃᵐᵉˡ*šá-kìn* ᵐᵃᵗ*bar-ḫal*-⌈*zi*!⌉ 80-7-19,51.23,24 ADD 70 SAA 6 252.
d 14:vii: ᵐ*šarru₂-nu-ri* K377.10,11 ADD 117 SAA 6 241.
d o:vii: ᵐ*šarru₂-nūrī šá-kìn bar-ḫal-za* 83-1-18,360.e.2,3 ADD 404 SAA 6 277.
d 24:x: " K285.35,36 ADD 383 SAA 6 278.
? d [ ]:xi: ᵐ*š*[*arru*!-] / [ ]-*iṣ*!-*ri x*[ ] *šarru* [ ] 83-1-18,390.r.7′-10′ ADD 504 SAA 6 279.
d *l'm srnry* K3785.5 CIS II 39 ArEp 9.

Še'i-Aššur **909**

h 6:ix: ᵐ*še-'i-aš+šur šá-kìn* ᵐᵃᵗ ᵃˡ*kili-zi* Adn. II annals, date VAT9640.r.19 KAH II 83.
h 6:ix: ᵐ*še-'*[*i*-] Adn. II annals, date Assur3023+4565a+4489r.r.15 VAT9637+9641 KAH I 24 ALA N1:14.
l *li-mu* ᵐ*še*!-*'*-*i*!-*a*[*š*]-*šur*! *šá*!-*kì*[*n*] ᵃˡ*kili-zi* VAT10457 LTBA 1 19; *cf.* AfO 13 p. 317, AfO 16 p. 211.

Šēp-Ištar **800**

d o:ii: ᵐ*šēp*-ᵈ*ištar* ND673.r.16′ BaM 24 3.

Šēp-Šamaš **790**

d 1:ii: ᵐ*šēp*-ᵈ*šamaš* ND685.r.14,15 BaM 24 10.
d [ ]:iii: ᵐ*šēp*ᴵᴵ-ᵈ*šamaš šá-kìn* ᵃˡ*i-sa-a-ni* ND684.r.11′,12′ BaM 24 9.

Šēp-šarri **835**

d 11:v: ᵐ*šēp-šarri₂* ND491.12 GPA 100.

Šulmānu-ašarēd **857**

(*cf. ina li-me šatti šumi-ia-ma ina* ᵃʳᵃʰ*ayāri ūmi* 13ᵏᵃᵐ Shalm. III Mon.ii.13, exp. III R 7.)

Šulmānu-ašarēd **827**

d 29:[ ]: [ ] *ša arki* / [ ]*šùl-ma-nu-ašarēd₃* Bi70.11-13 JCS 7 p. 169.

Šulmānu-ašarēd **781**

d 16:xii: ᵐᵈ*šùl-ma-nu-ašarēd₃* ND6210.8 IM60586 NWL pl. 44 TFS 147.

Šulmānu-ašarēd **723**

d 22:[ ]: [ ]*šùl-ma-nu-ašarēd₃ šar₄* ᵐᵃᵗ[ ] K407.r.3′,4′ ADD 395 SAA 6 24.

Šulmu-bēli **696**

d 5:v: ᵐ*šùl-mu-bēli* / [ ] ᵃˡ*tal-mu-si* 83-1-18,372.r.3′-5′ ADD 614 SAA 6 128.

(Note: The date of ADD 297 actually belongs to this text; Johns originally thought that this piece was an indirect join to ADD 297 and copied the pieces together, but later copied the piece with the date separately as ADD 614. See ADD III, p. 506 § 755. [RMW])

d 8ᵎ:v: ᵐ*šùl-mu-bēli* Ki.1904-10-9,56.r.1,2 ADD 1159 SAA 6 62.

h [ ]:viii: ᵐ*šùl-mu-*[ ] / ᵃᵐᵉˡ*šá-kìn* ᵃˡ*tal-*[ ] Senn. prism D, date BM103214.viii.31-33 Cat. Supp. 3330.

d 18:[ ]: [ ]*-bēli* K1513.r.13,14 ADD 241 SAA 6 130.

d [ ]: [ ]*-be*ᵎ*-lí*ᵎ Ki.1904-10-9,198.r.3′,4′ ADD 1200 SAA 6 129.

h *i-na li-me* ᵐ*šùl-me-bēli* ᵃᵐᵉˡ*šá-kìn* ᵃˡ*tal-mu-si* Senn. prism E1, exp. BM103000.iv.61 CT 26 15.

Šulmu-bēli-lāmur **839**

Šulmu-bēli-lašme **670**

d 28:i: ᵐ*šùl-mu-bēli-la-áš-me* 83-1-18,341.r.9′,10′ ADD 202 SAA 6 300.

d 1:ii: " / *šá-kìn de-ri* Sm.3.35-37 ADD 625 SAA 6 287.

d 10:ii: " 83-1-18,373.8 ADD 99 SAA 6 236.

l 24:iv: ᵐ*šúl-mu-*[ ] / ᵃᵐᵉˡ*šá-kìn* ᵃˡ*de-e-ri ina tarṣi* [ ] / *šarru rabû*ᵘ *šarru₂ dan-nu šar₄ kiššati ša*[*r₄*] SU51/9.115-117 STT 84 ABK 356.

d [ ]:iv: ᵐ*šùl-mu-bēli-la-áš-*[ ] K3438b.r.3,4 ADD 715.

d 20:vi: ᵐ*šùl-mu-bēli-lašme₃* / ᵃᵐᵉˡ*šá-kìn dēri*ᴷᴵ K327.37,38 ADD 172 SAA 6 301.

d [ ]:vii: " 83-1-18,374.14,15 ADD 44 SAA 6 237.

d 1:[ ]: [ ]*-bēli-la-áš-me* K977.6,7 ADD 42 SAA 6 291.

d x3:[ ]: ᵐ*šùl-mu-bēli-la-*[ ] / ᵃᵐᵉˡ*šá-kìn* ᵃˡ*d*[*e-*] 83-1-18,550.29,30 ADD 181 SAA 6 289.

Šulmu-šarri **698**

d 2:ii: ᵐ*šùl-mu-šarri₂* K393⁺.r.9 ADD 475⁺ SAA 6 121.

d 1x:iii: ᵐ*šùl-mu-šarri* 83-1-18,331.r.21,22 ADD 473 SAA 6 100.

d 18:vii: " Bu.91-5-9,121.r.4′,5′ ADD 191 SAA 6 122.

h 14:viii: " / ᵃᵐᵉˡ*šá-kìn* ᵃˡ*hal-zi-*ᵃᵇᵃⁿ*at-bar* Senn. prism, Göteborg Univ. Klassiska Institutionen.

d 15:ix: " ᵃᵐᵉˡ*šá-kìn* ᵃˡ*hal*ᵎ*-zi*ᵎ*-*[ ] K1604.28-30 ADD 468 SAA 6 123.

l [ ]:ix: ᵐ*šu-lu*[*m-*] *šatti* 7ᵏᵃᵐ ᵐᵈ*sîn-*[ ] *šàr* ᵐᵃᵗᵈ*aš+šur*ᴷᴵ K398.r.5,6 III R 2,19 ABK 293P.

d 30:xii: ᵐ*šùl-mu-šarri₂* 82-5-22,36.r.11,12 ADD 198 SAA 6 118.

d 27:[ ]: ᵐ*šùl-mu-šarri* [ ]*šá-kìn* ᵃˡ*hal-zi-at-bar* Ki.1904-10-9,161⁺.r.15-17 ADD 1179⁺ SAA 6 125.

d Assur11682x ALA N28:23.

Taklāk-ana-bēli **715**

d o:i: ^{m}*tak-lak-ana-bēli* ND486.3 5 GPA 255.
d 25:x: ^{m}*tak-lak-a-na-bēli* Sm.2276.1,2 ADD 766.
d o:xii: ^{m}*tak-lak-ana-*[ ] Assur21548b.r.9 VAT10049 ALA N3:25.
d : ^{m}*tak-lak-a-na-*[ ]*-bēli* / ^{amēl}*šá-kìn* ^{āl}*na-ṣi-bi-na* K335.r.6′,7′ ADD 82 SAA 6 12.
d ^{m}*tàk-l*[*ak*$^{?}$*-*] Sm.736.2 ADD 926 SAA 7 34 (not date-line).

Taklāk-ana-bēlīya **888**

Taklāk-ana-šarri **842**

h 28:iv: ^{m}*tàk-lak-šarri* ^{amēl}*šá-kìn* / ^{āl}*né-med-*^{d}*ištar* Shalm. III knob Assur10295.16-18 VA Ass2018 WVDOG 23 Abb. 288 WdO 1 Taf. XII FuB 22 171 no. 83 RIMS 1 pp. 49f.
h 27:vi: [ ] / ^{āl}*né-*[ ] Shalm. III bracket Assur9464.13,14 WVDOG 23 Taf. CII EAK II p. 94.
h 22:vii: ^{m}*tàk-lak-a-na-šarri* / *šakin* ^{āl}*né-med-*^{d}*ištar* Shalm. III annals, date IM54669 Sumer 6 pl. II.

Tukultī-apil-Ešarra **743**

d 17:ix: ^{m}*tukul-t*[*i*]*-apil-é-šár-ra šàr* ^{māt}*aš-šur*^{KI} ND475.26,27 GPA 26.
d [ ]:ix$^{?}$: ^{m}*tukul-t*[*i*$^{?}$*-*] *šar*$_{4}$ ^{mā}[^{t}] ND206.28-30 GPA 27.
d [ ]:x: ^{m}*tuk*[*ul-*]*-apil*$^{?}$*-é-*(*šár*)*-*[*r*]*a*$^{?}$ *šàr* ^{māt}[ ] ND275(e).r.1 3 GPA 28.

Tukultī-Ninurta **889**

Ṭāb-bēlu **859**

Ṭāb-bēlu **762**

? d [ ]: ^{m}*ṭāb*$_{2}$*-bēlu* / [*bī*]*t*$^{?}$ *za-ma-ni* Rm.75.r.11,12 ADD 652; see NARGD pp. 25-26.

Ṭāb-eṭēr-Aššur **891**

Ṭāb-Ninurta **843**

Ṭāb-ṣil-Ešarra **716**

d 16:i: ^{m}*ṭāb*$_{2}$*-ṣil-é-šár* ND808.3,4 GPA 257.
l 29:iii: [*-r*]*a* ^{amēl}*šá-kìn* ^{āl}*libbi-āli šatti* 6^{kám} ^{m}*šarru-ú-ken arkû*^{ú} *šàr* ^{māt}*aššur*^{KI} K2686+2687.r. III R 2,1 AAT 29 ABK 293A.
d [ ]:xiia:^{m}*ṭāb-ṣ*[*il-*] ND10023.2,3 TFS 109.
d [ ]: ^{m}*ṭāb-ṣil-é-š*[*ár-*] K8761.6 ADD 662.
l [ ]: [ ]*-ṣíl-é-šár-ra* ^{amēl}*šá-kìn* [ ] K3067.r.2 III R 2,2.
l [ ]: [ ]*libbi-āli šatti* 6^{kám} ^{m}*šarru-ú-ken arkû*[ ] K3129.9 AAT 47.
l [ ]: [*ṭā*]*b-ṣil-é-š*[*ár-*] K5283.r.4.
l [ ]: ^{m}*ṭāb-ṣil-é-šár-ra* ^{amēl}*šá-kìn* ^{āl}*libbi-āli* Bu.91-5-9,97.9 AAT 35 ABK 293I.

Ṭāb-ṣil-Sîn **PC**

d : 'Ṭab-ṣil-Sin' ND3462 Iraq 15 p. 145.

Ṭāb-šār-Aššur **717**

d o:i: ^{m}*ṭāb-šār-*[ ] K280.14 ADD 695 SAA 6 25.
d [ ]:ii: ^{m}*ṭāb-šār-aš-šur* ND805.4,5 GPA 250.
d [ ]:ix: ^{m}*ṭāb$_2$-šā*[*r-*] 81-2-4,349.5,6 Iraq 27 p. 16 no. 6.
d 16:xi: ^{m}*ṭāb$_2$-šār-aš+šur* / ^{amēl}*masennu rabû*^{u} K352.r.18,19 ADD 391 SAA 6 10.
d Assur14933c VAT8717 ALA N8:3.

Ṭāb-šār-Sîn **662**

d 18:i: ^{m}*ṭāb$_2$-šār-*^{d}*sîn* ND5453.13,14 Iraq 19 pl. XXX.
d o:vii: ^{m}*ṭāb$_2$-šār-sîn* K23.iii.18,19 ADD 993 SAA 7 118 (not date-line).

Ubāru **?**

d 4:v: ^{m}*u-bar* ^{amēl}*šākin ṭēmi bābili$_2$*^{KI} Amherst224.r.25,26 AfO 13 Taf. IV JCS 35 p. 62 S.7.

Ulūlāyu **832**

Upāqa-ana-Arbail **PC**

d 26:i: ^{m}*ú-pa-qa-ana-arba-ìl* K299.25,26 ADD 628.
d 14:ii: ^{m}*ú-pa-qa-a-na-arba-ìl* K408.r.5,6 ADD 214.
d 16:ii: ^{m}*pa-qa-ana-arba-ìl* 'Assur 16.14'.
d o:iii: ^{m}*ú-paq-ana-arba-ìl* MVAG 8 p. 27 ARU 46.
d 17:v: 'Upaqa-ana-(al)Arba-ilu' ND2092 Iraq 16 p. 35.
d 17:v: ^{m}*pa-qa-arba-ìl* Assur11634f.r.3,4 VAT9336 KAJ 196 ALA N27:6.
d 22:ix: ^{m}*pa-qa-a-ni-arba-ìl* Assur13319h ALA N31:7 AfO 17 p. 106.
d 22:x: 'Upaqa-ana-arba-ili' ND3433 Iraq 15 p. 142.
d 20:xi: ^{m}*pa-qa-ana-*^{āl}*arba-ìl* ND2094.11,12 Iraq 16 pl. V.
d 4:xii: ^{m}*u-paq-arba-ìl* VAT15461.13,14.
d 14:xii: ^{m}*pa-qa-an-*^{āl}*arba-ìl* BM121064.16,17 Iraq 32 pl. XIX no. 4.
d 20:xii: ^{m}*pa-qa-ana-*[ ] 'Assur 25.10'.
d [ ]: [*-n*]*a-arba-ìl* RA 24 p. 112 no. 1.l.e.3.

Urda-Nabû **PC**

2:viii: 'Arad-Nabū' ND3422 Iraq 15 p. 140.

Yaḫalu **833**

h 28:vii (*ša ki-na-te*): ^{m}*ia-ḫa-lum* / ^{amēl}*masennu rabû*^{ú} Shalm. III knob Assur1377.14-16 KAH I 28 RIMS 1 no. 137.
(Note: For the die of Yaḫalu, see above p. 8 and frontispiece.)

Yaḫalu **824**

Yaḫalu **821**

d 27:viii: ^{m}*ia-ḫa-lu* IM121891.r.3-5 SAAB 3 p. 61.

Yarî **884**

Zababa-erība **PC**

d 16:i: 'Zamama-eriba' ND3446 Iraq 15 p. 144.
d 11:ii: ^{m}*za-ba$_4$-ba$_4$-erība* VAT14447.9,10.

d 15:iv: ^{md}*za-ba*$_4$*-ba*$_4$*-erī[ba]* K296.e.1 ADD 642.

d 23:v: " Assur8476b.7,8 VAT9707 ALA N17:2.

d 1:vii: 'Zamama-eriba' ND3444 Iraq 15 p. 143.

d 4:ix: " ND3425 Iraq 15 p. 141.

d 17:ix: " ND3439 Iraq 15 p. 143.

d o:ix$^?$: ^{md}*za-ba*$_4$*-erība* Ki.1904-10-9,188.19,20 ADD 1193.

d 4:x: ^{md}*za-ba*$_4$*-ba*$_4$*-erība* Assur8889a.10,11 VAT14443 ALA N21:2 AfO 17 p. 106.

d 13:x: 'Zababa-eriba' ND2323 Iraq 16 p. 42.

d 13:x: " ND2326 Iraq 16 p. 42.

d 16:[ ]: [ ]*-baba-erība* K3503.6,7 ADD 46.

d *ina lim-me* ^{md}*za-ba*$_4$*-ba*$_4$*-erība* SU52/331.r.11 STT 48 (not date-line).

d Assur13846ad VAT8660 ALA N33:25.

Zazāya 692

d 5:i: 'za-za-a-a' Assur MDOG 36 p. 24.

d o:i: ^{m}*za-ze-e* K7343.e.1,2 ADD 158 SAA 6 141.

d 10:ii: [ ] / ^{amēl}*šá-kìn* ^{āl}*ár-p[ad-*] Rm.156.42,43 ADD 326 SAA 6 42.

d 16:iii: ^{m}*za-za-a* / ^{amēl}*šá-kìn* ^{āl}*ár-pad-da* K294.31,32 ADD 324 SAA 6 142.

d 29$^!$:vi: ^{m}*za-za-aya* 80-7-19,47.9,10 ADD 33 SAA 6 143.

d 4:ix: ^{m}*za-za-ia* Sm.917.r.4,5 ADD 189 SAA 6 144.

d o:ix: ^{m}[ ]*-ia* BT119.12 Iraq 25 pl. XXII.

d 5:x: ^{m}*za-z[a-*] VAT10762.7.

d 9$^!$:x: ^{m}*za-[-ay]a* K437.28,29 ADD 242 SAA 6 85.

d 1:xi: ^{m}*za-za-*KU K360.r.3,4 ADD 286 SAA 6 145.

d 2:xii: 'za-za-ku' Assur MDOG 36 p. 24.

d o:xii$^?$: ^{m}*za-za-ia* BT125.35 Iraq 25 pl. XXV.

d 1:[ ]: [ ]*-ia* BT127.10,11 Iraq 25 pl. XXVI.

d 23:[ ]: [*-z]a-aya* Sm.240.r.5,6 ADD 440 SAA 6 65.

d [ ]: [ ]-⌈*aya*⌉ 80-7-19,42.17,18 ADD 69 SAA 6 146.

Zēru-ibni 718

l 25:v: [ ]*zēru-ibni* ^{amēl}*šá-kin ra-ṣa-pi* SU51/102A$^+$.iv ABK 364.

d [ ]:vii: ^{m}*zēru-ibni* [^{am}]^{ēl}*šá-kìn* ^{āl}*ra-ṣa-pa* ND1110.10-1 GPA 249.

INDICES

NOTES ON THE INDICES

All references in the indices are to the year of the eponymate concerned except for post- and extra-canonical eponyms which are to an abbreviated form of the eponym's name (see below). Therefore to use the index to find the name of the eponym in the catalogue, it is necessary to refer to the Text Score or the list of abbreviations as no separate list of eponyms by years has been provided. However, the composite text of The Eponym Lists in English is particularly useful for this purpose.

Entries in the Index of Names, Titles and Other Words refer primarily to the Eponym Canon with supplementary information on titles of the eponyms from the Catalogue of Eponym-dated Texts. The notation 'do.' repeats the previous entry. Entries in the Index of Excavation, Museum and Publication Numbers refer entirely to the Catalogue of Eponym-dated Texts. Not all text publications and references are indexed. This is particulary true of the preliminary publication of Nimrud texts in various issues of *Iraq*, where the texts are published by excavation numbers only and frequently only by description, and of otherwise unpublished texts where only the date-line is cited in some other context.

Abbreviations of Post-canonical and Extra-canonical Eponyms used in the Indices

Adr	Adad-rēmanni	Nna	Nabû-nādin-aḫi
Agn	Aššur-gārūa-niri	Nsg	Nabû-sagib
Agt	Aššur-gimillī-tirri	Nṣṣ	Nūr-ṣalam-kaspi
Amt	Aššur-mātu-taqqin	Nša	Nabû-šar-aḫḫēšu
Ana	Adad-nādin-aḫi	Nšu	Nabû-šarru-uṣur
Aqr	Aqarâ	Nta	Nabû-tappûtu-alik
Ašr	Aššur-rēmanni	Pqḫ	Paqaḫa
Ašu	Aššur-šarru-uṣur	Pši	Pašî
Bau	Bēl-aḫu-uṣur	Sap	Sîn-ālik-pāni
Biq	Bēl-iqbi	Slu	Sailu
Bld	Bēl-lū-dāri	Sši	Sîn-šumu-ibni
Blṭ	Bulluṭu	Sšk	Sîn-šarrussu-ka''in
Bšn	Bēlšunu	Sšu	Sîn-šarru-uṣur
Ddi	Daddî	Ṣši	Ṣalmu-šarru-iqbi
Iqi	Iqbi-ilāni	Šdn	Šamaš-da''inanni
Išu	Ilu-šumu-uṣur	Šdq	Šanta-dameqi
Knn	Kanūnāyu	Šmu	Šamaš-mītu-uballiṭ
Mka	Mannu-kī-aḫḫē	Šši	Šamaš-šarru-ibni
Mrn	Marduk-rēmanni	ṬṣS	Ṭāb-ṣil-Sîn
Mšu	Marduk-šarru-uṣur	Ubr	Ubāru
MšA	Mušallim-Aššur	Upq	Upāqa-ana-Arbail
Ndn	Nabû-da''inanni	UrN	Urda-Nabû
Nmš	Nabû-mār-šarri-uṣur	Zbe	Zababa-erība

INDEX OF NAMES, TITLES AND OTHER WORDS

Divine Names

^{d}*bēl*
  (*qātē ... iṣbat*) 729, 728, 709
ḫal-di-a (*muṣaṣir*) 714
ilu rabû (*dēri*) 831, 814, 785
^{d}*nabû* (*bītu, ninua*) 788, 787
^{d}*šamaš* (*attalû*) 763

Personal Names

(not eponyms)

[^{m}*aššur-a*]*ḫu$_{2}$-iddin$_{3}$*
  ina ^{is}*kussî ittušib* 681
[^{m}*aš*]-*šur-nādin-šumi*
  mār [ ] 700
^{m}*qúr*$^{!}$-*di*$^{!}$-*i*
  ^{amēl}*kulummayu* 705
^{md}*sîn-aḫḫē$_{2}$-erība*
  šarru 705
^{m}*šarru$_{2}$-kēn*
  qātē ^{d}*bēl iṣṣabat* 709
[^{md}*šul-ma-n*]*u-ašarēd$_{3}$*
  ina ^{i}[^{s}] 727
[^{m}*tukul*]-*ti-apil-é-šár-ra*
  ina ^{is}*kussî ittušib* 745

Geographical Names

(All occur in eponyms' titles unless otherwise noted.)

^{māt}*aḫ-sa-na, ana* 813
^{māt}*akkadi* Šdn
  ^{āl}*a-li-ḫi* MšA
^{māt}*al-zi* 838
^{āl}*a-me-di* 799, 768, 762, 726?, 705
^{āl}*an-di* 838, 799
^{āl}*arba-ìl* 759, 702,
ár-ba-ìl 784?, 702,
er-ba-ìl 702
^{āl}*ár-pad-da* 692
$^{āl/māt}$*ar-pad-da, ana* 805, 754, 742, 741, 740
  ina 743
$^{āl/māt}$*arrap-ḫa* 811, 802, 769, 745, 735, 714
^{āl}*arrap-ḫa, sīḫu ina* 761, 760
^{āl}*ár-Ú*?-[ ] 735
^{āl}*ár-zu-ḫi-na* 839, 710
^{māt}*ur-zu-ḫi-na* 710
^{āl}*a-ḫi-*^{nār}*zu-ḫi-na* 837, 801, 731
as-du-[ ] 669
^{āl}*aš-šur* 815, 768
  issu, tayartu 754
^{māt}*aš-šur, šar* 809, 771, 743, 687, 676
^{āl}*ba-aʾ-li, ana* 803
bābili^{KI} Aqr, Šdn, Ubr
  ana 811
  issu 707
^{āl}*ba-li-ḫu* 814
bar-ḫal-za 674
$^{āl/māt}$*bar-ḫal-zi* 674, 652
  (cf. ^{māt}*ḫal-za* 652)
bi-rit nāri, ana 745
bīt-za-ma-ni see ^{māt}*za-man*
^{āl}*bīt-*^{m}*zēri-i, ana* 710
^{āl}*bu-um-mu* Amt
^{māt}*da-na-bi, ana* 837
dēri^{KI} 670

de-ri	670	ᵐᵃᵗkal-di, ana	812
ᵃˡde-e-ri	670	ᵃˡkal-ḫi/ḫa	873, 851, 797,
ana	795, 794		772, 744, 734,
ᵃˡde-ri, ana	814		713
ilu issu	831	sīḫu ina	746
ilu ana	814, 785	ekal ša, epeš	704
diḫri	Šdq	kapar-da-ar-gi-l[i]	700
ᵃˡdi-maš-qa	694	ina libbi	
ᵃˡdim-maš-qa	694	ᵃˡkar-ᵐᵈšùl-ma-nu-ašarēd	Nna
(cf. ša-i-me-ri-šu 694)		ᵃˡkar-tukultī-ᵈninurta	804, 748
ᵐᵃᵗdi-maš-qa, ana	733, 732	ᵐᵃᵗkar-al-li, ina	706
ᵃˡdi-maš-qa, ana	773	ᵐᵃᵗkat-mu-ḫi	695
ᵃˡdūru	814	ᵃˡkili-zi	909, 832, 788,
ᵃˡdūr-ia-kēn₂ napil, šallatu naṣa	707		724⁷, 703
ᵃˡdūr-ᵈsîn-aḫḫē-erība	667, MšA		(B10 797¹)
ᵃˡdūr-ᵐšarru₂-kēn₂	693, 672, 664,	ᵐᵃᵗki-is-ki, ana	786
	Knn	kišiᴷᴵ, šarru ina, bēdi	710
karru	717	ᵐᵃᵗkul-la-ni-a	684
šarru	706	ᵐᵃᵗkul-ni-a	684
ilāni, etarbū	707	ᵃˡkul-la-ni-i, kašid	738
ᵃˡdūr-šarru-uk-ka	672	ᵃᵐᵉˡku-lum-ma-ayu	705
ᵃˡekallāte	804, 748	ᵃˡku-mu-ḫi	668, Ṣši
ᵐᵃᵗel-li-pa, rabûti ina	713	ᵃˡkúm-muḫ-ḫi, ana	708
ˢᵃᵈe-re-ni, ana	775	ᵃˡku-mu-ḫa kašid	708
[erē]ni, ana	840	ᵃˡkur-ba-ìl	757
e-re-na, ana	840	ᵐᵃᵗ/ᵃˡla-ḫi-ra/ri	673
ᵃˡga-na-na-a-ti, ana	771	ᵐᵃᵗla-qe-e	775
(B10 ga-na-na)		ᵃˡla-rak (ana⁷)	704
ᵐᵃᵗgán-na-na-(a-)ti, ana	767	ᵃˡlibbi-āli	897, 804, 748,
(B10 ᵃˡgán-na-a-na)			738, 716, Pqḫ
ᵃˡgar-ga-miš	691, 649	sīḫu ina	763, 762
ᵃˡgu-za-na	793, 763, 727,	ᵐᵃᵗlul-lu-mi-e	712
	706,	ᵃˡlu-u-ši-a	798
ana	808, 758	mada-ayu, ana	809, 800, 799,
sīḫu ina	759		793, 792, 789,
ᵐᵃᵗḫab-ru-ri	835, 813, 796,		788, 787, 766,
	765, 729, 708		737
(B10 [ ]x-ba-ru-ru 796)		ᵃˡma-gi-du-ú	679
ᵐᵃᵗḫal-zi	652	[m]a-gi-du-nu	
(cf. ᵃˡbar-ḫal-zi 652)		ᵐᵃᵗmala'-ḫi, ana	838
ᵐᵃᵗḫal-zi-ḫi x, issu	701	ᵐᵃᵗma-la-ḫi	
ᵃˡḫal-zi-at-bar	698	ᵃˡmal-la-a-ni	838
ᵃˡḫal-zi-ᵃᵇᵃⁿat-bar	698	ᵃˡmal-la-ni	799
ᵐᵃᵗḫa-me-di	851	ᵐᵃᵗman-na-ayu, ana	827, 819, 806,
ᵃˡḫarrān-ni	814		716
ḫarrānᴷᴵ	651		(B10 800, 799)
ᵃˡḫa-ta-rík-ka	689	ᵃˡman-ṣu-a-te	680
ḫat-ri-ka	689	ᵃˡman-ṣuᴹᴱŠ	680
ᵃˡḫa-ta-ri-ka, ana	772, 755	[ ]-ṣu-a	680
ᵐᵃᵗḫa-ta-ri-ka, ana	765, 755	man-ṣu-a-te, ana	796
ᵃˡḫa-za-zi ana	804	ᵃˡma-ra-qa-si	682
ᵃˡ/ᵐᵃᵗḫi-x-x-x, ana	728	ᵃˡmar-ḫa¹-si	682
ᵃˡḫi-in-da-nu/na	Bšn	ᵃˡmar-qa-si/sa	682, 680', Ašu
ᵃˡḫi-in-dà-na	Sši	ᵃˡmar-qa-sa, ana	711
ᵃˡ/ᵐᵃᵗḫi-in-da-ni	do.	ᵃˡma-ra-ad, ana	770
ḫi-in-dan	do.	ᵃˡma-sa-ka	815
ᵃˡḫu-bu-uš-ki-a, ana	801	ᵃˡma-za-mu-a	810, 733, 768⁷
ᵐᵃᵗḫu-bu-uš-ki-a, ana	791, 785, 784	(cf. ᵐᵃᵗza-mu-a)	
ᵃˡḫu-zi-ri-na	814	ᵃˡ/ᵐᵃᵗme-li-di, ana	835
ᵃˡir⁷-me-ri-ti	873	ᵃˡmu-ṣa-ṣir, ḫal-di-a	714
ᵃˡi-sa-na/ni	830, 790, 700	[i-n]a⁷	713
ᵃˡi-tú	804, 748	ᵐᵃᵗna-i-ri	849, 838, 799
ᵐᵃᵗi-tu-u'-a, ana	790	ˢᵃᵈna-al, ana šēpe	736
ᵐᵃᵗi-tu-'a, ana	783, 782, 769	ᵐᵃᵗnam-ri, ana	834, 797, 774,
(B10 ᵐᵃᵗi-[t]u-u'-e 769)			749, 748, 744
ᵃˡka-ḫat	815		

ᵃˡna-ṣi-bi-na	815, 782, 774, 746, 736, 715	ᵐᵃᵗṣi-mir-ra	688, 693'
ᵃˡna-ṣi-pi-na	815	ᵃˡṣu-ba-te	683
ᵃˡna-ṣib-i-na	800, 715	ᵃˡṣu-pi-te	683
ᵃˡna-ṣibi-na	852	ṣur-ri	650
ᵃˡna-ṣib-bi-na	774 (B10)	ᵃˡšá-ḫu-up-pa	695
ᵃˡné-med-ᵈištar	842	ᵃˡšá-i-me-ri-šú	694
ᵃˡni-nu-a	834, 789, 761		(cf. di-maš-qa 694)
ᵃˡninua	725, 704	ᵃˡšá-pi-ia, ana	731
ᵃˡninuaᴷᴵ	704	ᵃˡši-ba-ni-ba	786
ninua, bīt ᵈnabû	788	ᵃˡšib-ḫi-ni-iš	791, 755
ᵐᵃᵗpi-liš-ta, ana	734	ᵃˡšib-ḫi-niš	791
ᵐᵃᵗqí-pá-ni	814	ᵐᵃᵗta-ba-la/li, ana	836, 718
ᵃˡqu-e	655, Ndn	ᵃˡta-bi-ti	814
ᵃˡqu-u-e	Mšu	ᵃˡtal-mu-si	786, 754, 696
ana	839	ᵃˡtam-nun-na	785, 756, 697
ᵐᵃᵗqu-e	685	tam-tim, ana muḫḫi	802
ana	833, 832, 831	ᵃˡtil-bar-si-íp	701
ᵃˡraq-mat	836, 812, 795, 773	ᵃˡtil-bar-si-bi til-bàr?-[ ]	
ᵃˡra-x-x-x	773 (B10)	ᵃˡtil-le-e	792, 709
ᵐᵃᵗra-ṣa-pa/pi	747, 737	ᵐᵃᵗtil-le-e, ana	817, 816
ᵐᵃᵗra-ṣap-pa	838, 803, 747, 737, 662	ᵃˡtil-e	766, 730, 709
ᵃˡra-ṣa-pa/pi	775, 718	ᵃˡtuš-ḫa-an	794, 728, 707, Biq
ᵐᵃᵗru-ṣa-pi	775	ᵐᵃᵗtuš-ḫa-an	764
ᵃˡ[ ]-ṣa?-pa?	849	ᵃˡtu-uš-ḫa-an	867, 707
ᵐᵃᵗru-qa-ḫa	804, 748	ᵐᵃᵗul-lu-ba, ana	828, 739
ᵃˡsa-am-a-al-la	681	ᵐᵃᵗun-qi, ana	829
ᵃˡsa-am-al-la		ᵐᵃᵗur-ar-ṭi, ana	830, 781, 780, 779, 778, 774, 735, 714
ᵃˡsa-ma-al-la			
ᵃˡsam-al-li		dīktu ša, dikat	743
[ ]-ma-al-li		ᵐᵃᵗurarṭi, ina	(B10) 780, 779, 778, 774
ᵃˡsa-me-ri-na	690	ᵃˡú-šal-ka	815
ᵃˡsa-mir-i-na	690	ᵐᵃᵗia-lu-na	851
ᵃˡsa-mir-na	690, Nša	ᵐᵃᵗza-al-lu	814
ᵃˡsa-rab-a-nu, (ana?)	704	ᵐᵃᵗza-man	Biq
ᵃˡsi-[ ]	849	[bī]t? za-ma-ni	762
ᵃˡsi-i?-im-me-e	711	bīt z[a¹-]	Biq?
ᵃˡsi-i?-me-e	732	ᵐᵃᵗza-mu-a	712
ᵃˡsi-i?-me[ ]	711		783?, 768?
ᵃˡsi-me-e	711	(cf. ma-za-mu-a)	
ᵃˡsi-na-bu	838, 799, 705	ᵐᵃᵗza-mu-u'-a	768
ᵐᵃᵗsir-ga-ni	851	ᵐᵃᵗza-ra-a-te, ana	815
ᵐᵃᵗsu-ḫi	775	[-ḫ]a	828
ᵐᵃᵗsu-uḫ-ni	799	[ ]-ḫi	829
ᵃˡsu?-uḫ?-na?	838	[ ]-šum-me [ana]	818
ᵃˡṣi-me-ra	688	[ ]x-si?-mat [ana]	818
ᵃˡṣi-me-er	688		
ᵃˡṣi-mir	688, Mka		

TITLES OF EPONYMS

arkû		Sšu	do.), Amt,
bēl pāḫiti GN		701 (// šakin GN), 691, 690 (// do.), 679, 673 (// do.), 666 (// do.), 655, 652 (//	Aqr, Bšn (// pāḫiti GN, šakin GN), Knn, Nša (// šakin GN), Sšu, Šdn (// do.)

masennu	833 (// *rabû*), 805, 777, 749, 739, 717 (// *rabû*), 675 (// *rabû*, *tartānu*), 661 (// *rabû*), Ddi (// *rabû*, *mšn*)
masennu rabû	833, 717, 675 (// *tartānu*), 661, Ddi, Agt (// *rab ašlāki*)
mšn	Ddi (// *masennu*)
nāgiru	778 (B10)
nāgir ekalli	854, 850, 820, 807?, 751, 741, 665
nāgiru rabû	814
pāḫiti GN	651 (// *šakin* GN), MšA (// do.)
rab [ ]	816
rab ālāni	Nsg
rab ašlāki	Agt (// *masennu rabû*)
rab ekalli	873
rab ka-a-ri	657
rab kiṣri$_2$	656
rab nāri	Blṭ
rab nuḫatimme	Slu
rab šāqê	855, 806, 779, 750, 740, 678, Agn
rab šarēši	798, Ašr (// *r. š. ša mar šarri*), Nšu (& *rbsrs*), Nta (// *ṭupšarru*)
rab šarēši ša mār šarri	Ašr (// *rab šarēši*)
rab ummāni rap-šu	814
rēšu	658
rēš m[*ār šarri*?]	649 (// *šakin* GN)
rēš šarri	665
sar-ten/-nu	671, Nšu (// *ṭupšar ekalli*, *rab šarēši*)
sukkallu	653 (// *dannu*, *rabû*)
skl	659
sukkallu dan-nu	677 (// *rabû*), 676 (// *šanû*), 653 (// *rabû*)
sukkallu rabû	777, 677 (// *dannu*), 653 (// *dannu*)
sukkallu šanû	676 (// *dannu*), 659 (// *skl*)
ša GN	851, 849, 848, 801, 800, 799, 797, 796, 795, 794, 793, 792, 791, 790, 789,

	788, 787, 786, 785, 784, 783, 782, 769, 768, 767, 766, 765, 764, 763, 762, 761, 744, 737, 736, 735, 734, 733, 732, 731, 730, 729, 728, 727, 710, 693, 688, 685, 684, 683, 682, 681, 680, 679, 669, 667, Ašu, Biq, Knn, Ndn
ša bīti ešši bēl pāḫiti	666
ša muḫḫi āli	873
ša muḫḫi bītāni	Sap
ša pān [*ekal*]*li*	Bau
šakin GN	909, 897, 873, 867, 851, 849, 842, 838, 817, 815, 814, 813, 812, 811, 804, 799, 797, 793, 791, 789, 788, 787, 786, 785, 784, 775, 774, 773, 772, 768, 756, 748, 747, 746, 744, 738, 737, 734, 730, 729, 727, 718, 716, 715, 714, 713, 712, 711, 710, 709, 708, 707, 706, 705, 704, 702, 701 (// *bēl pāḫiti*), 700, 698, 697, 695, 694, 692, 690 (// do.), 688, 684 (// do.), 682, 681, 674, 673 (// do.), 672, 670, 669, 667, 666 (// do.), 664, 662, 652 (// do.), 651, 650, 649, Biq, Bšn (// do.), Mka, Mšu, MšA, Ndn, Nna, Nša (// *bēl pāḫiti*), Pqḫ, Ššu (// do.), Šdn (// do.), Šdq
šakin māti	804, 776, 748, 738
šākin ṭēmi bābili	Ubr
šāqû rabû ša [md]*šùl-ma-nu-ašarēd*$_3$	838

šarru	889, 882, 857, 827, 822, 809, 781, 771, 753, 743, 723, 719, 687	*tur-ta-nu* ^{al/mat}*ku-mu-ḫi*		668, Sši (// *turtān šumēli*)
šatam ekurrāte	814	*tur-ta-nu šumēli*		Sši (// *turtān ku-mu-ḫi*)
tur-ta-nu/ni	856, 853, 814, 808, 780, 770, 752, 742, 686, 663	*ṭupšarru*		Nšu (// *ṭ. ekalli*, *rab šarēši*), Nta (// *rab šarēši*), Sšu (// *ṭ. ekalli*)
tur-tan	686, Nmš, Šši			
tur-tan-nu	686, 663	*ṭupšar ekalli*		Nšu (// *ṭ.*, *ṭ. e. aššurāyu*), Sšu (// *ṭupšarru*)
tur-ta-a-nu	814, 686			
tar-ta-nu	814			
tar-tan-[ ]	663			
tur-tan imitti	686	*ṭupšar ekalli aššurāyu*		Nšu (// *ṭ.*, *ṭ. ekalli*)

OTHER WORDS

alāku			*karāru*	
it-ta-lak, ana GN	814, 785, 745		*kar-ru, uššu ša bīt* ^d*nabû*	788
it-tal-ka, issu GN	831		[ ] GN	
ašābu			*kašādu*	
it-tu-šib ina kussî	745, 681		*ka-šid,* GN	741, 738
attalû, šamaš	763		^{is}*kussû*	
biādu			^{is}*kussî, ina, ittušib*	745, 681
bi-e-di, šarru	710		*līmu*	
^{al}*bir-tu ṣabtat*	739		*lim-me-a, ina šanê*	775
bītu, eššu, ^d*nabû*	787		*lim-me-šu,* do.	738
?	713		*madaktu ša šarri*	705
šakin	666		*maḫāru*	
bītāte-šú-nu, ilāni	707		*maḫ-ra, x*	706
bīt-^d*nabû, ninua*	788		*mātu*	
bītāni			*māti, ina*	810, 768, 764, 757, 756, 753, 752, 751, 750, 747, 730, 712
bīt-an-ni, ša muḫḫi	Sap			
dīktu				
di-ik-tú, ša GN *dikat*	743			
duāku			*šarru ina*	706
dēk, šarru	705		*šulmu ina*	758
di-kat, dīktu ša GN	743		*mūtānu*	
ekallu			*mu-ta-nu*	802, 765, 759
é-kal ša GN *epeš*	704		*napālu*	
ekalli, ša, qabal āli	700		*na-píl,* GN	707
epēšu			*našû*	
e-pe-eš, ekal ša GN	704		*na-ṣa, x ša* GN	707
erēbu			*pāḫatu*	
e-ta-rab, ^d*nabû, ana bīti ešši*	787		*pāḫatu, šakin*	708
x, do.	713		*pāḫatu, šaknū*	715
[ ]*-ta-rab*	719		*pūru*	
e-tar-bu, ilāni, ana bītātešunu	707		*pu-ri-šú, ina šanê*	738, 734
erēnu			*qabal āli, ša ekalli*	700
ere-ni, gušūrē	700		*qātu*	
^{aban}*gišnugallu*	700		*qāt* ^d*bēl iṣbat*	728
^{is}*gušūru*			*qātē* do. do.	729, 709
^{is}*g[uš]ūrē erēni rabûti*	700		*rabû*	
ilu			*rabûti, ina* GN	713
ilāni ša GN	707		*ana* GN	708
ka-nu	704		*ina muḫḫi x*	704
			x	706

rabûti, gušūrē 700
rabûti, šallutu 707
saḫāru
is-suḫ/su-uḫ-ra, šarru issu GN 707
sīḫu
si-ḫu 826, 825,
(B10 *si-ḫi*) 824, 823, 822, 821, 820
ina ^{al}*arrapḫa* 761, 760
ina ^{al}*kal-ḫi* 746
ina ^{al}*libbi-āli* 763, 762
sukkallu, šallutu 707
ṣabātu
ṣab-ta-at, ^{al}*bir-tu* 739
iṣbat${}^{at/bat}$*, qāt* DN 729, 728
iṣ-ṣa-bat qātē DN 709
šakānu
ša-kín, pāḫatu 708
šaknū, pāḫātu 715
ištakan^{an}*, attalû* 763
šallu
šal-lu-tú, sukkallu, rabûti 707
šanû
šanê, ina, līmi 775, 738
pūri 738, 734
šarru
bēdi 710
dēk 705
issuḫra 707
qāt bēl iṣbat 729, 728, 709
ina māti 706
madaktu ša 705
x ša 700
šulmu ina māti 758
šattu
šatti šumi 882, 857
šurrû
šar-ru, GN 706
tarṣu
tar-ṣi, ina 742, 680, 676, 670, 668
tayartu
ta-aya-ar-tú, issu GN 754
uššu
uššū/uš[š]e ša GN
karrū 788

INDEX OF EXCAVATION, MUSEUM AND PUBLICATION NUMBERS

EXCAVATION NUMBERS

Assur (Deutsche Orient-Gesellschaft excavations)

Assur

825a	Nša	8520e	Nša	9570o	Nšu	9661g	Sšu
900	655	8520g	Biq	9570p	Ṣši	9661h	Ašr
1170	683	8583	Šdn	9570q	681	9661i	Bau
1288	658	8603a	Sšu	9570t	Ddi	9661k+	Ddi
1319	Sšu	8603b	Sšu	9570u	Agt	9661k?	Ašr
1327	MšA	8603c	Nšu	9570v	Nša	9661l	Ddi
1377	833	8614a	Sap	9570w	Nšu	9687	Slu
1408	708	8614b	677	9570x	Sšu	9723	Bau
1545(+)	788	8642b	Biq	9571b	681	9966a	Agt
2282b*	739	8642c	654	9571c	681	9966b	Biq
2282g	653	8642d	651	9571d	Ddi	9966c	Bau
2282h	Slu	8642e	651	9571f	Nšu	9966e	Nšu
2282l	Bšn	8645c	651	9571f	Sšu	9966f	Nšu
2282m	Nta	8645d	654	9571g	Nšu	10070	Bau
2599(+)	788	8656c	658	9571l	Ṣši	10248f	834
2927b	705	8663	687	9571n	650	10274	775
3023+	909	8711	Pši	9571o	657	10295	842
3975	849	8876	Nšu	9571q	657	10559a	686
4463	881	8889a	Zbe	9571u	658	10559d	686
4489r+	909	8889b	Šdn	9571x	653	10783c	Nsg
4565a+	909	8890a	Sap	9571y?	Nšu	11393bu	734
4720(+)	788	8890c	Sšu	9572d	Sšu	11393dd	668
5657	849	8890f	Pši	9572i	657	11393dd''	668
5847a	Ṣši	8890t	Sšu	9572l	Agn	11429	849
5847b	Slu	8900b	Ddi	9572n	Nšu	11634a	Ddi
5847c	Sšu	8900c	Sap	9573a	Agn	11634b	Ddi
5847d	Nšu	8900e	Nta	9573b+c	Bau	11634c	Nšu
5847e	Biq	9165	Nšu	9581	Nšu	11634e	Amt
6212VII	656	9464	842	9634+	Ddi	11634f	Upq
6212e	MšA	9466h	Bau	9644a	Ašr	11634g	Ddi
8448a	Šdn	9466l	Nta	9644b	Ašr	11634h	Nsg
8448b	Bšn	9490	849	9644c	Biq	11634k	691
8448c	651	9557	653	9644d	Biq	11634l	Blṭ
8473a	Bau	9570b	Nšu	9644e	Ašr	11634m	Nna
8473c	Nšu	9570e	MšA	9644m	Nta	11634p	Nsg
8473d	Sšu	9570f	Ašr	9644n	Nšu	11682a	MšA
8476b	Zbe	9570g	672	9644o	Bau	11682ab	Nšu
8476c	MšA	9570h	MšA	9648	Nšu	11682af+	Iqi
8476f	Agt	9570i	Agn	9661b	Knn	11682c	Sap
8476g	Sap	9570k	Nšu	9661c	Ṣši	11682d	Sap
8476h	Nsg	9570l	Nšu	9661d	Mšu	11682e	Šši
8476x	Šši	9570m	675	9661e	Nšu	11682h	657
8476y	675	9570n	Nsg	9661f	Nsg	11682i	Pši

11682l	Blṭ	13319h	Upq	14067a	Sšu	14325sA	Sšu
11682m	Sap	13319i	Ddi	14067d	664	14512	Agn
11682n	Šši	13319k	Bld	14067e	663	14671ac	Sšu
11682r	672	13319m	Slu	14067f	Ddi	14671an	Iqi
11682r	Nšu	13319o	Sšu	14067g	655	14671dB	Šši
11682s	MšA	13319z	Bld	14231a	Pši	14671f	Sšu
11682x	698	13424	Biq	14232A	Slu	14671h	Ddi
11752a	Šdn	13486u	654	14232aa	Sap	14671l	Mšu
11770a	Agn	13595+	Bau	14232bA	Sap	14671n	650
11770b	Amt	13846aa	Nša	14232kA	Pši	14671o*	Mšu
11789	671	13846ab	Ddi	14232p	Sap	14671u	Amt
11820	679	13846ac	Knn	14232r	Sap	14671v	Sap
11911	792	13846ad	Zbe	14232s	Sap	14724b	655
12069i	649	13846af	Mšu	14232t	Pši	14724c	655
12069p+q	686	13846ag	Biq	14232u	Sap	14933c	717
12727	Slu	13846ai	Iqi	14325b	690	15087c	650
13058iv*	Iqi	13846an	661	14325c*	669	15426s	Ašr
13058iz*	Ašr	13846k	Amt	14325cB	Sšu	16007	705
13319a	Biq	13846l	Ṣši	14325f	Sšu	16567	845
13319af	Ṣši	13846v	Iqi	14325l	690	21548b	715
13319aq	Mšu	13850p	Nšu	14325q	Amt	22158i	Ašr
13319g	Nšu	13955q	Agt	14325s*	Nna		

‘Assur’ (Iraqi excavations)

‘Assur’

4	Adr	19	Šši	27	659	35A	Nsg
6	671	20	686	28	Šši	37	664
9	Ddi	21	Šši	29	Nsg	42	671
12	Agt	22	Adr	30	Agt	48	Nšu
16	Upq	25	Upq	33A	Bau		
18	Šši	26	Nsg	34A	Nsg		

Babylon (Iraqi excavations)

80-B-10	Aqr

Balawat

BṬ

22	764	101	710	113	697	125	692
23	668	102	691	114	697	126	688
24	Ndn	103	682	115	694	127	692
26	Amt	104	Nšu	116	682	128	682
32	658	105	687	117	686	131	719
33	668	106	734	118	678	136	686
34	Amt	107	666	119	692	138	679
35	668	108	682	123	686	139	684
100	689	109	657	124,A	686	140	685

Dur-Kurigalzu

DK$_5$

18	Nšu

Dur-Sharruken (Khorsabad)

DS32

17b,c	Šši	43c	Šši	49	Sap	50	Šši

Girnavaz

Gir

78/294	650	84/84	Adr

Nimrud

ND

203	791	673	800	2328	656	3455	650
205	748	675	779	2329	664	3456	Bld
206	743	677	742	2330	656	3457	Amt
207	779	678	788	2331	679	3458	Nsg
209	778	679	Pqḫ	2332	Blṭ	3459	Šmu
210(a)	771	680	794	2333	672	3460	Blṭ
211	793	684	790	2334	Amt	3461	Amt
212	754	685	790	2335	Nšu	3462	ṬṣS
215	738	686	736	2336	658	3463	Agn
216	803	693	746	2337	658	3464	Knn
217	788	699	744	2338	Nšu	3465	650
218	738	701	744	2339	Sšu	3479	666
219	740	704	788	2340	684	3483	783
221	710	708	744	2341	Sšu	3488	706
222	710	711	788	2342	655	4323	Ddi
223	711	805	717	2343	Agt	4336C	672
229	754	808	716	2374	719	4354B	672
230(a)	779	1106(b)	719	2451	707	4354D	672
230(b)	783	1120	714	2612	735	4354F	672
234	788	1126	672	2650	713	4367	787
235	778	2063	Knn	2764	726	5404C	672
237	792	2076	Ddi	3405	Šmu	5420	759
247+	791	2078	Agt	3414	783	5447	661
251	735	2079	Adr	3420	Bld	5448	656
252(h)	803	2080	682	3421	Ašu	5449	661
252(k)	808	2081	658	3422	UrN	5450	659
252(n)	710	2082	Agt	3423	Nšu	5451	665
252(q)	726	2083	Sšu	3424	665	5452	661
253	791	2088	Sšu	3425	Zbe	5453	662
254	788	2091	Nšu	3426	649	5454	661
255	737	2092	Upq	3427	Ddi	5455	661
261	797	2093	Nšu	3429	Biq	5456	661
262	779	2094	Upq	3430	650	5457	699
263	797	2095	Ṣši	3431	Šdq	5458	661
265	769	2096	Ddi	3432	Sšu	5459	661
268	798	2099	Šmu	3433	Upq	5460	667
269	803	2301	676	3434	Nša	5461	668
270	754	2302	653	3435	650	5464	659
275(e)	743	2303	724	3436	660	5465	Nšu
276	727	2305	650	3437	650	5468	652
401+402	802	2306	687	3438	Nšu	5469	661
409	Agt	2307	Ddi	3439	Zbe	5518	Nna
433	728	2308	Bau	3440	652	5550	Biq
472	744	2314	Agt	3441	Nšu	6210	781
473	746	2315	663	3442	Nsg	6214	778
475	743	2316	Agn	3443	Agt	6218	784
477	795	2317	Knn	3444	Zbe	7001	Amt
479(c)	733	2318	Sšu	3445	Sšu	7001	Knn
486	715	2319	Biq	3446	Zbe	7002	Slu
489	737	2320	MšA	3447	MšA	7004	Nta
491	835	2321	Knn	3448	Adr	7005	Sšu
492	817	2322	Nšu	3449	Šmu	7006	650
493	795	2323	Zbe	3450	Ddi	7008	683
495	756	2324	Šdn	3451	Adr	7009	Nṣṣ
496	783	2325	Nšu	3452	Ašu	7010	Amt
497	733	2326	Zbe	3453	Amt	7015	MšA
498	742	2327	Sšu	3454	Šmu	7016	Ašr

7017	Ddi	7054	MšA	7087	Bau	7100	676
7018	Nšu	7057	MšA	7088	Sap	9901	Nsg
7019	Nta	7058	Knn	7089	Agt	9904	MšA
7020	653	7063	668	7090	Sap	9908	749
7021	Iqi	7064	668	7091	Ddi	10023	716
7022	Nšu	7071	Sšk	7092	Mšu	10047	735
7023	Nta	7072	Ašr	7093	Agt	10048	745
7024	Sap	7074	Biq	7094	Agn	11308	672
7028	Nšu	7083	Knn	7095	Nšu		
7030	Ndn	7085	Ṣši	7097	676		
7031	Sšu	7086	Sap	7098	676		

Sinjirli

S

3566	676

Sultantepe

SU

51/9	670	51/43	674	52/3	704	52/331	MšA
51/19	678	51/43A	684	52/331	Agt	52/331	Sšu
51/23A	700	51/84	Bau	52/331	Bld	52/331	Zbe

Ṣariza

Ṣar

146	Mšu

Tell Billa

Bi

68	830	73+74	846	77	848	77	853
70	827	75	831	77	849		
72	831	77	845	77	851		

Tell Rimah

TR

4001	777

MUSEUM NUMBERS

Amherst Collection

Amherst

224	Ubr

Ashmolean Museum, Oxford

Ash.1926

397	675

Borowski Collection, Lands of the Bible Museum, Jerusalem

C

39	Adr	40	650

Braunschweigisches Landesmuseum, Wolfenbüttel

11289(a)	Slu

British Museum, London

79-7-8

189	686	287	693

80-7-19

1	700	49	695	73+76	672	353	682
42	692	51	674	83	664		
47	692	52	653	262+	Bšn		
48	694	53	685	301	671		

81-2-4

15	695	149	686	161	Slu
117	652	151	675	162	682
147	Nšu	157	694	349	717

81-7-27

25	686	27	693	28	666	136	651

82-1-14

150	681

82-3-23

134	693	143	710

82-5-22

29	665	38	680	44	Ndn	137	651
32	687	40	658	47	700	176a	Nša
34	683	41	680	86	651	533	Bšn
36	698	43	677	91	650	1011	Ddi

83-1-18

12	651	331	698	356	668	390	674
27	Nša	333	673	358	668	405	684
36	681	334	684	360	674	406	686
85	652	335	707	362	679	407	688
156	Nša	337	676	363	667	408	688
201	680	338	671	364	687	460	680
263	649	340	676	366	676	461b	666
269	676	341	670	370	683	526	672
286	657	342	687	371	680	550	670
287	657	344	682	372	696	602	Bšn
328	677	345	681	373	670	698	673
329	652	352+	669	374	670	847	667
330	694	354	Ndn	389	707		

1913-4-16

147	Nša

1929-10-12

1	673

BM

30190	672	103214	696	116320	702	122613	Sšu
73164	669	103389	Sšu	118973	Aqr	122653	658
103000	694	103391	686	121006	Nša	122653	659
103000	695	103392	Agn	121054	690	122698	Slu
103000	696	103393	Blṭ	121064	Upq	123360	694
103017	Nšu	103394	Nšu	121104	690	127879	672
103202	Amt	103396	Nšu	121123	Ašr	127985	697
103206	653	103956	Šmu	121206	Šdn	128026+	681

128219	695	134431	Nša	134554	665
131984	Ašu	134447	Nša	134582	702
132980	Nna	134464	Bšn	139950	Amt

Bu.89-4-26

7	666	14	660	33	689	177	697
10	674	32	680	120	694		

Bu.91-5-9

4	688	59	693	121	698	179	667
5	Bšn	94	675	138	677	208	651
10	679	95	686	162	660	209	686
27	673	97	716	165	Nša		
55	Agn	120	650	173	679		

DT

12	687	167	680

K

4	651	316	699	364	Agt	412	791
23	661	317	660	365	665	413	687
23	662	318a,b	Adr	366	Šmu	414	693
23	663	319a,b	663	367	Nsg	415	Ṣši
75+	694	320	Nšu	368	Amt	416	671
76	680	321	668	369	Bld	417	650
78	Bšn	322	680	370	694	418	Blṭ
84	652	323	Nša	372	667	419	687
102	651	324	663	373	682	420	Sšu
159	651	325	704	374a,b	Ddi	421	Sšu
179	Sšu	326	747	375	651	422	742
211	657	327	670	376	673	423	687
237+	694	328	653	377	674	427	709
279	MšA	329	Sšu	378	734	436	Mšu
280	717	330	Amt	379	682	437	692
281	659	331	MšA	380	683	441	Knn
282	Ṣši	332	680	381	Šdn	443	Nšu
284	672	333	681	382	Agt	445	682
285	674	334	672	383	709	449	678
286	651	335	715	384	Bld	450	699
287	711	336	Mka	385	651	451	650
288	681	337	684	386	Mšu	455	652
289	657	338	682	387	668	459+	Blṭ
290	695	339	682	388	669	553	654
291	650	340	685	389	694	911	690
293	Blṭ	341	679	391	713	917	695
294	692	342a,b	658	392	651	976	Sši
295	Amt	343	686	393+	698	977	670
296	Zbe	344	Mrn	394	683	1058	682
297	650	345	Mšu	395	685	1232	685
298	Ṣši	346	694	396	651	1292	650
299	Upq	347	666	397	Agn	1360	651
300	697	348	681	398	698	1361	Nta
301	Ṣši	349	672	399+	666	1379	Šdn
302	Amt	350	676	400	679	1397	676
303	651	351	711	401	651	1421	679
304+	700	352	717	402	650	1429	684
305	Ašr	353	MšA	403	712	1430	685
306	666	354	681	403	713	1440	687
308	686	355	Nna	404	664	1474	668
309a	Sšu	356	676	405	687	1478	695
309b	667	358	710	406	685	1492	669
310	792	359	Nša	407	723	1513	696
311	Sšu	360	692	408	Upq	1568	Ṣši
312	650	361a,b	683	409	Ṣši	1573	Biq
313	Adr	362	Agt	410	676	1575	675
314	Ndn	363a,b	669	411	Agn	1576+	686

1601+	672	2690	711	3491	663	5281	706
1604	698	2692	711	3494	651	5283	716
1611	651	2729	657	3496	679	6107	671
1617	678	2732	Bšn	3498	Nsg	7343	692
1662	Ddi	2760	684	3501	693	7499	672
1674	697	2800+	793	3503	Zbe	7682	Ddi
1697	Šdn	2800+	797	3721	Mšu	8537	Šdn
1729	Nša	2829	786	3742+	650	8761	716
1741	Bšn	2856+	700	3781a	719	8787+	650
1856	683	2987b+	750	3785	674	8904	652
1864	686	3042	793	3789b	680	10084	705
1867	694	3044	706	3791	651	10532	650
1989	713	3055	707	4283	677	10882	652
2077+	650	3064	707	4288	706	11446	658
2411	655	3066	707	4537	650	11478	668
2678	711	3067	716	4674	697	12976	700
2680	712	3068	704	4692	Ana	13015	672
2682+	708	3070	708	4696	649	13133	653
2683	711	3074	707	4728	652	13146	667
2684+	708	3075	707	4773	651	14283	815
2686+	716	3129	716	4773	Nša	14934	705
2687+	716	3161	651	5277	709	15424	666
2688	709	3163	701	5279	706		
2689	708	3438b	670	5280	709		

Ki.1904-10-9

10	657	104	Sšu	179	667	195	654
12	690	133	699	180	679	197	649
29	679	139+	685	182	685	198	696
43	727	147+	729	183	685	244	650
46	675	148	693	188	Zbe	292+	688
56	696	161+	698	189	680	352	Nta
57	Šši	165	Ašu	190	713		
98	710	178	667	192	675		

Rassam

1	707

Rm.

1	Šdn	160	700	174	702	183	660
53	666	161	687	175	671	185	687
75	762	165	679	176	684	187	729
127	661	167	684	177	654	189	713
147	682	171	668	179	671	190	658
156	692	172	664	180	682	392	687
158	668	173	678	182	651		

Rm.2

18	693	19	734	22	Bšn	194	730

Sm.

3	670	475	683	917	692	2102	712
218	681	649	737	957	665	2276	715
240	692	701	682	1037	681		
461	688	736	713	2045	707		
469	Nša	736	715	2090	709		

Th.1905-4-9

44	659	54	699	353	739
48	650	58	695	356	Sšu
49	710	257	706	395	Nsg

Iraq Museum, Baghdad

IM

3209+	Bau	74485	Nṣṣ	75771	668	75893	749
3214	Bld	74486	Amt	75778	Sšk	76883	Blṭ
3249+	Bau	74491	MšA	75779	Ašr	76884	Biq
54669	842	74492	Ašr	75782	Knn	76885	Ddi
56578	694	74493	Ddi	75784	Ṣši	76886	Iqi
56578	695	74494	Nta	75785	Sap	76887	Biq
59048	Sšu	74495	653	75786	Bau	76888	Blṭ
59051a,b,c	Sšu	74496	Iqi	75786	Biq	76889a	669
60011	Sšu	75751	Nšu	75788	Sap	76890	Šši
60586	781	75752	Nta	75789	Agt	76891	Ṣši
63773	Nšu	75753	Sap	75790	Sap	76892	655
74477	Amt	75756	Nšu	75791	Ddi	76893	Nsg
74477	Knn	75758	Ndn	75792	Mšu	76894	661
74478	Slu	75759	Sšu	75793	Agt	76895	656
74480	Nta	75760	MšA	75794	Agn	76899	Šši
74481	Sšu	75764	MšA	75795	Nšu	121891	821
74482	650	75765	Knn	75888	Nsg		
74484	683	75770	668	75890	MšA		

Istanbul Archaeological Museum

A (Assur)

32(+)	788	1869	Ddi	2521	658	2651	686
77	Sšu	1879	Mšu	2528	Sšu	2686	Šdn
125	650	1880	650	2537	Sap	2692	Agn
309	Nšu	1887	Iqi	2576	649	2806	686
346	Amt	1934	Ṣši	2600	Agt	3202	668
962	734	1936	Bld	2618	656	3380	705
1779	677	2016	Biq	2627	653	3397	849
1794	686	2488	654	2633	Biq	3472	849
1835	687	2492	654	2634	Nšu	3502	834
1840	Sšu	2494	Šdn	2635	Bau	3582	705
1859	Sšu	2512	651	2636	Nšu	3589	845
1866	MšA	2519	651	2641	Bau	4158	Agt

B (Babylon)

79	Agt

Ni (Nippur)

2534	Amt

de Liagre Böhl Collection, Leiden

LB

851	Slu	1323+	Bau

Liverpool Museum

1976-159-312	Nna

Musée d'Art et d'Histoire, Geneva

MAH

16154	Ašr	16601	Ddi	20613	Bšn
16328	Išu	16602	Bšn		

Musée du Louvre, Paris

AO

2221	658	4510	668	4513	Nsg
4507	Sap	4511	666	4514	Šmu

AO19

939	Nša

AO25

341	Agn

NIII

3157	709

Musées Royaux d'Art et d'Histoire (Cinquantenaire), Brussels

O

3655	665	3657	Ddi	3716	Ddi
3656	Ddi	3713	666		

National Museum, Copenhagen

NMC

8612	Sšu

Peiser Collection

P

350	Slu

Oriental Institute, University of Chicago

A

7935	649	7938	649	7997	649	8104	Nna

University Museum, University of Pennsylvania

UM

32-22-5	679

Vorderasiatisches Museum, Berlin

VA

7498	659	7518	Amt	8416	Slu

VA Ass

2018	842	2102	849	2103	849

VAT

1444	Nšu	5400	Nšu	8288	895	8653	Mšu
3826	673	5602	Sšu	8288	896	8656	Amt
5384	Nta	5603	Ašr	8288	897	8657	Knn
5387	Ašr	5605	Ašr	8288	898	8660	Zbe
5389	Slu	5606	Agt	8288	899	8663	Nša
5390	Nšu	5744	812	8288	900	8664	Sap
5391	Nta	8241	655	8288	901	8666	Slu
5392	Ašr	8266	Ddi	8586	Sap	8667	Pši
5393	Ašr	8270	663	8641	Iqi	8668	Sap
5395	Iqi	8280	664	8643	661	8669	Sap
5396	Bau	8288	893	8645	Biq	8673	Sap
5399	Nšu	8288	894	8651	654	8674	Pši

8680	Sap	9637+	909	10050	Ašr	16528?	Mšu
8681	Pši	9640	909	10457	909	16529?	Bau
8717	717	9641+	909	10491	678	16530?	Bau
8737	Bšn	9656	683	10702	Biq	16531?	Agn
8738	Šdn	9658(+)	788	10762	692	16539?	Nšu
8739	Šši	9682	Sšu	10789	881	16541?	Biq
8766	690	9686	Nsg	10979	Sap	16547?	672
8767	690	9689	Nša	11832	Sap	16552?	Ašr
8893	Sšu	9690	Biq	14435	Ašr	16558?	Knn
8901	Sšu	9691	Sap	14436	Bau	16566?	Nta
8908	Amt	9693	Bau	14437	Biq	16572?	Pši
8915	Sšu	9694	675	14438	Nšu	19304	Sšu
8920+	809	9696	Nšu	14439	681	20335	Nšu
8930	Sšu	9697	686	14441	Nšu	20338	Agt
8955	669	9699	651	14442	Ddi	20339	Nšu
9142	Nna	9700	MšA	14443	Zbe	20342	Nsg
9317	Nna	9702	Nšu	14444	657	20343	Nšu
9318	Nsg	9703	Agt	14445	Nta	20345	Nšu
9319	Nsg	9707	Zbe	14447	Zbe	20346	Nšu
9332	Blṭ	9709	Sap	14448	MšA	20347	Ašr
9336	Upq	9749	Ndn	14449	MšA	20348	Nšu
9337	Sšu	9758	Bšn	14450	Ddi	20353	Ddi
9339	Amt	9759	739	14451	653	20362	Bau
9344	Ddi	9763	708	14453	675	20367	Ašr
9351	Ddi	9767	Ašr	14454	Ašr	20368	681
9352	691	9776a,b	653	15457	Ddi	20370	Nta
9355	Nšu	9780	Nta	15461	Upq	20371+	Ddi
9358	Ddi	9783	Slu	15465	Ṣši	20372	Ašr
9365	Nšu	9824	809	15500	Slu	20377	Ddi
9380	Agn	9825	Sšu	15506	Nšu	20378	Agn
9398	Sšu	9844	MšA	15527a,b	Sšu	20382	Bau
9412	687	9860	Sšu	15532a,b	Iqi	20384	Ṣši
9585	809	9864	668	15533a,b	Nša	20395	Nšu
9606	Pši	9865	Agt	15579	Mšu	20396	Nsg
9609	Nšu	9866	Nšu	16507?	Sšu	20400+	Ddi
9619	Slu	9869(+)	788	16508?	Nšu	20405	Nšu
9620	Biq	9897	820	16510?	Sap	20413	Ṣši
9622	Nšu	9930	Nšu	16516?	658	20530	Ṣši
9623	Sšu	9995	658	16521?	681		
9626(+)	788	10020	Ašr	16523?	657		
9631	890	10049	715	16526?	657		

Walters Art Gallery, Baltimore

41,109	690

Yale Babylonian Collection

YBC

11893	650

PUBLICATION NUMBERS

AAA

20 pl. C	797	20 pl. C no. 106	Nna

AAT

12a	709	29	716	35	716
13a	706	31	705	47	716

ABK

199B	658	293F	709	294I	707	350	738
231	812	293I	716	294S	705	353	701
233	701	293M	701	294U	712	354	701
236	713	293P	698	297A	711	355	704
259	744	294A	705	297B	711	356	670
290	733	294B	704	297C	711	403	700
293A	716	294F	707	299	684	501	700
293C	709	294G	707	305	694	563	750
293E	706	294H	707	314	714		

ABL

176	654	517	650	879	Nša	1170	Bšn
289	650	518	Nša	944	652	1210	652
301	652	671	Bšn	1142	Nša	1262	Nša
423	651	829	650	1151	649	1406	706

ADD

1	Bld	55	690	124	675	185	667
2	Sšu	56	663	125	687	186	675
3	680	57	Šdn	126	674	189	692
4	Šdn	58	694	127	681	190	668
5	711	59	681	128	665	191	698
7	650	60	666	129	Nšu	192+	666
8	673	61	Ndn	131	685	193	Nsg
9	686	63	Nna	132	682	194	677
11	676	64	672	133	688	195	729
14	672	65	668	134	686	197	Bšn
15	672	66	693	135	685	198	698
16	Agt	67	Sši	136	682	200	667
17	688	68	Nša	139	667	201	694
18	678	69	692	140	694	202	670
19	684	70	674	141	704	204	668
20	684	72	677	142	684	206	650
21	682	74	680	143	682	207	Sšu
22	Mrn	75	742	144	700	208	668
23	Amt	76	654	145	688	210	Ddi
24	Nša	81	Ṣši	147	650	213	682
26	680	82	715	148	660	214	Upq
27	667	83	679	149	684	215	682
28	686	84	679	150	679	218	687
29	693	86	652	151	Nsg	221	Ddi
30	681	87	Ddi	152	658	222	682
31	695	88	Ddi	153	663	225	687
32	693	90	734	154	663	229	680
33	692	95	675	155	683	230	684
34	695	96	653	158	692	231	681
35	665	98	Agn	160	MšA	232	686
36	685	99	670	161	679	233	659
37	676	100	687	162	694	234	709
38	Adr	102	Nta	163	Agt	237	665
39	Adr	103	669	164	680	238	693
40	676	104	669	165	Ṣši	240	693
41	671	105	Agn	166	Mšu	241	696
42	670	112	700	167	676	242	692
43	687	113	680	172	670	243	693
44	670	114	679	173	MšA	244	695
45	Ana	115	664	175	676	248	713
46	Zbe	117	674	176+	700	250	MšA
47	683	118	673	177	Nšu	255	684
48	658	119	680	178	672	256	676
49	658	120	694	179	697	257	671
50	Mka	121	671	181	670	258	666
51	683	122	683	183+	669	264	693
53	673	123	683	184	668	266	671

269	681	373	Blṭ	534	679	801	666
272	694	374	686	569	695	809	713
274	685	377	664	574	651	818	Nša
276	682	379	653	576	677	829	672
277	681	381	697	586	661	859	650
278	683	383	674	593	Ndn	926	713
279	681	384+	Blṭ	612	686	926	715
281	694	387	653	614	696	927	651
284	668	391	717	616	695	927	Nša
285	686	392	710	618	657	943+	Bšn
286	692	395	723	619	Mšu	993	661
292	707	398	664	621	Amt	993	662
294	700	400	Knn	622	Adr	993	663
295	Bld	404	674	623	Sšu	1053	Bšn
298	680	412	747	624	687	1077	793
301	678	414	Sšu	625	670	1110	650
307	Amt	415	734	627	671	1111	650
308	Ṣši	416	710	628	Upq	1152	690
309	Ṣši	420	666	630	678	1154	679
310	669	421	666	631	680	1156	727
311	Mšu	425	672	635+	681	1158	675
315	667	427	694	636	687	1159	696
317	687	430	685	640	Agt	1160	Šši
318	Sšu	431	673	641	Blṭ	1161	Šši
320	737	432	689	642	Zbe	1164	710
324	692	435	Slu	646	657	1165	Sšu
325	Sšu	437	682	647	657	1167	699
326	692	440	692	651	792	1170	685
327	Ašr	443	686	652	762	1176+	729
328	699	444	660	653	786	1177	693
329	Ndn	445	660	658	730	1179+	698
330	676	446	Ṣši	662	716	1183	Ašu
331	666	447	683	676	711	1186	667
333	651	453	686	677	712	1187	667
335	687	454	687	677	713	1188	679
338	666	456	687	679	682	1190	685
340	Agn	462	679	695	717	1191	685
349	Ṣši	468	698	696	650	1193	Zbe
350	707	470	663	697	683	1194	680
351	709	472	668	698	651	1195	713
352	Mšu	473	698	701	677	1196	675
353	687	475+	698	702	658	1198	654
359	680	481	Biq	703	Šmu	1199	649
360	680	482	686	705	650	1200	696
361	Amt	484	706	711	Nšu	1213+	688
362	660	491	688	715	670	1241	659
363	682	499+	671	753	685	1245	650
364	679	502	676	765	713	1246	710
365	702	504	674	766	715	1251	739
366	669	526	791	767	719	1252	Sšu
370	682	528+	Blṭ	780	663	1274	666
371	699	533	652	782	661		

AfO

11 Taf. I	707	21 Taf. III	809	21 p. 69	708	32 p. 39	Sšu
11 Taf. VIII	812	21 Taf. IV	809	21 p. 69	Ndn	32 p. 42	Slu
12 p. 246	687	21 p. 39	809	24 p. 72	695		
20 Taf. IV	690	21 p. 69	655	25 p. 50	650		

AfO Beiheft

6 101	Nmš	6 105	Nmš	6 108	Sšu	6 111	Nšu
6 103	Nmš	6 106	Sap	6 109	Nta	6 112	Ddi
6 104	Nmš	6 107	Bšn	6 110	Nta		

AGS

99	672	149	668	153	658

AKA

225	879	311	880	346	878
302	881	326	879	374	866

ALA

N1:6	788	N10:13	Nšu	N21:7	Sap	N28:31	Iqi
N1:14	909	N10:14	Bau	N21:9	Pši	N29:1	Agn
N2:15	Sšu	N10:21	Agt	N21:10	Sšu	N29:2	Amt
N2:17	MšA	N10:22	Biq	N21:11	Ddi	N30:9	649
N2:23	739	N10:23	Bau	N21:12	Sap	N30:15	686
N2:24	653	N10:25	Nšu	N21:14	Nta	N31:1	Biq
N2:25	Slu	N10:26	Nšu	N21:15	Nta	N31:6	Nšu
N2:26	Bšn	N10:27	Bau	N22:3	Bšn	N31:7	Upq
N3:25	715	N11:1	Ṣši	N23:2	686	N31:8	Ddi
N3:32	Ašr	N11:2	Slu	N23:5	686	N31:9	Bld
N4:20	Agt	N11:3	Sšu	N24:2	690	N31:10	Slu
N4:457	Pši	N11:4	Nšu	N24:3	669	N31:12	Sšu
N4:462	Sap	N11:5	Biq	N24:4	Sšu	N31:16	Bld
N4:463	Pši	N12:5	MšA	N24:5	Sšu	N31:18	Ṣši
N4:467	Sap	N12:7	656	N24:6	Sšu	N31:20	Mšu
N4:468	Sap	N15:4	Biq	N24:7	Nna	N31:25	Šši
N4:469	Pši	N16:1	Nšu	N24:11	Ndn	N31:27	Sšu
N5:16	658	N17:2	Zbe	N25:1	734	N31:29	Ddi
N5:25	708	N17:3	MšA	N25:5	668	N31:33	Mšu
N6:17	Ašr	N17:6	Agt	N25:6	668	N31:34	650
N8:3	717	N17:7	Sap	N26:1	Šdn	N31:35	Mšu
N9:1	653	N17:8	Nsg	N27:1	Ddi	N31:41	Amt
N9:3	Nšu	N17:10	Šši	N27:2	Ddi	N31:42	Sap
N9:7	Ašr	N17:11	675	N27:3	Nšu	N31:49	Sšu
N9:8	672	N18:1	Šdn	N27:5	Amt	N31:51	Iqi
N9:13	675	N18:2	Bšn	N27:6	Upq	N31:55	Iqi
N9:22	Nša	N18:3	651	N27:7	Ddi	N31:57	Ašr
N9:24	Sšu	N18:6	Biq	N27:8	Nsg	N31:61	Sšu
N9:28	681	N18:7	654	N27:10	691	N32:1	Sšu
N9:29	681	N18:8	651	N27:11	Blṭ	N32:4	664
N9:32	Sšu	N18:13	651	N27:12	Nna	N32:5	663
N9:40	657	N18:14	654	N27:15	Nsg	N32:6	Ddi
N9:42	657	N19:1	Bau	N28:1	MšA	N32:7	655
N9:46	658	N19:3	Nšu	N28:3	Sap	N33:9	Amt
N9:48	653	N19:4	Ṣšu	N28:4	Sap	N33:10	Ṣši
N9:59	657	N20:1	Šdn	N28:5	Šši	N33:19	654
N9:64	Agn	N20:2	Sšu	N28:8	657	N33:22	Nša
N9:65	Bau	N20:3	Sšu	N28:9	Pši	N33:23	Ddi
N9:70	Nšu	N20:4	Nšu	N28:11	Blṭ	N33:24	Knn
N9:72	Knn	N20:5	Sap	N28:12	Sap	N33:25	Zbe
N9:74	Mšu	N20:6	677	N28:13	Šši	N33:27	Mšu
N9:77	Sšu	N20:10	658	N28:17	Nšu	N33:28	Biq
N9:80	Ašr	N20:16	687	N28:18	MšA	N33:29	Iqi
N10:4	Biq	N21:1	Pši	N28:23	698	N33:32	661
N10:12	Nta	N21:3	Šdn	N28:27	Nšu	N33:42	Nšu

AnSt

7 p. 139	684	7 p. 144	674

ArEp

3	Nšu	9	674	49	659	58	Agn

ARU

46	Upq	179	Slu

Assur

2,4 p. 11	Ašr	2,4 p. 12	Išu	2,5 p. 11	Sši

BaM

15 p. 226	Adr	15 p. 240	Nta	15 p. 247	677	16 p. 371	Slu

18 p. 223	Agn	24 6	788	24 10	790	24 15	744
24 3	800	24 7	Pqḫ	24 11	736	24 16	788
24 4	779	24 8	794	24 13	746	24 18	744
24 5	742	24 9	790	24 14	744	24 19	788

BBR

Taf. 51	750						

BiOr

27 pl. I	886	27 pl. II	885	27 pl. VI	885	30 pl. II	700

Böhl, Chrestomathy

no. 25+	Bau						

Carchemish

II 136	702						

Cat. Supp.

3330	696						

CIS

II 38	Nšu	II 39	674				

CT

26 15	696	30 25	704	33 18	686	38 37	708
26 17	695	33 15	Nšu	33 19	Agn	53 957	667
26 37	694	33 16	Nšu	34 3	Nta		
26 38	697	33 17	Blṭ	34 5	Ddi		

CTDS

1	Šši	3	Sap	4	Šši	8	Šši

CTNMC

68	Sšu						

van Driel, Cult

p. 119	Šdn	p. 122	650				

EAK

II p. 94	842						

EPHE

151	678	353	695				

FuB

22 171 no. 83	842	22 171 no. 87	849	22 171 no. 88	849		

Garelli FS

p. 358	650						

Genge, Stelen

p. 58	881	p. 62	880	p. 69	879		

Gezer

I no. 1	652	I no. 2	649				

GPA

2	817	16	791	23	754	51	797
3	791	17	783	24	746	52	788
4	769	18	778	25	744	53	778
5	754	19	779	26	743	54	771
6	735	20	779	27	743	68	779
14	802	21	803	28	743	78	792
15	791	22	756	29	727	79	783

80 803
81 754
90 803
91 797
92 795
93 793
94 788
95 740
96 737
98 738
100 835
101 798
102 795
103 788
104 748
105 742
106 738
107 737
108 728
134 733
144 711
145 710
146 710
147 710
170 808
174 733
175 726
219 Agt
250 717
255 715
257 716
261 719

Hilprecht FS
pp. 256f 649

IAMN
9 p. 24 Amt

ICC
89 853

Iraq
7 fig. 14 no. 26 Nša
7 fig. 14 no. 29 Nša
14 pl. XXI 672
20 pl. 43 672
20 pl. 44 672
20 pl. 49 672
23 p. 176 676
23 p. 177 676
24 p. 29 759
24 pl. XXXV 672
26 p. 124 Ddi
26 p. 21 655
27 p. 16 no. 21 699
27 p. 16 no. 22 695
27 p. 16 no. 6 717
29 pl. XXIII Nna
30 pl. XXI Bšn
30 pl. XXIII Bšn
30 pl. XXVII Sšu
30 pp. 103-104 Bšn
32 pl. XI 777
32 pl. XIX no. 2 694
32 pl. XIX no. 4 Upq
32 pl. XVIII no. 1 675
32 pl. XXIV no. 13 690
32 pl. XXV no. 12 702
32 pl. XXV no. 14 690
32 pl. XXV no. 15 665
32 pl. XXVI no. 16 658
32 pl. XXVI no. 16 659
32 pl. XXVI no. 17 Ašr
32 pl. XXVIII no. 25 Nsg
32 pl. XXXI no. 6 681
34 p. 135 Nta
36 pl. XLI 882

IWA
Taf. 5 Nša

JAOS
71 p. 12 679

JCS
7 p. 169 827
7 p. 169 830
7 p. 170 831
7 p. 171 831
7 p. 171 846
7 p. 172 845
7 p. 172 848
7 p. 172 849
7 p. 172 851
7 p. 172 853
32 p. 148 649
35 p. 62 S.2 Aqr
35 p. 62 S.3 Nšu
35 p. 62 S.4 Nšu
35 p. 62 S.7 Ubr
35 p. 62 Sn.1 Agt
35 p. 62 Sn.2 Amt

JNES
13 p. 222 pl. XV 738
42 pp. 12-16 Bšn

JSS
28 155 Bšn

KAH
I 24 909
I 28 833
I 41 705
II 83 909
II 84 893
II 84 894
II 84 895
II 84 896
II 84 897
II 84 898
II 84 899
II 84 900
II 84 901
II 89 890
II 127 679
II 128+ Bau
II 129 Slu
II 132 Amt

KAJ
140 Sšu
196 Upq

KAR

111	701	252	713	267	658

KAV

75	820	94	788	135	881	208	679

LAS

352	649

LKA

36	733	37	744

MVAG

8 p. 27	Upq

NARGD

1	792	10	657	43	809	54	793
3	786	29	788	44	809		
7	730	32	713	51	793		
9	657	42	809	51	797		

NTT

8	787

NWL

3	784	8	735	pl. 44	781
5	778	9	745		

OLZ

8 p. 131-32	Slu

Or.

33 p. 258 no.7	Nšu

PEA

pl. 18	Nša

PRT

100	672	108	651	115	651	124	650
102	652	109	651	116	651	128	651
103	652	110	651	117	651	135	649
104	652	111	651	118	651	140	651
105	651	112	651	119	651		
106	651	113	651	120	650		
107	651	114	651	121	650		

PSBA

30 pp. 111-12 no. I	681	30 p. 137 no. II	Ašr

III R

2,1	716	2,9	709	2,19	698	8	855
2,2	716	2,10	708	2,20	694	8	856
2,5	711	2,12	707	2,22	684	26	Šdn
2,6	711	2,13	707	6	879	34	Nša
2,7	712	2,14	707	7	857	46,1	Sšu
2,8	711	2,15	707	8	853		

RA

22 p. 147	Bšn	24 p. 114 no. 3	Nta	24 p. 116 no. 5	677	24 p. 118 no. 7	Šdn
24 p. 112 no. 1	Upq	24 p. 114 no. 4	658	24 p. 116 no. 6	Agn	24 p. 118 no. 8	Ašr
24 p. 112 no. 2	Adr						

24 p. 119 no. 9 Sap
24 p. 119 no. 10 Şši
65 p. 85 Nna
76 p. 160 Aqr

RIMAP

2 A.O.99.2 893
2 A.O.99.2 894
2 A.O.99.2 895
2 A.O.99.2 896
2 A.O.99.2 897
2 A.O.99.2 898
2 A.O.99.2 899
2 A.O.99.2 900
2 A.O.99.2 901
2 A.O.100.2 890
2 A.O.100.5 885
2 A.O.100.5 886
2 A.O.101.1 866
2 A.O.101.1 878
2 A.O.101.1 879
2 A.O.101.1 880
2 A.O.101.1 881
2 A.O.101.17 879
2 A.O.101.17 880
2 A.O.101.17 881
2 A.O.101.18 882
2 A.O.101.19 879

RIMS

1 no. 137 833
1 no. 144 845
1 no. 220 849
1 no. 222 849
1 no. 224 834
1 no. 230 705
1 no. 233 705
1 pp. 48f 849
1 pp. 49f 842
1 pp. 55-60b Slu

RMA

136B 657
264 657

RT

20 p. 203 663
20 p. 205 661
24 p. 25 no. 3 Nta

SAA

2 6 672
4 183 672
4 262 668
4 271 658
4 272 657
4 279 652
4 280 651
4 281 651
4 282 651
4 283 651
4 285 651
4 286 651
4 287 651
4 293 651
4 300 649
4 303 651
4 305 650
4 316 652
4 317 651
4 318 651
4 319 651
4 323 652
4 324 651
4 326 651
4 327 651
4 329 651
4 330 651
4 333 650
4 334 650
6 1 742
6 2 737
6 5 729
6 6 713
6 10 717
6 12 715
6 13 710
6 17 747
6 18 739
6 19 734
6 21 734
6 22 729
6 23 727
6 24 723
6 25 717
6 26 711
6 28 710
6 29 710
6 30 710
6 31 709
6 32 707
6 33 706
6 34 709
6 35 700
6 36 695
6 37 694
6 40 693
6 41 693
6 42 692
6 43 684
6 44 684
6 45 682
6 46 681
6 47 681
6 59 684
6 60 704
6 61 700
6 62 696
6 63 695
6 64 693
6 65 692
6 66 688
6 67 688
6 68 688
6 69 688
6 70 686
6 71 685
6 72 685
6 73 684
6 74 684
6 75 682
6 76 682
6 77 682
6 81 694
6 83 694
6 84 694
6 85 692
6 88 687
6 89 686
6 90 683
6 91 681
6 96 695
6 97 693
6 98 682
6 100 698
6 103 694
6 104 690
6 105 690
6 106 693
6 107 686
6 108 683
6 109 683
6 110 681
6 111 680
6 113 702
6 114 702
6 116 700
6 117 700
6 118 698
6 119 699
6 120 699
6 121 698
6 122 698
6 123 698
6 124 699
6 125 698
6 126 697
6 127 697
6 128 696
6 129 696
6 130 696
6 131 695
6 132 695
6 133 694
6 134 694
6 135 694
6 136 694
6 137 693
6 138 693
6 139 693
6 141 692
6 142 692
6 143 692
6 144 692
6 145 692
6 146 692
6 147 690
6 148 690
6 149 689
6 150 688
6 151 687
6 152 687
6 153 687
6 154 687
6 155 687
6 156 687
6 157 687
6 158 687
6 159 687
6 160 687
6 161 686
6 163 686
6 164 686
6 166 686
6 167 686
6 168 686
6 169 686
6 170 685
6 171 685
6 172 685
6 173 685
6 174 685
6 175 685
6 177 684
6 178 683
6 181 683
6 182 683
6 183 683
6 187 682
6 188 682
6 189 682
6 190 682
6 191 682

6 192	682
6 193	681
6 194	681
6 195	681
6 196	681
6 197	682
6 201	680
6 202	680
6 204	679
6 206	679
6 208	678
6 210	676
6 212	676
6 214	676
6 215	676
6 216	673
6 221	680
6 222	680
6 223	679
6 224	679
6 225	677
6 227	675
6 229	675
6 232	675
6 233	674
6 234	672
6 235	671
6 236	670
6 237	670
6 239	676
6 240	676
6 241	674
6 243	673
6 244	672
6 245	672
6 247	679
6 252	674
6 255	678
6 257	680
6 258	680
6 259	680
6 261	680
6 262	680
6 263	680
6 264	680
6 265	679
6 267	677
6 268	679
6 269	679
6 270	679
6 271	678
6 272	677
6 273	676
6 274	676
6 275	675
6 276	675
6 277	674
6 278	674
6 279	674
6 280	673
6 281	673
6 282	672
6 283	672
6 284	671
6 286	671
6 287	670
6 289	670
6 291	670
6 292	669
6 293	669
6 296	671
6 297	671
6 300	670
6 301	670
6 304	669
6 305	669
6 307	668
6 309	667
6 310	667
6 311	666
6 312	666
6 313	666
6 315	666
6 316	666
6 317	666
6 318	665
6 319	665
6 320	664
6 323	664
6 325	663
6 329	660
6 330	660
6 331	660
7 34	713
7 34	715
7 49	Bšn
7 51	Bšn
7 59	651
7 59	Nša
7 61	Nša
7 79	711
7 81	Nsg
7 93	658
7 94	681
7 118	661
7 118	662
7 118	663
8 8	657
8 186	657
10 138	651
10 139	650
10 140	649
10 141	Bšn

SAAB

1 p. 20 no. 4	Sap
1 p. 24 no. 10	Iqi
2 p. 15	650
2 p. 20	Adr
2 p. 24	Mšu
2 p. 25	650
3 p. 61	821
3 p. 66	Nša
3 p. 70	Nšu
5 2	Nšu
5 5	MšA
5 6	Ašr
5 7A,B	681
5 8	MšA
5 9	Agn
5 10	Nšu
5 11	Nšu
5 13	Nsg
5 14	Nšu
5 15	Ṣši
5 17	Ddi
5 18	Agt
5 19	Nšu
5 23	Ddi
5 24A,B	Sšu
5 25	Nšu
5 28	Ṣši
5 32	Nšu
5 35	Sšu
5 39	Agn
5 41	Nšu
5 43	Nšu
5 44	Ṣši
5 45	Nšu
5 46A	Nsg
5 47	Ašr
5 48	Bau
5 49	Ddi
5 50	Ddi
5 51	Slu
5 52	Bau
5 56	Nšu
5 59	Ašr
5 60	Ašr
5 61	Biq
5 62	Ašr
5 64	Bau
5 65	Nta
5 66	Nšu
5 p. 135	Knn
6 p. 6 no. 4	Sšu
6 p. 11 nos. 7-9	Sšu
6 p. 13 no. 11	Sšu

Semitica

23 pl. I	Agn

Sendschirli

V p. 136f. Taf. 73	676

St.

34	768
37	748
38	804
39	799
41	815
42	851
44	814
47	838
50	873
99	867

STT

4	700
38	701
48	Agt
48	Bld
48	MšA
48	Sšu
48	Zbe
84	670
108	704
192	701
203	701
300	Bau
301	678

Sumer

6 pl. II	842
9 p. 176	694
9 p. 250	695

Syria
60 pp. 49-51 Bau

Tax.
p. 308 651
p. 350 853
p. 351 849
p. 362 702

TCL
3 22 714
9 57 658
9 58 709
9 60 Šmu
9 61 668
9 63 Sap
9 64 Nsg
9 65 666

TFS
6 Amt
6 Knn
7 Slu
8 Sšu
9 Nta
10 650
11 Knn
12 Amt
13 MšA
14 MšA
15 MšA
16 MšA
17 Nṣṣ
29 Sšk
30 Ašr
31 Ṣši
32 Agt
33 Knn
34 Agt
36 Ddi
37 Agn
38 Sap
39 Sap
40 Sap
41 Bau
43 Mšu
44 Biq
45 Nšu
48 Ašr
49 Nšu
51 Nšu
52 Iqi
53 Ddi
54 Ndn
55 Sšu
56 668
57 668
59 Nšu
60 Nta
61 Sap
63 653
64 Nta
68 749
70 Nsg
76 683
109 716
147 781

TIM
11 1 Ṣši
11 3 Šši
11 4 Šši
11 5 Iqi
11 6 Ddi
11 7 Ṣši
11 8 Bau
11 9 Nsg
11 10 661
11 11 Biq
11 12 Mšu
11 13 Biq
11 15 Blṭ
11 16 Blṭ
11 17 655
11 18 669
11 19 656
11 22 Šši
11 25 Biq
11 32 Bld

VS
I 84 Nšu
I 85 Nšu
I 86 Slu
I 87 Nta
I 88 Nšu
I 91 Ašr
I 92 Ašr
I 93 Nta
I 94 Ašr
I 95 Sšu
I 96 Agt
I 97 Ašr
I 98 Ašr
I 99 Iqi
I 100 Bau

WdO
1 Taf. XII 842

Winnett FS
p. 163 Bau

WVDOG
23 Abb. 288 842
23 Blatt 29B 4 649
23 Taf. CII 842
23 Taf. CVIII 792
38 p. 4 659

XXVth Or. Cong.
I p. 240 Nna

ZA
24 p. 169 650
73 p. 239 no. 8 Amt
73 p. 240 no. 9 653
73 p. 244 no. 11 Šmu

PLATES

A1

K4329(+)4329a(=)4329b

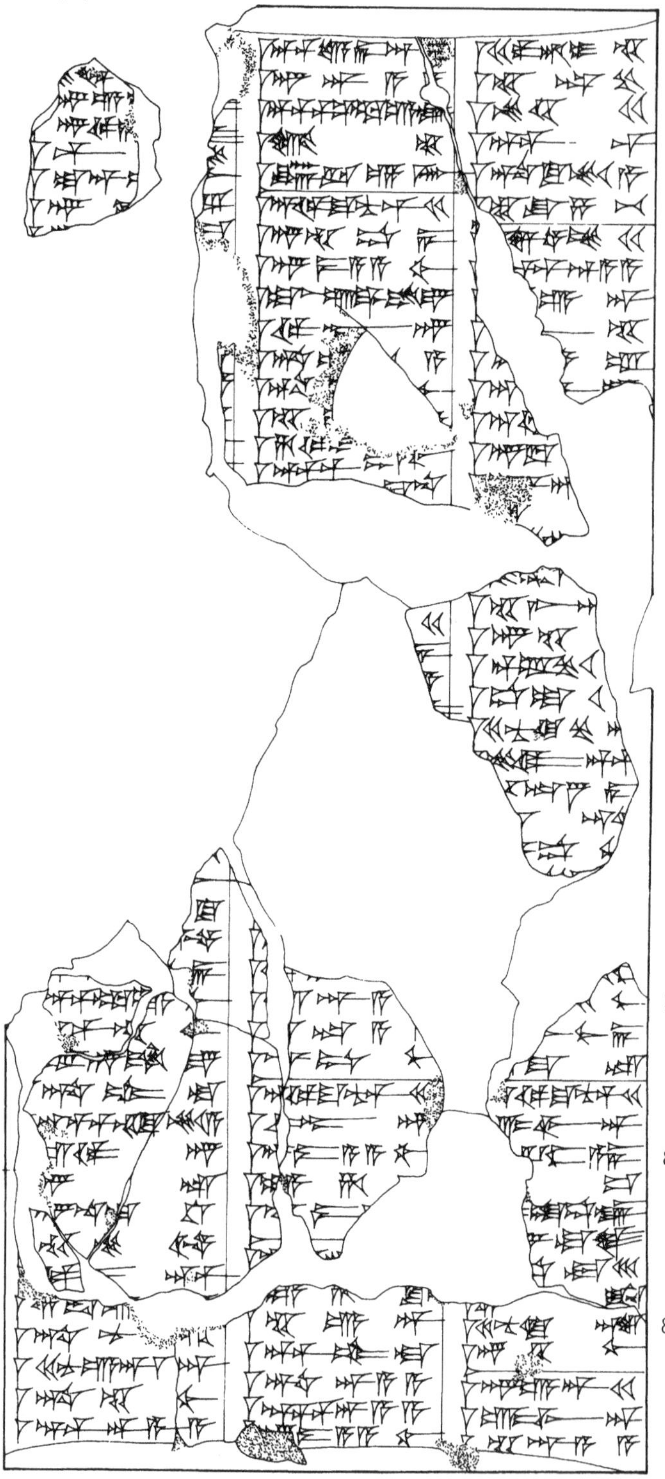

A1

v iv

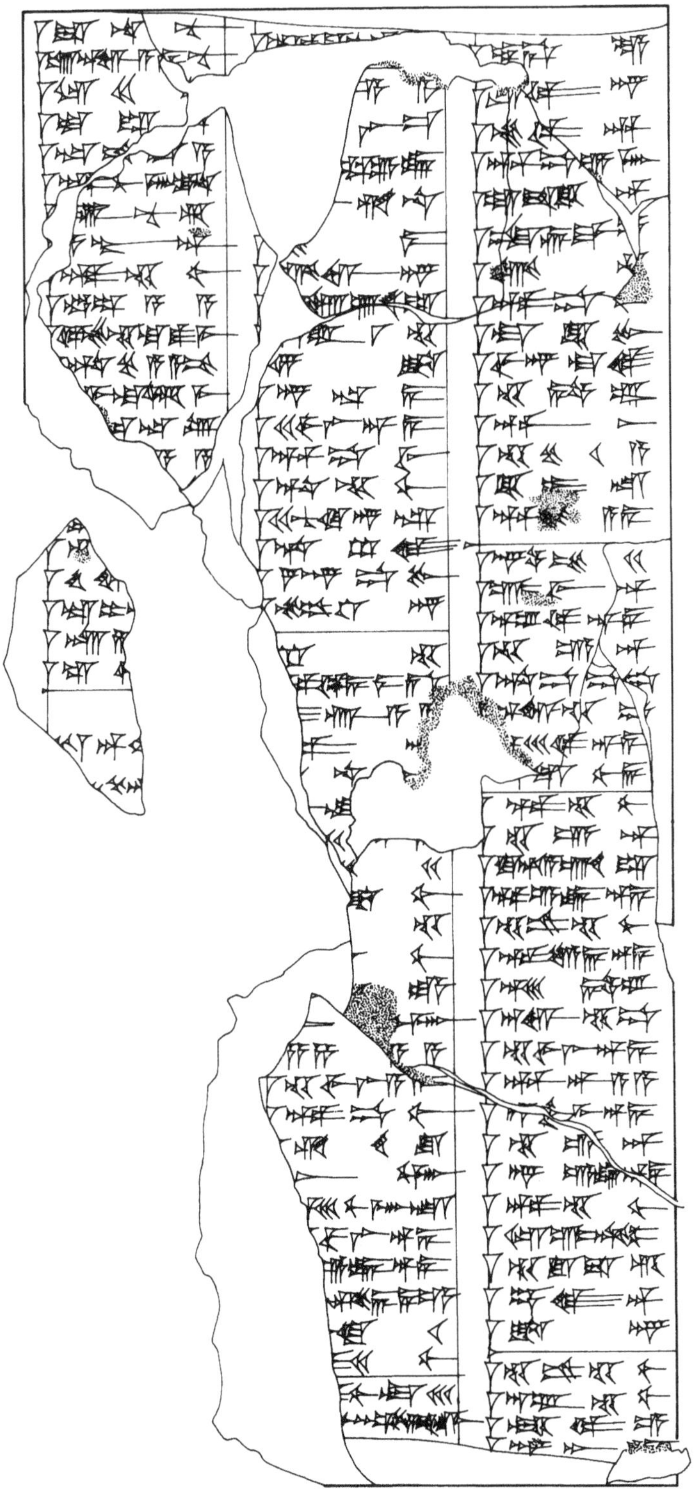

A 2

K4388

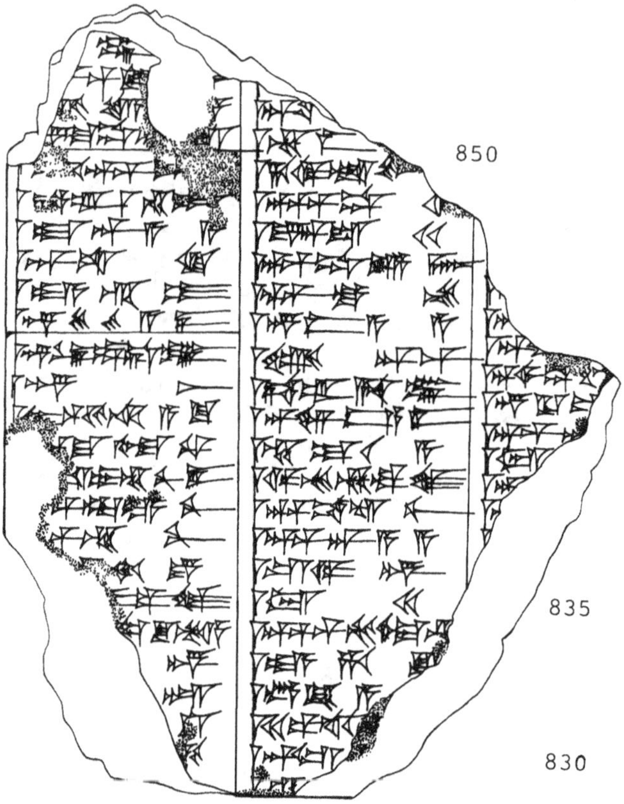

A 2

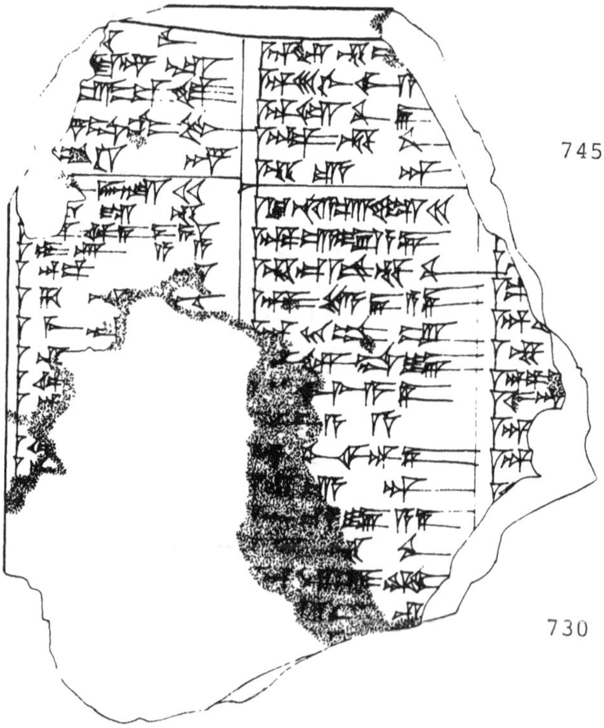

A3
K4389

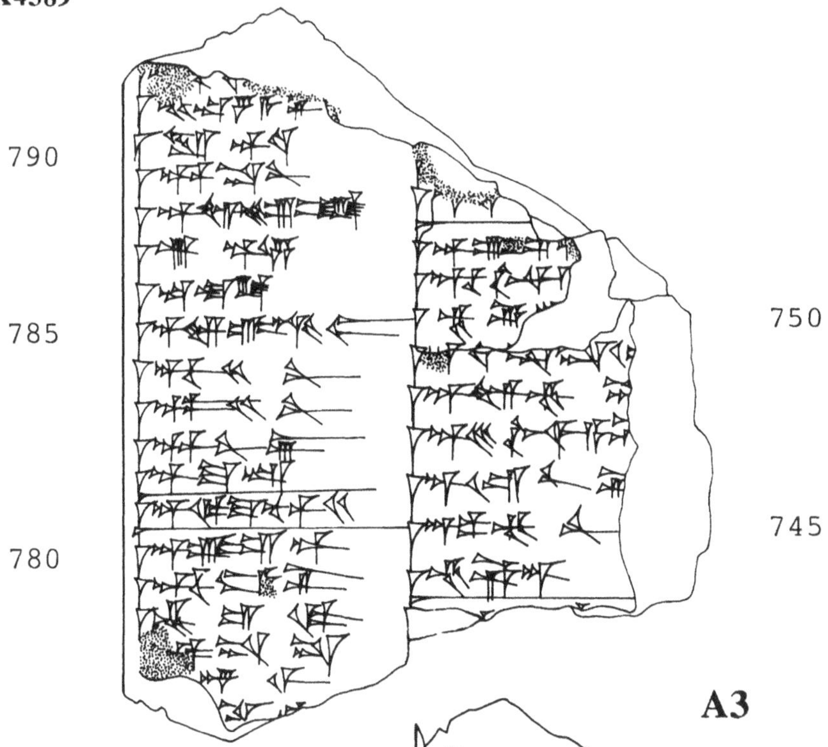

A3

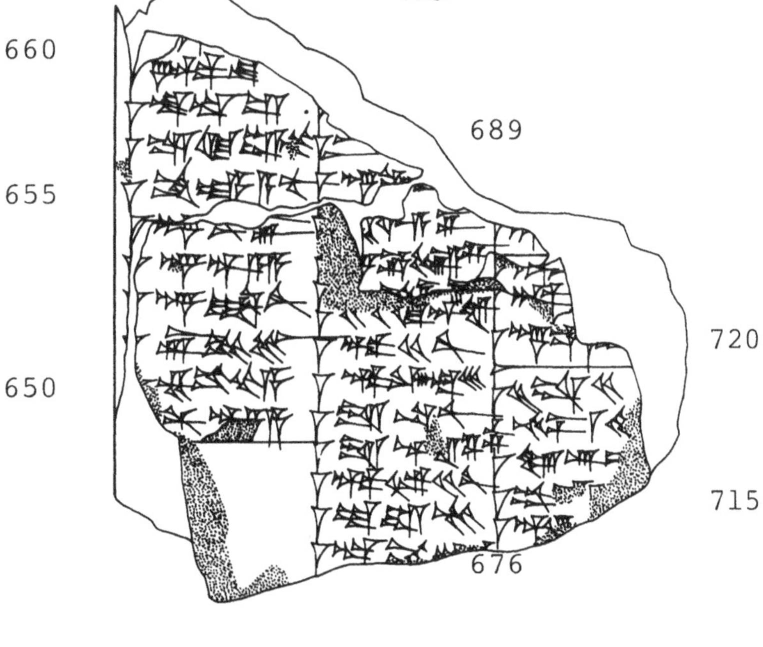

A 4

K4390

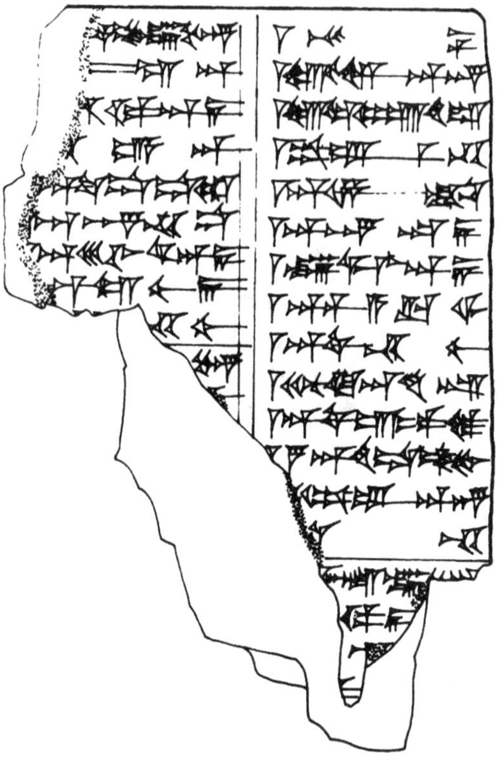

A5

82-5-22,121

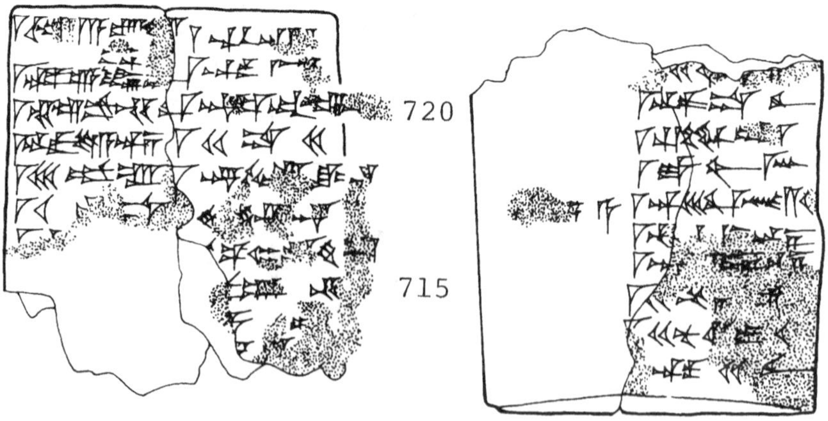

A 6
Rm580

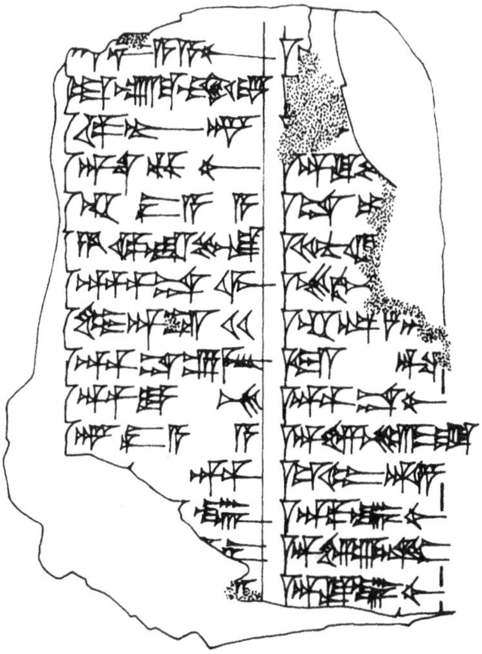

A 6

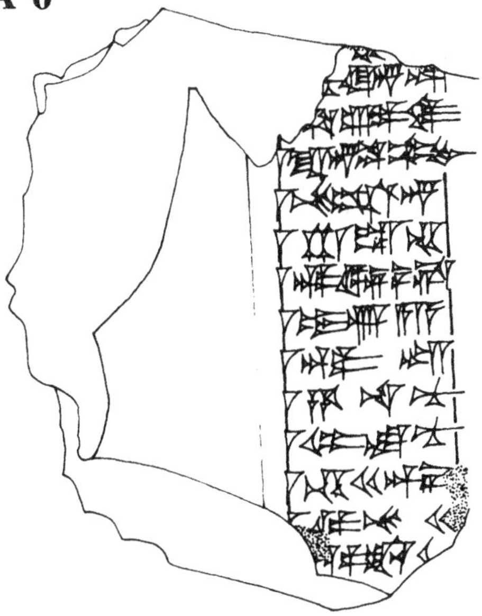

A7

VAT11254+11257+11276
11258+11259B
11255, 11256, 11260

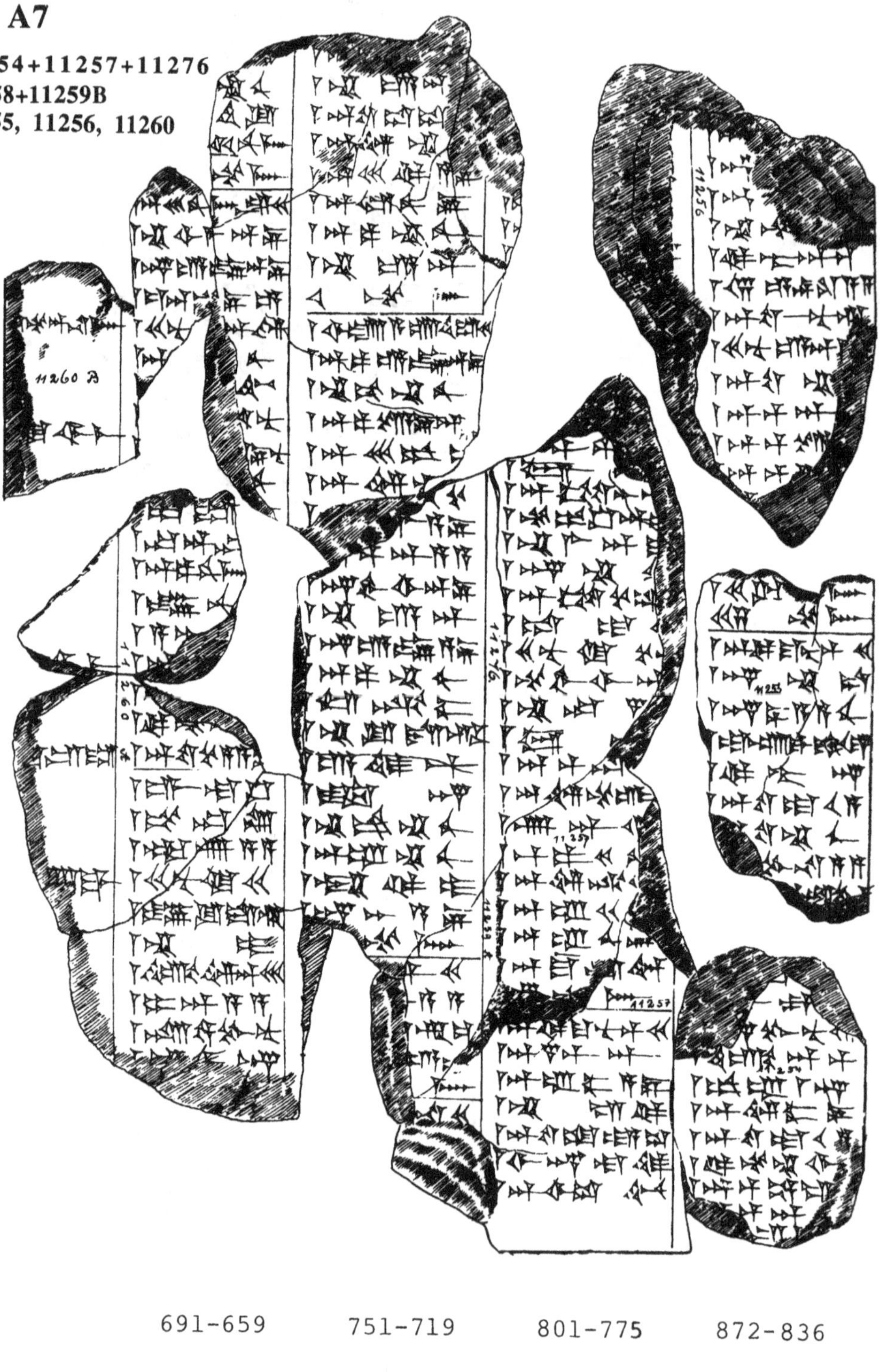

691-659 751-719 801-775 872-836

A 8

SU52/150

i ii iii iv

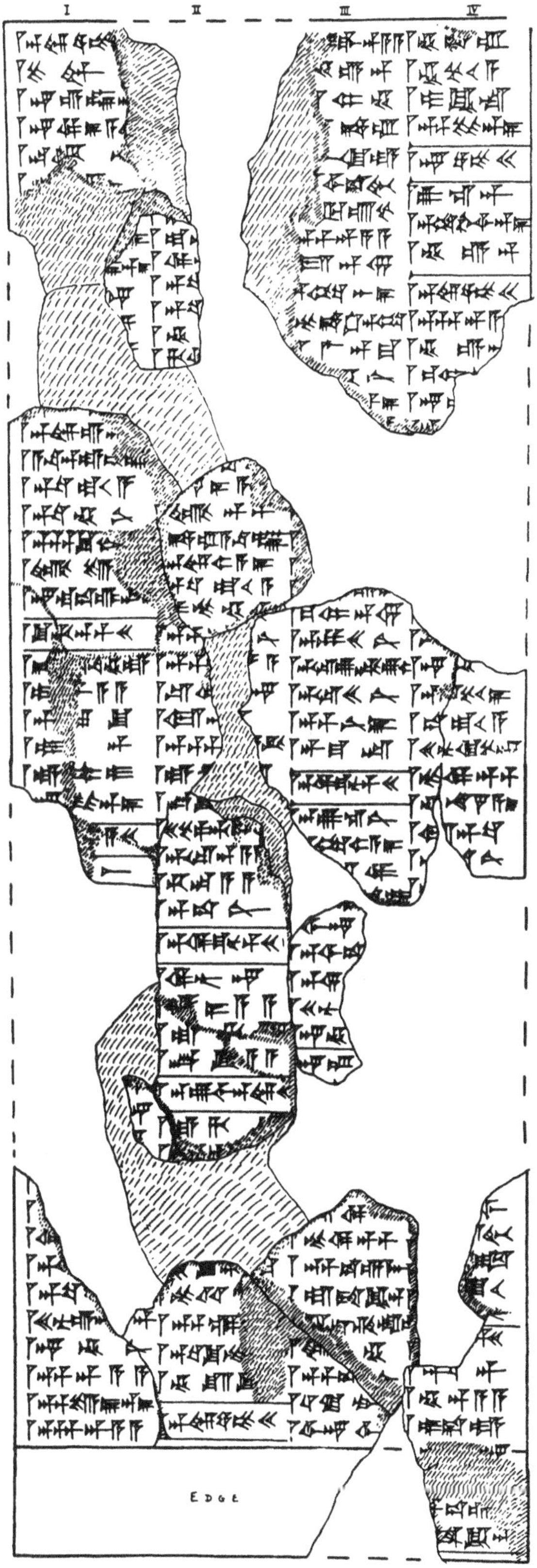

A9

VAT8249

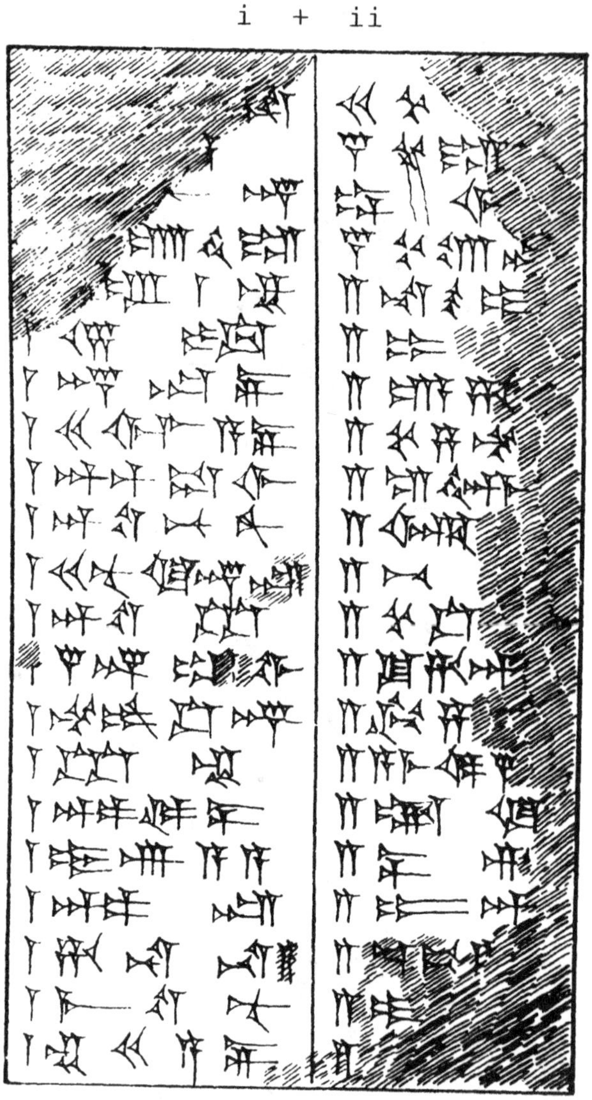

A9

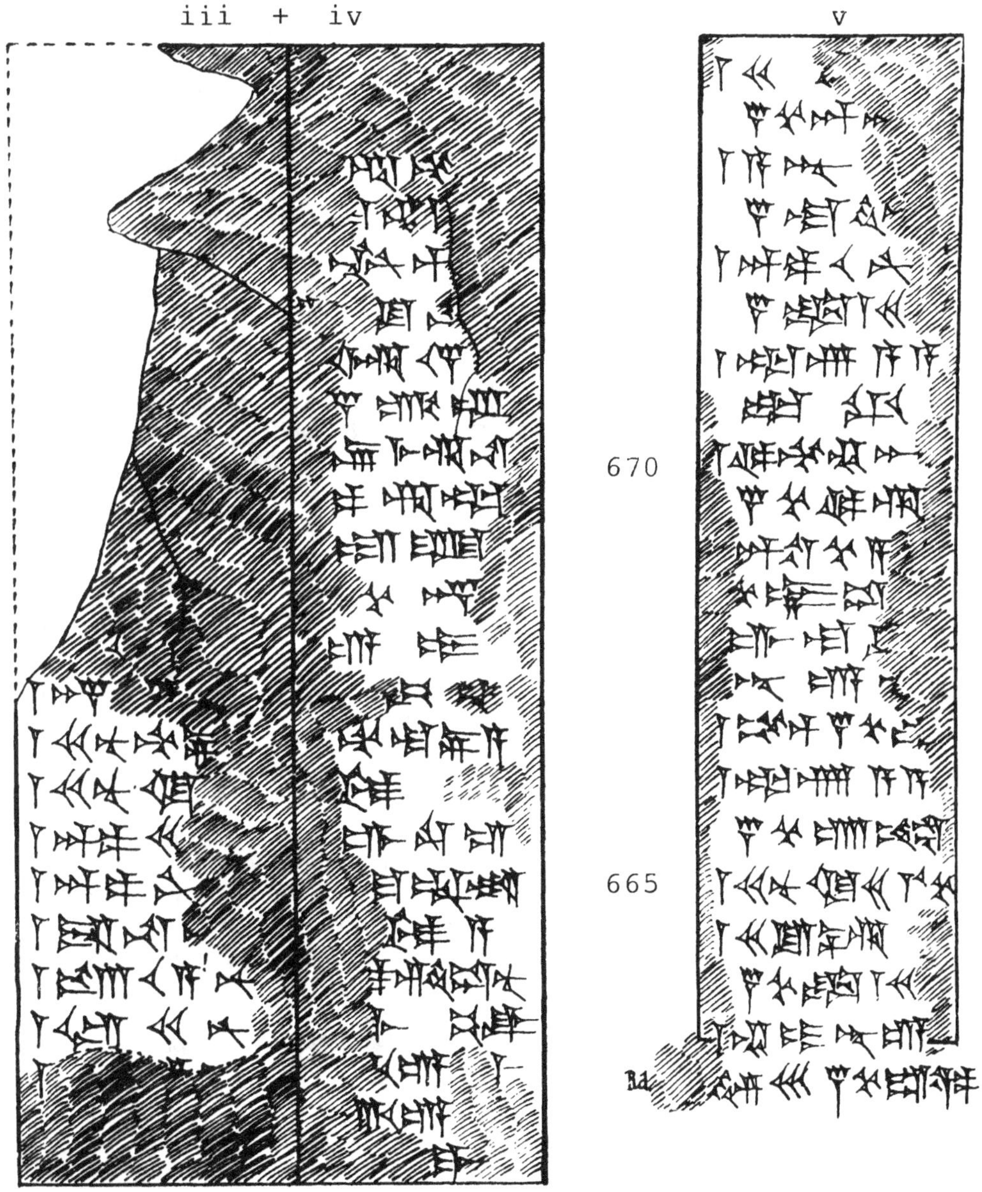

B 1
K51

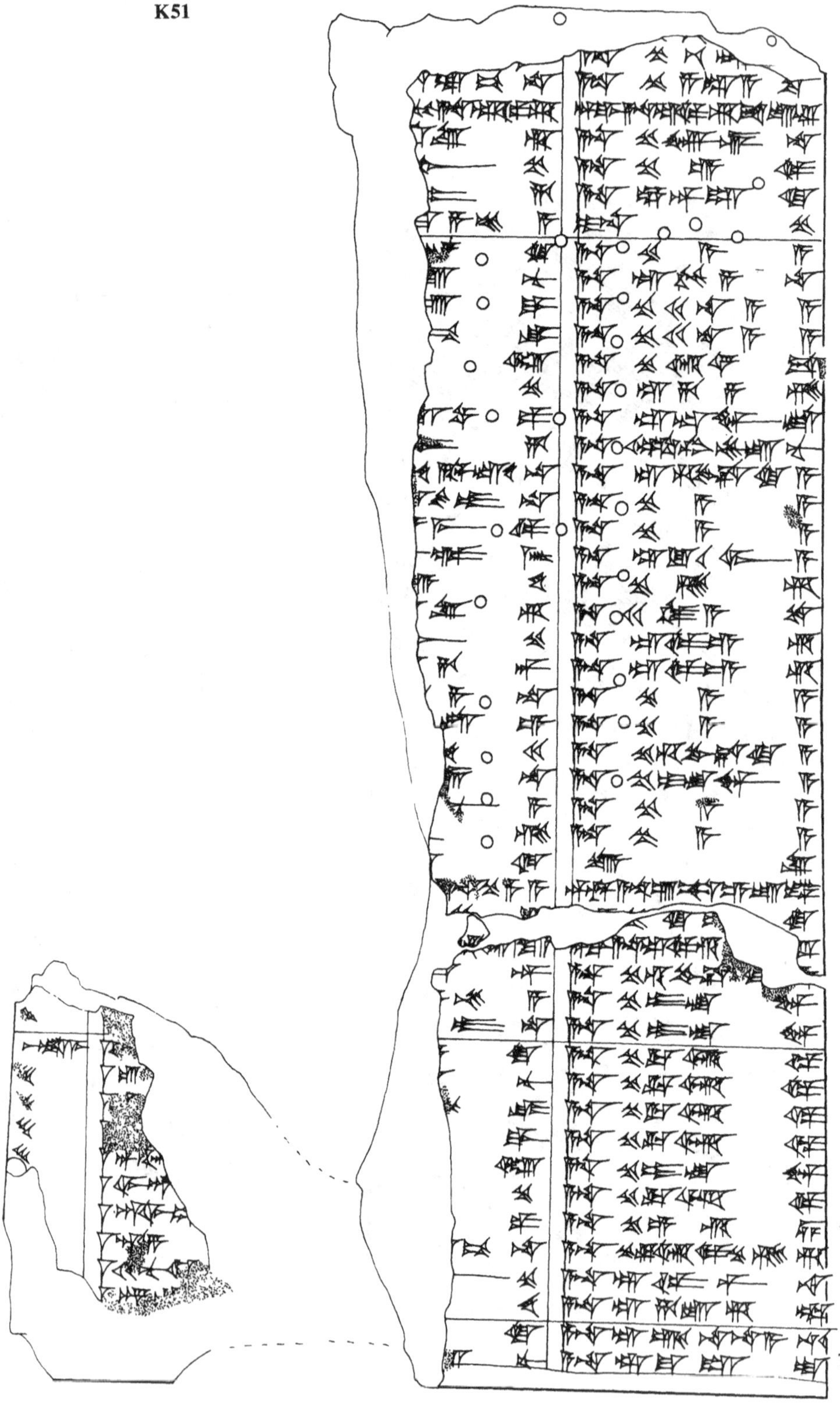

B 1

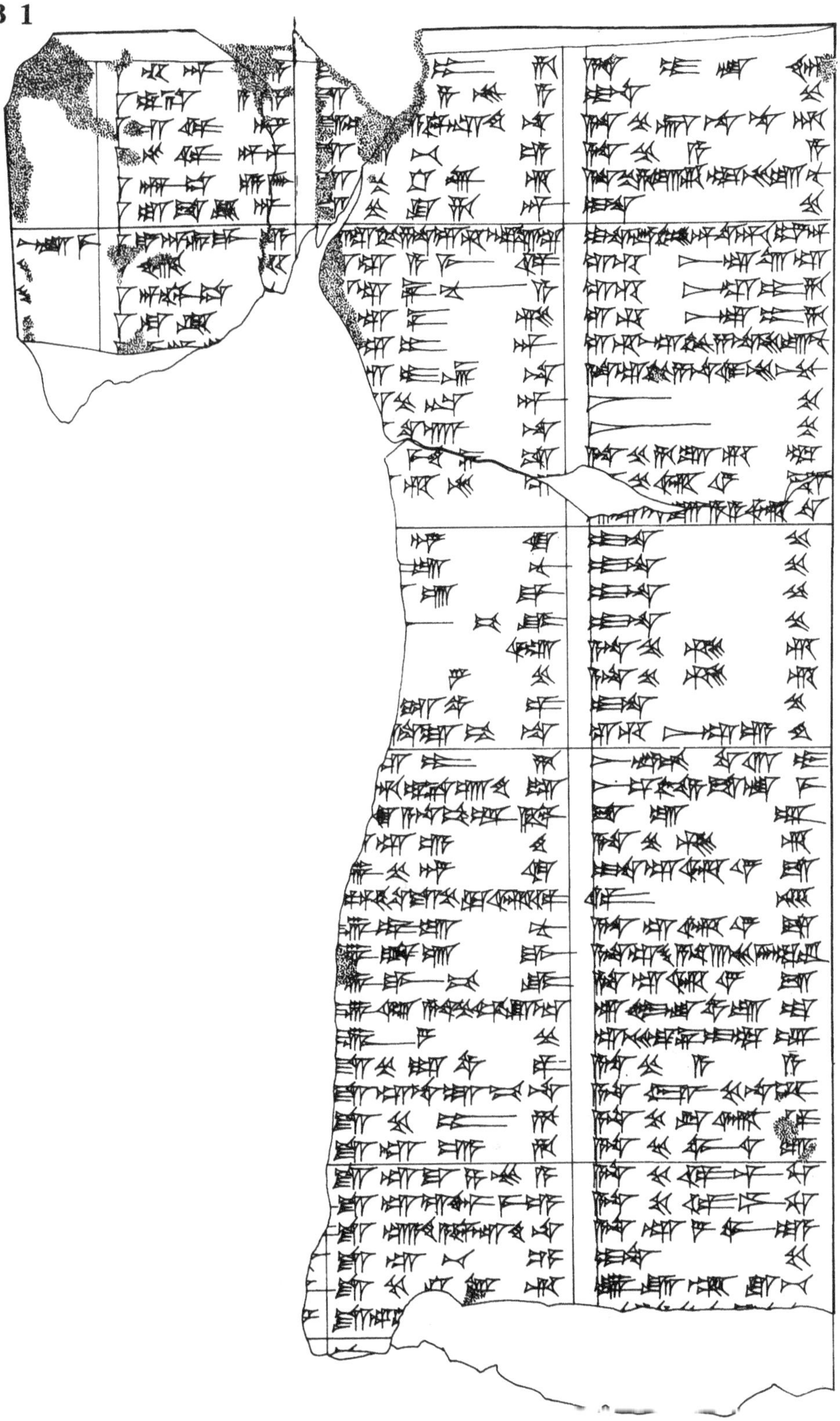

B 2

K3403+81-2-4,187+95-4-6,4

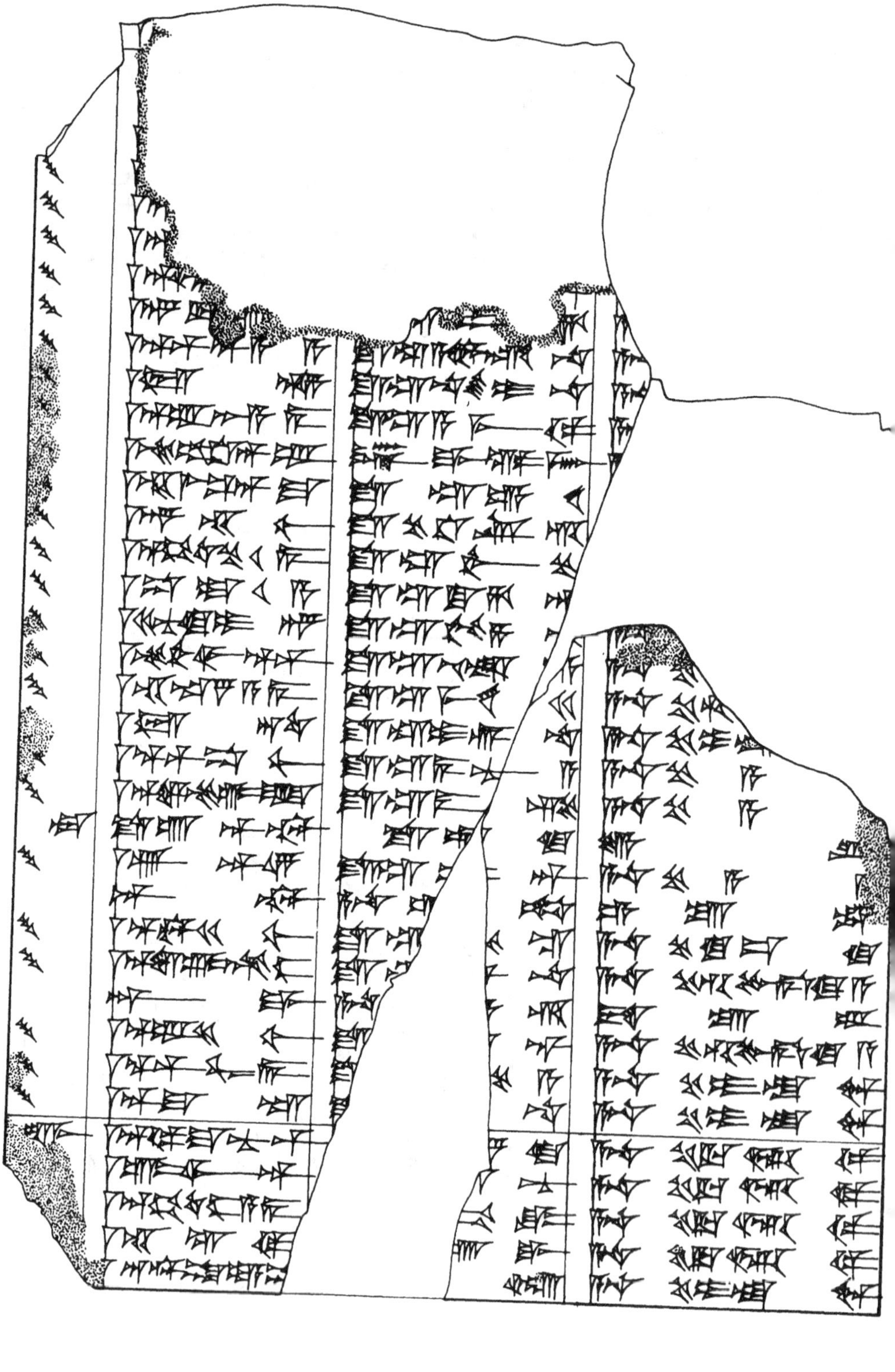

B 2

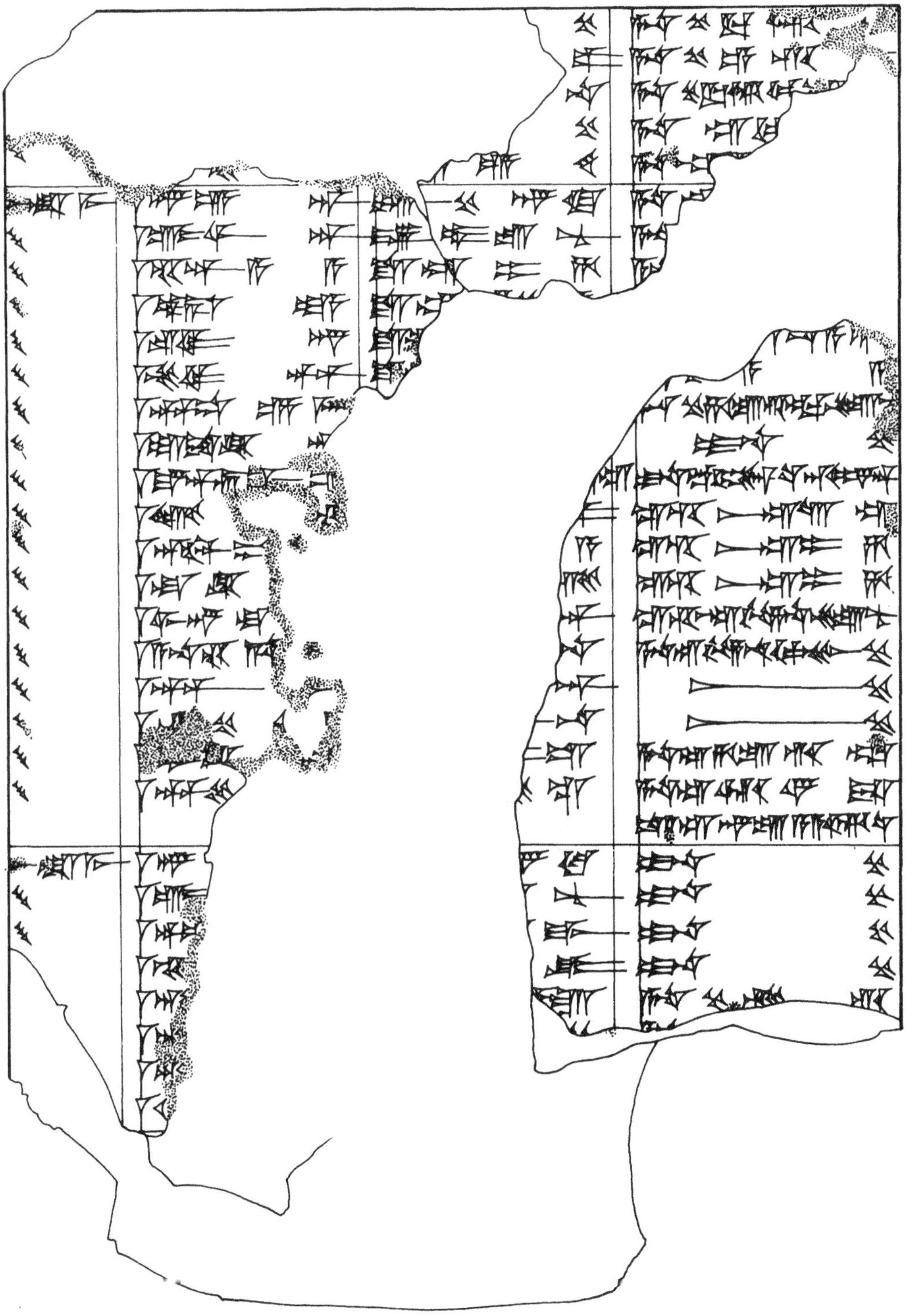

B3
K3202

730

725

B 4
Rm 2.97

840

835

830

825

820

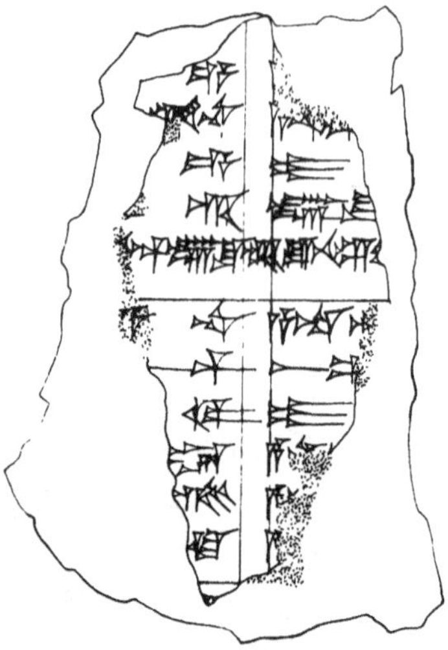

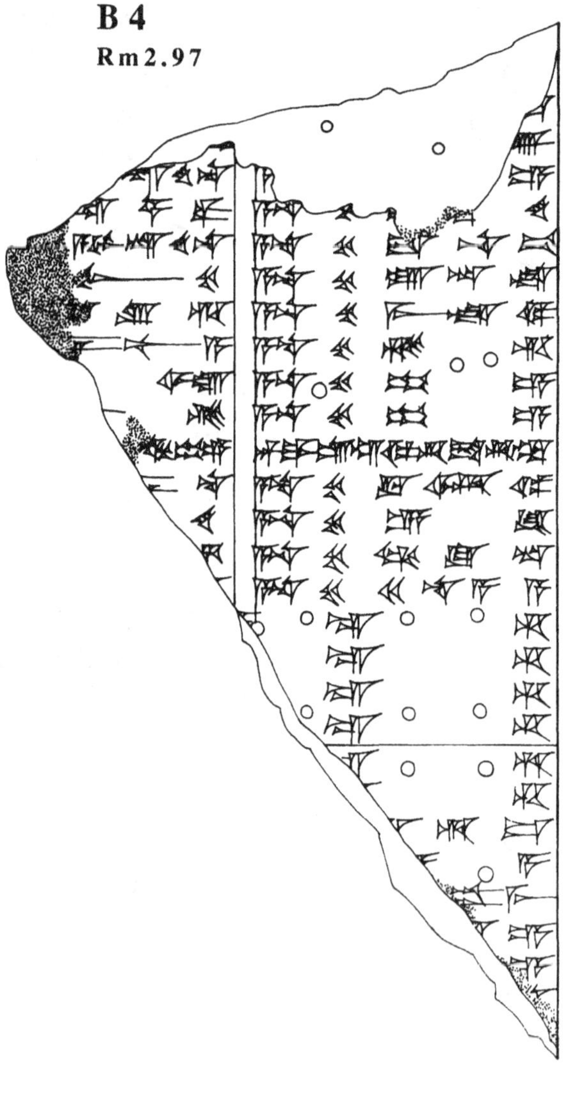

B 4

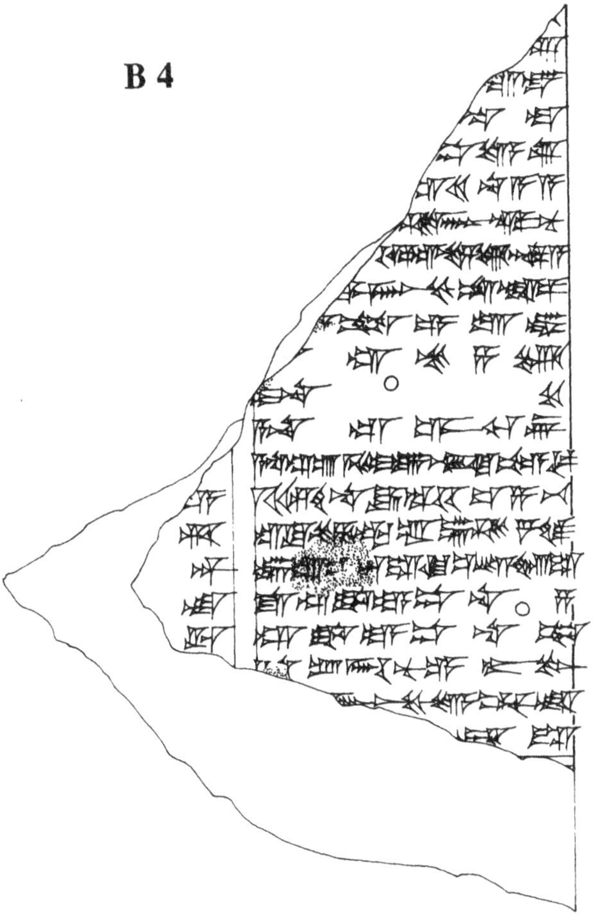

B 5

82-5-22,526

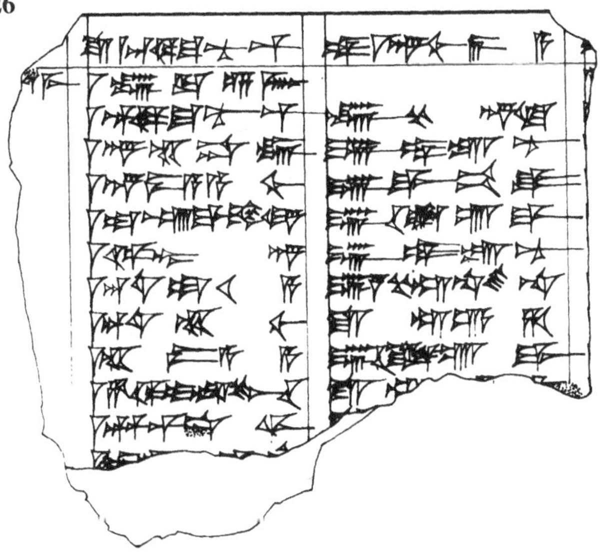

B 6

K4446

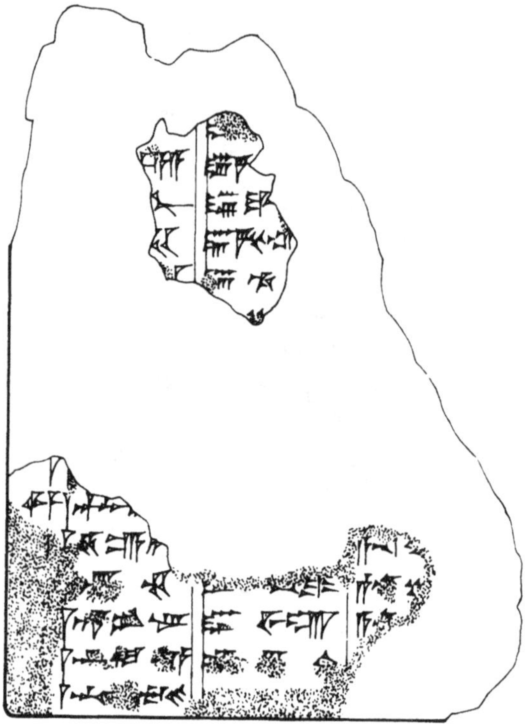

B 6

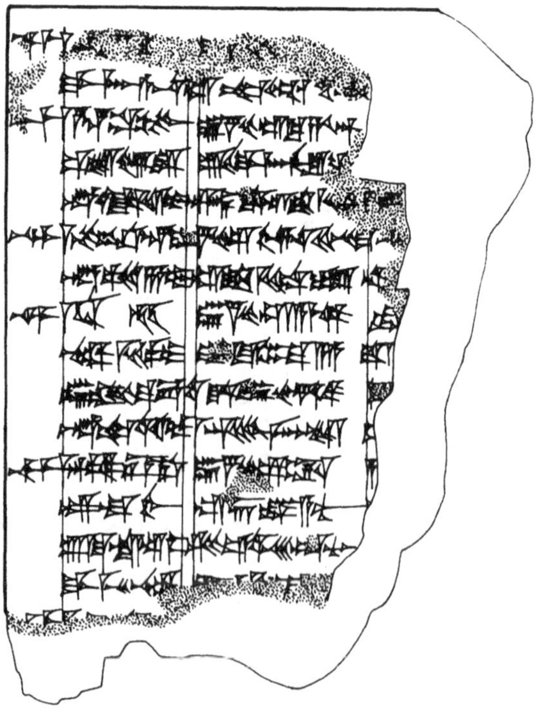

B7
K10017

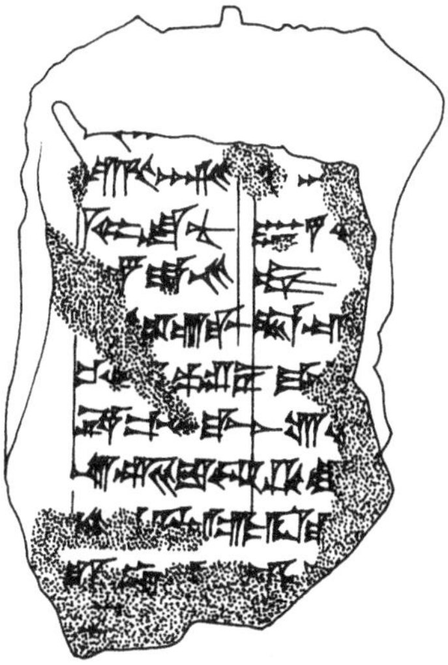

B 8
K14183

B 9
K14304

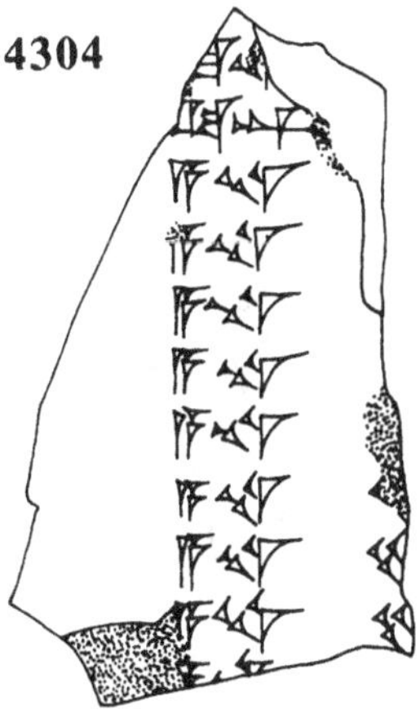

B10

SU52/18+18A+21+333+337

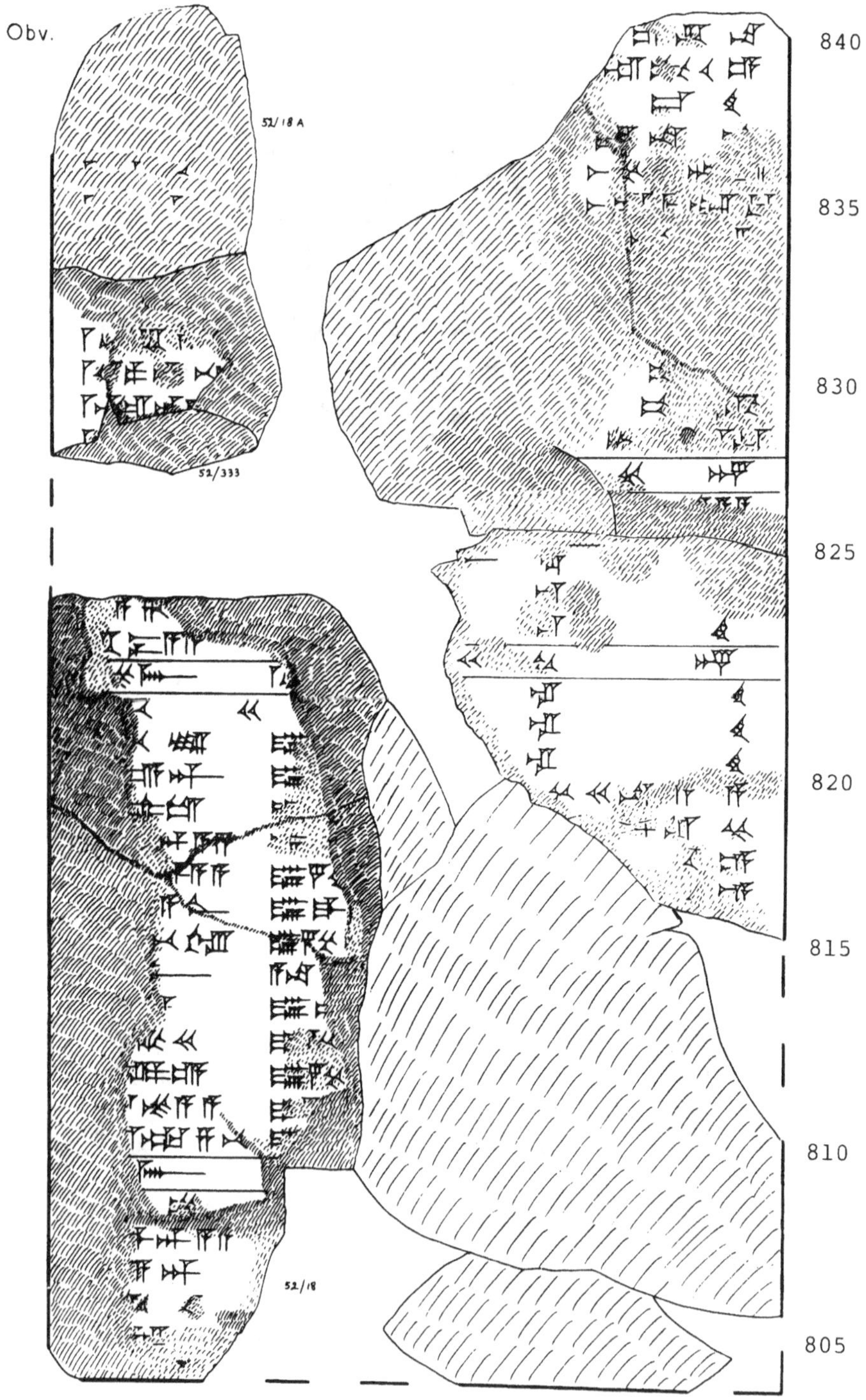

B 10

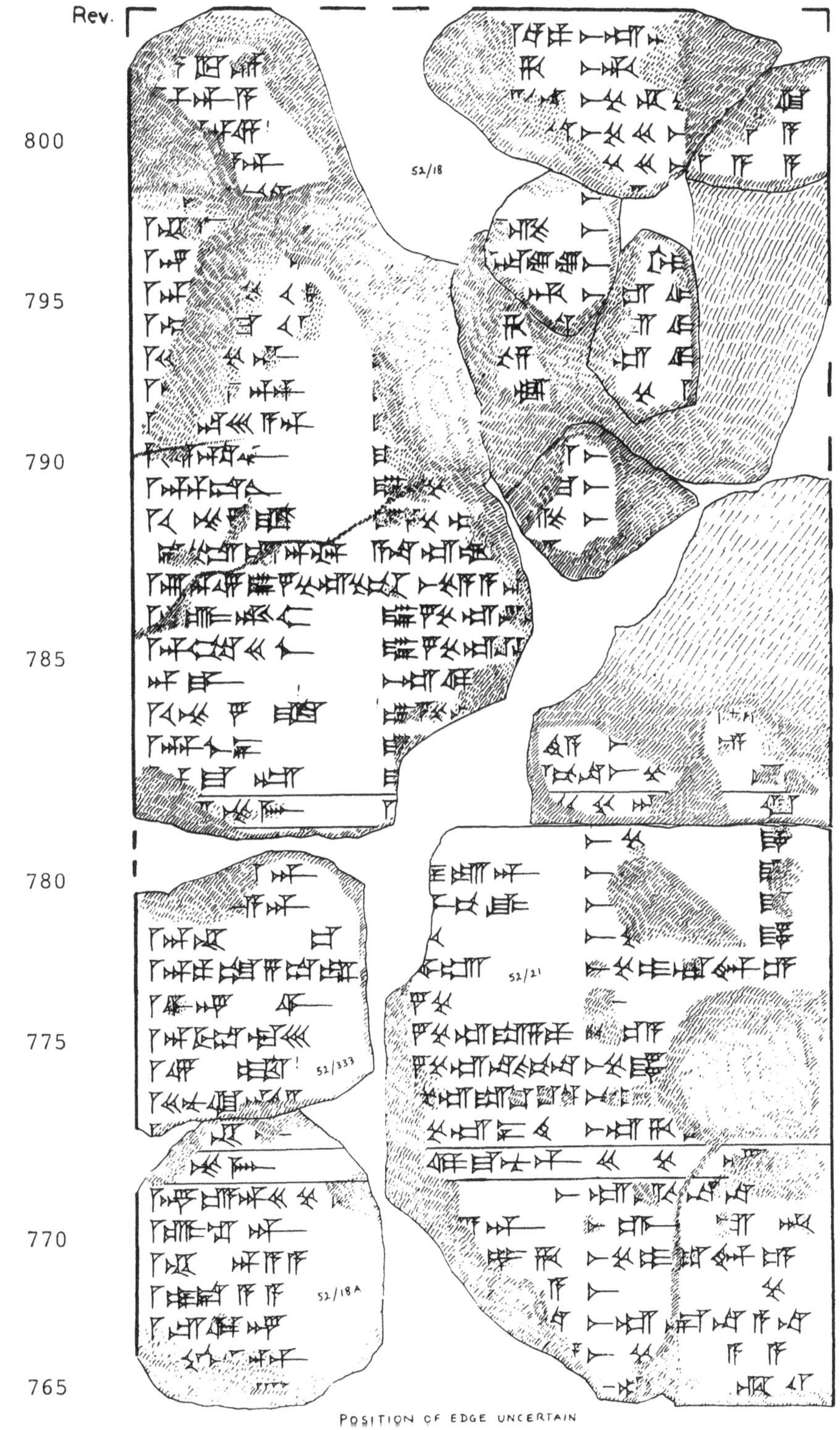
Rev.
800
795
790
785
780
775
770
765
52/18
52/21
52/333
52/18A
POSITION OF EDGE UNCERTAIN

www.ingramcontent.com/pod-product-compliance
Lightning Source LLC
Chambersburg PA
CBHW081444070526
44586CB00019B/2225
9781575063300